U0127392

盧建榮主編
歷史與文化叢書23

知識社會史：
從古騰堡到狄德羅

A Social History of Knowledge:
From Gutenberg to Diderot

著／彼得·柏克
Peter Burke

譯／賈士蘅

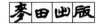

A Social History of Knowledge: From Gutenberg to Diderot
Copyright © 2000 by Peter Burke
First published in 2000 by Polity Press in association with Blackwell Publishers Ltd
Chinese translation copyright 2003 by Rye Field Publications,
A Division of Cité Publishing Ltd.
Translated and published by arrangement with Polity Press Limited
Through Bardon-Chinese Media Agency
All Rights Reserved

歷史與文化叢書 23

知識社會史：從古騰堡到狄德羅

A Social History of Knowledge: From Gutenberg to Diderot

作　　　者：彼得・柏克（Peter Burke）
譯　　　者：賈士蘅
主　　　編：盧建榮
責 任 編 輯：陳毓婷
發 　行　 人：涂玉雲
出　　　版：麥田出版
　　　　　　台北市信義路二段213號11樓
　　　　　　電話：(02) 2351-7776　傳眞：(02) 2351-9179
發　　　行：城邦文化事業股份有限公司
　　　　　　台北市愛國東路100號1樓
　　　　　　電話：(02) 2396-5698　傳眞：(02) 2357-0954
郵 撥 帳 號：18966004　城邦文化事業股份有限公司
　　　　　　網址：www.cite.com.tw　E-mail：service@cite.com.tw
香 港 發 行 所：城邦（香港）出版集團
　　　　　　香港北角英皇道310號雲華大廈4字樓504室
　　　　　　電話：25086231　傳眞：25789337
馬 新 發 行 所：城邦（馬、新）出版集團　Cite(M) Sdn. Bhd. (458372 U)
　　　　　　11, Jalan 30D/146, Desa Tasik, Sungai Besi,
　　　　　　57000 Kuala Lumpur, Malaysia
　　　　　　電話：603-9056 3833　傳眞：603-9056 2833
　　　　　　E-mail: citekl@cite.com.tw.
印　　　刷：凌晨企業有限公司
登 　記　 證：行政院新聞局局版北市業字第405號
初 版 一 刷：2003年1月31日

ISBN：986-7782-63-1　　　　　　　　　　售價：440元
版權代理◎博達著作權代理有限公司　　　有著作權・翻印必究
Printed in Taiwan

▎作者簡介 ▎

彼得·柏克（Peter Burke）

英國歷史學家。1937年生，牛津大學聖約翰學院（St John's College）學士、聖安東尼學院（St Antony's College）碩士。曾任莎賽斯大學（Sussex University）高級講師、劍橋大學文化史高級講師，現任劍橋大學文化史教授及伊曼紐學院（Emmanuel College）研究員。

柏克的研究專長在歷史思想領域、1450至1750年的歐洲文化史，以及歷史學與社會科學的互動。著作包括：《1420至1540年間義大利文藝復興的文化與社會》（*Culture and Society in Renaissance Italy, 1420-1540*）、《近代歐洲的通俗文化》（*Popular Culture in Early Modern Europe*）、《社會學與歷史學》（*Sociology and History*）、《法國史學革命：年鑑學派，1929-89》（*The French Historical Revolution: the Annales School, 1929-89*）、《製作路易十四》（*The Fabrication of Louis XIV*）、《歷史學與社會理論》（*History and Social Theory*）、《大眾傳播媒體的社會史：從古騰堡到網際網路》（*A Social History of the Media: from Gutenberg to the Internet*）等書。

▌ 譯者簡介 ▌

賈士蘅

　　國立台灣大學歷史系學士，考古人類學碩士，美國哈佛大學人類學博士班肄業，美國威斯康辛大學東亞語文系博士班肄業。曾服務於中央研究院歷史語言研究所，曾任美國丹佛美術博物館研究員，現從事翻譯工作。譯有《英國史》、《英國社會史》、《歷史的再思考》、《一次大戰的源起》、《英國工人階級的形成》等書。

目　錄

台灣知識產能低落的原因

一、收集知識的方式西方壓倒東方的轉捩點

在講求知識經濟的二十一世紀，回首十六至十八世紀這三百年人類追求知識的過程，彼得・柏克（Peter Burke）為我們讀者所揭示的圖景，著實令我們大吃一驚。今天我們所享用的看事物的方式、吸收和儲存知識的辦法大抵奠基於這三百年。這三百年最引人注目的三件大事，諸如文藝復興、科學革命以及啟蒙運動，都是我們從小琅琅上口、耳熟能詳的事物。但我們真的了解這三百年的歷史，從而對我們今天攝取知識的處境更加瞭然於心嗎？答案則未必，否則也不用柏克為我們喚回二百多年前的歷史場景了。

現代型知識的收集和累積可以追溯到西方1450年開始啟用印刷術起，歷經三百年，到了1750年，人類有史以來

第一部百科全書的問世，意味著現代知識領域和分類辦法至
此確立下來。相對於這一新型知識領域和知識分類辦法的建
制和流行，預告了中國的辦法在一百五十年後注定要被淘汰
的命運。可憐中國還是印刷術的發明始祖呢。而另一文化體
系的阿拉伯文化則是不許人使用印刷術。不論是發明了印刷
術的中國、或是禁用印刷術的阿拉伯文化各民族，全都在現
代世界知識競爭格局中敗下陣來。結果，反過來中、阿兩文
化體系在步武西方文化體系之餘，還得急起直追，迄今猶居
於知識生產和發明的邊緣地位。

二、知識社會學課題提出的學術回顧

　　柏克主要論述對象是現代西方知識形成的發軔期，但他
對二十世紀知識社會學的課題還是盡了告知的義務。亦即，
他寫的雖是西方知識形成三百年史這樣一本書，但他飲水思
源認為促使他去處理這麼一個知識社會學的課題，則要拜學
術傳承之賜。在此，他指出有法、美以及德國三個學術傳
承。在法國，有孔德、涂爾幹、以及李維史陀和傅柯，現在
還要加上一位布赫迪厄；在美國，有維布倫（Thorstein
Veblen）、茲南尼奇（Florian Znaniecki）〔前兩位都是臺灣陌
生的學者〕、柏格（Peter Berger）以及孔恩（Thomas
Kuhn）；在德國，有馬克斯・韋伯、謝勒（Max Scheler）、

曼海姆（Karl Mannheim）及其助手艾里亞斯（Norbert Elias，如今聲名如日中天）。此外，英美人類學家，諸如古迪（Jack Goody）、蓋爾納（Ernest Gellner）、以及紀爾茲（Clifford Geertz）等人，都對本課題有傑出貢獻。

以上學術傳承看不到歷史家，不用急，柏克馬上告訴我們，同他有共同興趣的史家在他之前有兩位，即羅賓森（James H. Robinson）和李約瑟，很巧都是我們熟悉的兩位學者，前者在二十世紀初鼓舞了梁啟超等人所發起的新史學運動，後者因鑽研中國科技史而扳回中國民族不少顏面。

三、近代型知識生產體制的誕生

並不是說西方在使用印刷術之前的時代並沒有知識，或是有知識而不分類。之前的知識及其分類掌控在教會手中。義大利學者艾可於其《玫瑰的名字》書中對教會查禁俗人擁有知識的情形，做了入木三分的描寫。臺灣的讀者對此當有印象才對。之後因地理大發現的關係，遠方殊域的新事物一股腦全都擁進歐洲社會，迫使歐洲人非放棄原有的知識分類架構不可，否則無法安置那些蜂擁而至的新生事物。再加上，希（臘）羅（馬）古典作品的大量翻刻，古代世界的奇思妙想又大大震驚了有限眼界的中古歐洲人。這兩個龐大的知識體同時湧現，壓垮了既有知識分類格局。

　　先是以遊記文章滿載全球各地的奇風異俗，接著更嚴謹的查證工作也悄然展開，一時之間，許多號稱某地某國的專家都被人揭穿是足不出戶的想像家。連一位假臺灣專家也因此現出原形。臺灣讀者讀至此處理應興奮才對。接下來，就是抄襲歪風的整頓和著作權法的發明。論文的形式、以及腳註的設置都成了追求知識很重要的里程碑。學報、雜誌、以及新聞等作爲承載知識的載體也紛紛被發明出來。書籍出版愈多，造就了公共圖書館的出現；虜獲外界愈多的古物，就逼使政府花錢蓋博物館以容納之。這些知識的寶庫再回饋給人們藉以生產出更多的知識。然後再蓋更多的圖書館和博物館。以上林林總總的變化，告訴臺灣讀者說，我們今天所享有的使用和生產知識的制度，是我們前不久父祖輩才從西方引進的制度，我們生而享有、不勞而獲如此，倘無史書指引，我們想飲水思源都不可得。

　　最後，我再介紹柏克爲我們揭示的兩件事。第一是大學和學會的創制問題，大學早就被我們神聖化很久。大學做爲儲存知識的功能是不錯的，但在科學新知冒現的當頭，大學可是保守主義的大本營，不僅不傳授新知，而且也不生產新知。這迫使社會上求新求變之士不是另組學會、作爲發現知識的新陣地，就是牽就大學既有體制從事改革。所以，有一段時期，在發現知識這點上，大學反而是反動派的大本營，而學會取而代之扮演起改革急先鋒的角色。

　　第二件事是啓蒙思想家所寫之書具有啓迪民智之作用，造成歐洲專制王朝不安於位，這些朝廷逐想出一個破解啓蒙思想的藥方：新聞檢查制。人類有新聞檢查制是前不久的事，影響所及，知識生產落後的地區和國家，也群起效尤。一百多年後，中國開始有報館不久，別的不知改進，有這麼管用的統治術不用出國考察馬上照搬引用，毫不猶豫。國家繼教會之後成爲查禁知識的唯一來源。新聞檢查制的取消還得花費西方人底下兩百個年頭，就不是柏克此書敍述的範圍了。

四、臺灣知識社會學的狀況

　　臺灣的高中歷史課本在講到十六至十八世紀的世界史時，五十年來都聚焦於從伊拉斯摩斯這位人文主義之父到盧騷這位啓蒙主義大師這一英雄系譜，於是一長串的人名清單就構成了西方知識革命史的敍事重心。從國定本的課本到2002年一綱多本的民間版課本，基本上五十年不變。可見這段歷史知識的生產，國內西洋史業界可說毫無寸進。有了柏克這本書的引進，以後教科書改版可望有個修正的契機。倘能如此，柏克可說是功在臺灣了。柏克爲了描繪近代西方知識生產體制的成熟，視野之宏觀，觸及全球，莫說中國包括其中，連臺灣亦有其一定地位，即使小到特定大學、國家研

究院、甚至學會等機構，那裡面種種細節的交代，才能讓我們對知識革命這三百年史有更具體、和更深切的認識，而不會停留在由幾位英雄創造歷史這樣的淺薄史觀。柏克的新文化史視角像煞一盞探照燈，照亮了過去史家無所覺察的廣大歷史天地。歷史理念的改變對於學術的突破如此具關鍵作用，於斯可見。

　　這對提升國民世界史知識水平有所助益，現在回到學術界。在這方面，可能歷史學界優於其他人文社會學界。在1998年祝平一發表十七世紀世界地理知識傳入中國對中國學術界和國人世界觀的衝擊，2000到2002連續三年，盧建榮發表關於六至八世紀中國法律知識建構的情況。今年盧氏又完成世紀末臺灣歷史知識生產的規則這樣一部書：《從根爛起》。這樣一部書和四篇論文就構成了臺灣學界與世界史壇同步發展的情況。柏克在臺灣是不寂寞的。

　　另外，這個課題有兩個學術團體亦有興趣，惟都在進行中，成品尚未完成。像中研院近史所的張壽安博士所領導的研究小組，從事的是中國十八世紀知識生產的狀況，中研院史語所由柳立言和邱澎生兩位博士所規劃的法制史研究小組，正展開對十至十九世紀中國法律知識的形成此一課題的研究工作。

　　還有，國人所熟悉的兩位西方學者，即傅柯和薩依德，他們對以知識生產為主題的歷史書寫早就膾炙人口。柏克書

的引進，可能會讓熟讀傅、薩兩氏的讀者收觸類旁通之效。

　　柏克說到中國知識體系無法自我解構並重構，主要由於
外部資訊的湧進只被安置於既有分類架構之中，並沒有產生
類似因量變而質變的轉換過程。我的理解是，中國攝取的外
部資訊是淺嘗而止，根本到不了外部資訊多如潮湧這樣的地
步。這只要看麥田出版的彭明輝博士的近作：《晚清的經世
史學》，講到晚清學人寫的地理書和世界史書，仍是不脫中
國宇宙中心論的格局，即可思過半矣。

五、臺灣與世界史壇對話的契機

　　中文世界知識生產體制如何形成、以及形成後的深拒固
納的排他性格，當然還是有值得研究的地方。這部分弄清楚
之後，才可望與柏克之書搭起對話的橋樑。相信柏克亦樂見
有這樣的學術業績出現。

　　柏克此書，是麥田公司引進柏克先生的第四本書。這位
先生除了做自己專業研究之外，又精力過人管到方法論的領
域。麥田公司已出版他兩本史學方法論的書，一本他關於路
易十四形象包裝的統治手法問題之書，連同本書都是他專業
領域內出色當行的研究。特別是如今新文化史如火如荼展開
之際，柏克這兩本新文史傑作更是本地年輕史學工作者汲取
養分的重大來源。臺灣史學水平如果想要提升，柏克此書足

以充當外部刺激而有餘，端看國人是否有日本幕末維新人士
的自覺了。

盧建榮筆於2002年8月14日中午
汐止君士坦丁堡

盧建榮

美國西雅圖華盛頓大學歷史系博士，現任中央研究院歷史語
言研究所研究員，並兼任國立臺北大學歷史系教授、國立臺
灣師範大學歷史系／所教授、私立中國文化大學史學研究所
教授。主要專長是中國中古文化史和當代臺灣文化史，著有
《分裂的國族認同，1975-1997》、《入侵臺灣》（以上均麥田
出版）、以及《從根爛起：揭穿學閥‧舊體制操弄教改的陰
謀，1990-2002》（臺北：前衛，2002）等書文。

推薦序

孫中興（台灣大學社會學系教授）

　　我從大學一路到博士念的都是社會學，可是一直對歷史保持著高度的興趣。大學時代到歷史系去修了不少的課；在國外念博士班的時候則考過「歷史社會學」的學科考試，後來寫的一篇可以算是結合了社會學和歷史的題目：《一九四九年以前社會科學在中國的發展》。

　　回來教書之後，除了常年要擔任「社會學理論」的教學之外，我經常會開授「知識社會學」，偶而開過一次「歷史社會學」，常常覺得自己因為「獨學無友」〔或是「獨教生少」〕而顯得相當「孤陋寡聞」。和我那堂「愛情社會學」比較起來，受歡迎程度真有著天壤之別。可是我並不因為如此而減少我對知識和歷史的長期關懷和興趣。所以，我的課大都會先從歷史的部分說起，然後才帶到社會學部分的討論。

　　因為這樣的學術興趣，我對於柏克的著作並不陌生。他

的《歷史學與社會理論》在中譯本沒問世之前，早就是我上「歷史社會學」的活水源頭之一，而他的《法國史學革命》更是我在該課程中講到法國「年鑑學派」的思想靠山。他的其他著作也在我那間『別人一直懷疑「這麼多書你都看過嗎」的』研究室裡位居一個我熟稔的位置。

多年來，我一直在想著結合「知識社會學」和「歷史〔社會學〕」的問題。在「知識社會學」課程的授課進度上，我也因為有著和柏克類似的想法，所以列出了我所謂「歷史的知識社會學」的簡要閱讀書目。可是這些想法，因為個人的疏懶和欠學，一直都沒有機會付諸實踐。

柏克在2000年出版的這本《知識社會史》正好開啓了我想要完成的工作。

在本書出版之前，范多倫（Charles Van Doren）〔就是在1950年代參與電視猜謎節目詐騙案並被拍成電影《益智遊戲》（ Quiz Show）的主角〕曾經在1991年出版過一本《知識的歷史》（ A History of Knowledge）。從內容上看，這本以「知識」為名的書籍，談論的其實還是傳統所謂的「思想史」，或者更精確地說，是一本「古今中外的思想史」。范多倫這本書流傳並不廣泛，也不是學術書籍。柏克的《知識社會史》就沒提到范多倫的書。除了書名相似之外，兩本書在其他方面都有著極大的不同。

柏克的書談的是西方近四百年來〔或者可以循慣例逕稱

爲「西方近代」〕知識在西方歷史上所扮演的角色。柏克的
雄心不僅展現在年代跨越四百年，更在空間上儘量也將「東
方」，特別是中國和日本，也在相關處不敢稍加遺忘，讓讀
者依稀覺得作者有著司馬遷撰寫《史記》的那種「通古今之
變」的氣魄。

　　這本書基本上只是一部「西方近代知識與社會交融史」
的導引，所以作者在引證資料時，並不像一般歷史學家那樣
強調「一手資料」，反而比較像社會學家研究歷史那樣，比
較倚重前人研究成果，也就是所謂的「二手研究」。不過，
他也不是那種爲人所詬病的「剪刀漿糊派」，讀者光是從長
達四十頁左右的參考書目，就知道這需要多麼深遠的學術功
力。這種「看似容易卻艱難」的功夫，往往是皓首窮經在故
紙堆中的學究先生所最欠缺的「馭簡於繁」的能力。

　　在全書架構的安排上，柏克也不像范多倫或是其他思想
史家，只重視大人物的思想。他比較像知識社會學家那樣，
強調「思想—制度—人」三位一體的研究。就柏克這本書來
說，就是研究鑲嵌在西方近代社會史各方面的知識，其中
「思想」部分包括對於知識的分類，特別是展現在百科全書
和課程上；「制度」部分則包括：圖書館、教會和國家、市
場和出版界；「人物」的部分則包括知識分子、作者和讀
者。此外，他也特別注意到教會和國家企圖對於知識的控
制，以及當時社會對於眾多知識的信任和不信任，其中還提

到當時的「福爾摩啥事件」（性急的讀者可以先去看第九章，或去找撒瑪納札的《福爾摩啥》〔薛珣譯，大塊，1996〕）。柏克寫的書一向是條理分明，并然有序的，這本書又是另外一個明證。

柏克的書籍另外一個特點就是用字遣詞力求明白通暢，不像最新流行的理論那樣「不創新詞死不休」，所以就算是一般讀者在閱讀過程中也不會有著平常閱讀「西方大師」時的「大失所望」。中譯者也是有經驗的譯者，在文字處理上也是以親近讀者爲念。這種「能和外行人溝通的能力」是學界中人的通病之一，柏克竟能倖免，也是令人無比欽佩之處。

柏克不像一般社會學家研究歷史那樣，喜歡從一個既有的概念或一套理論架構去看待或甚至套用歷史。他的書中明明談的就是文化或知識「世界體系」（world system）的成形過程或是「現代性」（modernity）或是「殖民化」（colonization），或是，用更時髦的話說，知識「全球化」（globalization）的歷史萌芽，可是他寧願拋棄這種「命名遊戲」，實事求是，讓更豐富的歷史資料直接和讀者溝通。這在新學新字充斥的當代知識界和學術界中，是難能可貴的中流砥柱（或是「保守的死硬派」？），也是值得本地同好再三致意之處。

從一個知識社會學兼歷史社會學的傳授者來看，柏克雖

然在書中已經儘可能提到了知識社會學的兩個源頭：曼海姆（Karl Mannheim）和謝勒（Max Scheler），而且在全書中對於前者也反覆致意，甚至也提及柏格（Peter Berger）和陸克曼（Thomas Luckmann），可是全書並沒有扣緊這些人的觀念和研究題材之間的關聯處。換句話說，知識社會學的概念和歷史學資料之間的鬆脫，讓柏克的原始目的打了不少折扣。此外，對於馬克思和恩格斯的「存在決定意識」的知識社會學觀點，以及阿布瓦克斯（Maurice Halbwachs）的「集體記憶」（collective memory）都沒有提及，甚至對話，算是此書對於知識社會學的引用有美中不足之憾。

　　書籍留下缺憾，除了作者可以在將來加以彌補之外，有心且發願的讀者當然也可以迎頭趕上。特別是當今中譯本的書籍越出越多，從中文繁簡二體可以掌握到的圖書資訊和知識也與日俱增，讀者可以把這本書當成是知識新大陸的地圖，按圖索驥去找相關的書籍來當成延伸閱讀，也許走著走著，竟也有意無意地走出一條新興的康莊大道。如此一來，在人類今後的知識社會史上，也可以因此添上一段佳話。就算是純粹的知性之旅，您也會和我有著同樣的驚嘆：原來四百年前的西方就有這種知識了啊！

序言和致謝

　　本書的撰述，根據作者本人對近代早期文本四十年的研究處，至少和根據二手著作一樣之多。然而，註腳和參考書目卻只限於近代學者的著作，而在正文討論原始資料。雖然本書的焦點放在結構和趨勢而非個別的人物，可是討論這個課題卻不能不涉及成百的姓名。正文中所提到的每一個人，索引中都有其生卒年份及簡短說明。

　　本書所發表的文字，乃是一個長期工作計畫的結果。這個工作計畫產生了若干篇論文，以及作者在劍橋（Cambridge）、德爾飛（Delphi）、魯汶（Leuven）、倫德（Lund）、牛津（Oxford）、北京、聖保羅（São Paulo）和聖彼得堡（St Petersburg）所發表的演講和討論會論文。在長期醞釀以後，這個工作計畫終因作者應邀在格羅寧根大學（University of Groningen）發表第一系列溫霍夫演講（Vonhoff Lectures）而成熟。

　　我特別要感謝波爾（Dick de Boer）。我在格羅寧根時多

蒙他的照顧，他並提醒我十三和十四世紀中知識系統上若干
重要的變化。我也要感謝亞歷山卓夫（Daniel Alexandrov）、
貝克（Alan Baker）、范戈德（Moti Feingold）、英納西克
（Halil Inalcik）、麥法連（Alan Macfarlane）、派爾斯（Dick
Pels）、渥克夫（Vadim Valkoff）和文特（Jay Winter）給我的
各種協助，並感謝艾納斯（Joanna Innes）；艾納斯把她尚未
發表的有關英國政府使用資訊的經典論文先借給我看。

貝里（Chris Bayly）、比森柯（Francisco Bethencourt）、
布來爾（Ann Blair）、布魯（Gregory Blue）、康納頓（Paul
Connerton）、杜雷（Brendan Dooley）、艾格蒙（Florike
Egmond）、賈西亞（José Maria González García）、海德雷
（John Headley）、亨特（Michael Hunter）、肯尼（Neil
Kenny）、藍恩（Christel Lane）、梅森（Peter Mason）、菲力浦
斯（Mark Phillips）、湯普森（John Thompson）和張子良
（音譯）對於本書手稿的部分，曾惠於評論。我妻瑪麗亞・
露西亞（Maria Lúcia）曾閱讀全部手稿，並問了些難以回答
但有用的問題，她也建議了一些修訂的地方。本書乃題獻給
她。

知識社會史：

從古騰堡到狄德羅

A Social History of Knowledge:

From Gutenberg to Diderot

1

引言：社會學與知識的歷史

就知者來說，任何已知的事物都一定是有系統的、經過證實的、可以應用的、顯而易見的。而任何外來的知識系統都是矛盾、未經證實、不能應用、奇異和不可思議。

佛來克（Ludwik Fleck）

至少在某些社會學家看來，我們今日是活在「知識的社會」或「資訊的社會」；主宰這個社會的是專業專家及其科學方法。[1] 在某些經濟學家看來，我們是生活在「知識經濟」或「資訊經濟」中；在這樣的經濟中，產生知識與傳播知識

---

[1] 韋納（Wiener, 1948），頁11；拜爾（Bell, 1976）；波姆（Böhme）和斯泰爾（Stehr, 1986）；卡斯泰爾（Castells, 1989）；波斯特（Poster, 1990）；斯泰爾（1994）；韋布斯特（Webster, 1995）。

的職業，正不斷擴展。[2] 知識也成了一大政治問題，資訊應該是公開的還是私有的？應該被視爲商品還是被視爲替社會造福？[3] 未來的史家，很可能稱西元二〇〇〇年前後爲「資訊的時代」。

　　諷刺的是，就在知識如此引人注目之時，哲學家等人卻愈來愈大聲地，乃致激烈地質疑知識是否可以信賴。過去我們視爲「發現的事」現在卻被描述爲「發明的事」或「建構的事」。[4] 但是哲學家至少同意經濟學家和社會學家的看法，以我們這個時代與知識的關係，來說明這個時代。

　　我們不應冒然假設是由我們的時代起，才把這些問題看得嚴重。資訊的商品化，與資本主義同樣古老（參看本書第六章）。政府使用有關百姓的系統資訊，自古已然（尤見於羅馬和中國古代史）。至於對知識的各種說法的懷疑，則早已見於古希臘哲學家庇羅（Pyrrho of Elis）的論調。

　　我說這些話，不是要以不成熟的持續理論去取代同樣不成熟的革命理論。本書主要的目的，是由長期趨勢的觀點，更精確地說明現代的特色。當前的各種討論，往往刺激歷史

---

[2] 馬奇勒普（Machlup, 1962, 1980-1984）；魯賓（Rubin）和胡伯（Huber, 1986）。

[3] 席勒（Schiller, 1986, 1996）。

[4] 柏格（Berger）和陸克曼（Luckmann, 1966）；孟德爾松（Mendelsohn, 1977）；齊曼（Ziman, 1978）；勒曼（Luhmann, 1990）。

學家問關於過去的新問題。一九二〇年代，日甚一日的通貨膨脹，導致物價歷史的興起。一九五〇年代和六〇年代，人口的激增，鼓勵了歷史人口學的研究。到了一九九〇年代，則是對於知識和資訊的興趣日益濃厚。

　　由社會上知識的因素，轉而談談知識中社會的因素這個互補而又相反的論題。我們可以拿一句話來形容本書的目的之一：「否定熟習化。」我們的希望在於如俄國批評家史克羅夫斯基（Viktor Shklovsky）所云，在於使熟習的看來陌生，而自然的看來武斷。[5] 其目的又是在於藉著對過去各種不斷改變的體系的描寫和分析，使本書的作者和讀者明白我們生存其間的「知識體系」。我們往往視自己生活其間的體系爲「常識」。只有透過比較，才能看出它是若干體系之一。[6] 波蘭科學家佛來克曾經說：「就知者來說，任何已知的事物都一定是有系統的、經過證實的、可以應用的、顯而易見的。而任何外來的知識，都是矛盾、未經證實、不能應用、奇異和不可思議。」[7]

　　過去已有人說：一個人對於眞理或知識的信仰，如果不是由其社會環境所決定，也是受到其社會環境的影響。姑且舉三個著名的例子。在近代早期，法蘭西斯・培根（Francis

---

[5] 布赫迪厄（Bourdieu, 1984）；比較金斯伯格（Ginzburg, 1996, 1997）。

[6] 紀爾茲（Geertz, 1975）；比較維布倫（Veblen, 1918）。

[7] 佛來克（1935），頁22；比較巴達瑪斯（Baldamus, 1977）。

Bacon）所認爲的部落、洞穴、市場、和戲院「謬論」，維柯
（Giambattista Vico）的評論人種中心論（各民族的自高自
大），以及孟德斯鳩（Charles de Montesquieu）的研究各國法
律、氣候及政治制度的關係，都以不同的方式表達這種基本
的見識。這個下面再詳談（參見本書頁346-347）。[8] 不過由
見識轉變爲有條理的系統研究往往不是一件容易的事，得花
好幾百年才能辦到。而就現代所謂的「知識社會學」而言，
情形的確如此。

知識社會學的興起

知識社會學自二十世紀早期起便爲有組織的體系。[9] 更
翔實地說，至少有三個類似的體系分別在法國、德國和美國
興起。這三個國家爲什麼特別注意知識與社會之間的關係，
這本身便是社會學的社會中一個有趣的問題。

在法國，孔德（Auguste Comte）原已倡議研究知識的社
會歷史，也就是「沒有姓名的歷史」。涂爾幹（Emile
Durkheim）及其外甥莫斯（Marcel Mauss）等，也久已在研
究時空、神聖與凡俗、人物範疇等基本分類或「集體表徵」

---

[8]　曼海姆（Mannheim, 1936）；斯塔克（Stark, 1960）。
[9]　墨頓（Merton, 1941）。

（collective representations）的社會起源；也就是基本到大家已不自覺其本身所具態度的社會。[10] 二十世紀早期新出現的，是對以前幾百年間旅客和哲學家所評述的「原始」範疇進行有系統的研究，並且下結論說社會範疇投影在自然世界，因而對於事物的分類來自於對人物的分類。[11]

　　由涂爾幹的注意「集體表徵」，產生了幾項重要的研究，有的研究古希臘，而法國漢學家葛蘭言（Marcel Granet）也寫了一本關於中國思想基本類別的書。[12] 歷史學家布洛克（Marc Bloch）和費夫賀（Lucien Febvre）也分析「集體心理狀態」和共有的假借。布洛克以此研究法國人和英國人對國王有治病能力的信仰。費夫賀以此研究十六世紀所謂的「不信神的問題」，說那個時候無神論是不可思議的。[13]

　　在美國，以其關於大量消費和「有閒階級」理論著稱的維布倫（Thorstein Veblen），對知識的社會學也感興趣。維布倫是皮爾斯（Charles Peirce）的學生，杜威（John Dewey）的同事。這兩位學者都批評「真實情形」與我們對真實情形的陳述之間的「對應」關係的假設。因而維氏對真實的社會

---

[10] 涂爾幹和莫斯（1901-1902）。

[11] 渥斯來（Worsley, 1956）；路克斯（Lukes, 1973）；德艾斯平諾薩（Lamo de Espinosa）、賈西亞和亞伯若（Torres Albero, 1994），頁205-226。

[12] 葛蘭言（1934）；比較密爾斯（Mills, 1940）。

[13] 柏克（Burke, 1990），頁17-19，27-30。

學也有興趣。他尤其注意特殊社會群體與制度和知識之間的關係。他在這方面有三項重要的貢獻。

第一項貢獻發表於一九○六年的論著中，探討科學在現代文明中的地位。他認為現代「對科學的崇拜」，包括喜好不具人格的解釋而非擬人式的解釋，是工業與機器工藝技術興起的後果。在對美國學術界的研究中，維氏進一步燭照大學制度的幽冥，說學者類似「僧侶、薩滿、土醫」這些守護「奧秘知識」的人。他說，雖然任何外人都明白這種奧秘知識的性質、範圍和方法均來自這些人的生活習慣，可是在這些人中間，這種奧秘的知識卻被視為普遍的真理。

維氏最後一項貢獻見於他在一九一九年所發表的文章。在這篇文章中，他討論了「猶太人在近、現代歐洲知識界的優勝地位」。他說這種優勝或創造力在十九世紀登峰造極，而其時許多猶太人也逐漸同化於基督教文化。他強調這種同化尚不完全，許多猶太人在拋棄自己文化傳統時，也未能完全接受非猶太人的文化傳統。由於他們站在兩個文化世界的邊緣，便因特殊的處境而喜歡懷疑（參見本書頁75-76）。他們自己民族的偶像已經打破，但也不很願意接受非猶太傳統中的偶像。這些猶太知識分子因與周遭文化中認為理所當然的想法保持距離，遂能有知識上的創新能力。

維布倫最後這項見解，無疑是由於他本人所居的邊際地位。他一面選擇了這個地位，但一面也和其家庭背景有關。

他的父母在移民前是挪威的農夫，因而他的民族和社會背景在當日美國知識分子中是不尋常的。[14] 一般而言，維布倫是個外人，嚴格來說他未曾留下什麼學派，不過我們在下面將談到（參見本書頁39），他也啓發了不少人繼承他的想法。[15]

那個時候，德國有些人對思想的社會學較有興趣，他們對於馬克思（Karl Marx）的思想或依或違。譬如，馬克斯‧韋伯（Max Weber）研究他所謂的「新教倫理」（一九〇四年首次發表），將這個價值系統放進社會，並提出該經濟系統運作結果的理論。他的官僚政治理論，最初雖與知識的社會學無關，也是對知識的社會學的一項貢獻。當時德國其他的社會學家如謝勒（Max Scheler）和曼海姆（Karl Mannheim，曼氏初在匈牙利，最後在英國工作）主張，想法有其社會背景，是由各種世界觀或「思想方式」所形成。這些思想方式與時代、國家／民族有關。曼海姆個人認爲也與世代和社會階級有關。

譬如，曼氏指出十八和十九世紀出現的兩種思想方式之間的差異：一方面是法國的方式——自由、普遍，由恆常久遠的理性觀點判斷社會；另一種是德國的方式——保守和遵奉「歷史主義」，認爲世界是一個變項，以歷史而非理性去

---

[14] 維布倫（1906, 1918, 1919）；比較德艾斯平諾薩、賈西亞和亞伯若（1994），頁380-306。

[15] 維布倫（1918），頁1-2。

解釋經驗。曼海姆不讚美或譴責這兩種思想方式中任何一種，他只是說一個群體的社會利害，使群體的分子特別感覺到社會生活中的某些方面，他們因而發展出特殊的「意識形態」。[16]

曼氏認為無論如何知識分子都是一個「比較無階級的層級」，是「自由浮動的知識階級」。曼海姆所用的這個詞乃假借自馬克斯・韋伯的兄弟阿弗烈・韋伯（Alfred Weber）。阿弗烈雖不如馬克斯有名，但他本身也是一位重要的社會學家。知識分子由於和社會相對的疏離（批評曼氏的人有時忘記「相對」這個形容詞），遂比別人對社會趨勢看得更清楚。[17]

稱其學科為「知識社會學」的，是德國學者。這個名稱聽起來有一點古怪，無疑也是為了驚世駭俗。即使對於「無知」的歷史學或社會學到現在為止所做研究較少，但這個想法卻比較容易被接受。[18]以培根的方式對我們發現真理之路上的障礙做社會分析，也不難接受。比較造成困擾的是「知識社會學」的這個概念，因為「知道」一詞是哲學家所謂的「成功動詞」：因為照定義來說，我們所知道的是真實，與我們所認為的相反。馬克思和尼采（Friedrich Nietzsche）所提出對真理做社會解釋的想法，至今仍有震撼的力量。每個情形，

---

[16] 曼海姆（1927）。

[17] 曼海姆（1925）；比較謝勒（1926）。

[18] 慕爾（Moore）和杜明（Tumin, 1949）；斯考特（Scott, 1991）。

可以由一九八○年代傅柯（Michel Foucault）對於「眞理體系」的討論證實。在一九九○年代，給一本討論十七世紀科學的書「眞理的社會歷史」這個書名，還是故意找麻煩。[19]

知識社會學的復興

　　對於知識的研究，在一開始固然熱熱鬧鬧，可是在上述這三個國家中，後來卻幾乎涸竭，比社會學中其他領域少有成果。一九三○年代與一九六○年代之間的一位傑出人物是美國的學者墨頓（Robert Merton）。他探討基督新教教義與科學之間關係的著作，雖然比較注意「皇家學會」（Royal Society）這樣的機構，基本上不過是對馬克斯・韋伯關於基督新教教義和資本主義想法的發揮。[20] 日後，移民美國的波蘭籍社會學家茲南尼奇（Florian Znaniecki），最後學維布倫，發表了一本名爲《知識人的社會角色》（*Social Role of the Man of Knowledge*, 1940）的著作，但在這之後卻去注意別的事情。在巴黎，俄國流亡學者格維奇（Georges Gurvitch）在一九六○年代好像預備重振這方面的研究，但是在寫了個計畫大綱便辭世了。[21] 美國學者柏格（Peter Berger）和奧國學

[19] 傅柯（1980），頁112；沙平（Shapin, 1994）。
[20] 墨頓（1938, 1941, 1945, 1957, 1968）；勒曼（1990）。
[21] 柏格和陸克曼（1966）；格維奇（1966）。

者陸克曼（Thomas Luckmann）合著的《實體的社會建構》
（*The Social Construction of Reality, 1966*），甚為學界所喜，當時
或也具有影響力。但是他們在自己所提倡的對知識社會學的
廣泛探討上，卻沒有人踵事增華。刺激知識社會學復興的主
要力量來自社會學這一行以外，如人類學家李維史陀
（Claude Lévi-Strauss）、科學史家孔恩（Thomas Kuhn）、以及
哲學家傅柯。

　李維史陀在他對圖騰制度的研究和對他所謂具體而非抽
象的「野性思維」的一般研究中，重振對於分類的興趣。譬
如，西方人說「自然」和「文化」是相對的，而李維史陀說
美洲印地安人的神話，卻是以「生的」和「煮熟的」之間的
對立為中心而形成。[22] 傅柯曾經受過哲學和醫藥史的雙重訓
練，他的興趣日後逐漸擴大。傅氏發明了許多字眼，如「考
古學」（archaeology）、「譜系」（genealogy）、「社會組織」
（regime）等，以此由家庭的微觀層次到國家的宏觀層次，去
研究各種層次中知識與權力之間的關係；也以此分析知識的
各種空間或「場所」，如診所、學校等。[23] 孔恩的說法則使
他的同事大吃一驚但同時也受到刺激。孔氏說科學革命在歷
史上重複發生。這些科學革命有類似的「結構」或發展周

---

[22] 李維史陀（1962, 1964）。

[23] 傅柯（1966, 1980）。

期，其起源是在於對正統理論或「典範」的不滿意，其終結是在於發明出一個新的「典範」。這個新的典範逐漸被視為「正常科學」，直到另一代的研究工作者又對這種習以為常的智慧不滿意為止。[24]

　　知識這個主題，上一代著名的社會與文化理論家便有興趣。曾經擔任曼海姆助手的艾里亞斯（Norbert Elias），研究知識逐漸不受環境影響的過程，並且提出他所謂「科學組織的理論」。[25] 哈伯瑪斯（Jürgen Habermas）曾討論知識、人類利害和公眾之間的關係。[26] 布赫迪厄（Pierre Bourdieu）為了說明什麼是正當的知識，什麼不是正當的知識，而對於「理論性實踐」、「文化資本」以及大學這類機構的權力，做了一系列的研究。此舉使知識在社會學中佔有一席之地。[27]

　　布赫迪厄是學人類學的。其他人類學家在這方面也很有貢獻。譬如，紀爾茲（Clifford Geertz）有好幾篇論文研究地方性知識、資訊和常識。他如用顯微鏡一樣對這些做精微的研究，把它們放在他進行田野調查的社區面對面社交的脈絡中考察。[28] 古迪（Jack Goody）以另外口語和文字的方法研

---

[24] 孔恩（1962）。

[25] 艾里亞斯（1982）；比較韋爾特汀（Wilterdink, 1977）。

[26] 哈伯瑪斯（1962）。

[27] 布赫迪厄（1972, 1984, 1989）。

[28] 紀爾茲（1975, 1979, 1983）。

究知識。古迪已故的同事蓋爾納（Ernest Gellner）分析經濟、政治和知識各方面之間不斷改變的關係，說這些是生產、威逼和認知的體系。[29] 在這個領域中，還有許多其他的學者以及其他的學科，由地理學到經濟學。[30]

　　參與創造所謂「新知識社會學」的人，有時也誇大他們自己與他們前輩學者之間的距離，這個情形在各種復興活動中是常事。[31] 傅柯、布赫迪厄和李維史陀得力於涂爾幹關於範疇和分類的說法。不過他們是有創意的思想家，不拘於一個傳統，並與其宗師保持距離。有關知識與利害關係之間的討論持續不斷。[32]「微觀」的研究方法看來雖然新穎，但第二次世界大戰以前曼海姆已在倡議。而佛來克也已應用了。[33] 布赫迪厄著重可以說明何種知識為正當知識的那種力量。不過維多利亞時代的諷刺詩文作家已經明白這個力量的重要性。他們借卓維（Benjamin Jowett）的口吻說（參見本書頁51-52）：「我所不知道的便不稱其為知識。」

　　雖然如此，第二波的知識社會學，其重點仍然有異於第一波的知識社會學。其差別主要在四方面。首先，其重點由

[29] 古迪（1978）；蓋爾納（1988）。

[30] 普瑞德（Pred, 1973）；斯瑞福特（Thrift, 1985）；馬奇勒普（1962, 1980-1984）；席勒（1986, 1996）。

[31] 勞奧（Law, 1986）；伍爾嘉（Woolgar, 1988）。

[32] 巴恩斯（Barnes, 1977）；伍爾嘉（1988）。

[33] 曼海姆（1936），註46；佛來克（1935）；比較巴達瑪斯（1977）。

知識的取得與傳播轉移到其「解釋」、「生產」、乃至「製造」。這種轉移是社會學等學科普遍後結構學派的或後現代的轉變的一部分。[34] 目前的知識社會學較不著重社會結構，而較為著重個人、語言、以及分類和實驗等方法；較不著重知識的經濟學，而較為著重知識的政治學和「知識分子」。[35]

其次，第二波比第一波更認為知識分子是一個較大和較多變化的群體。社會學家現在十分注意實際、地方性或「每日」的知識，以及知識分子的活動。這個情形尤以所謂「俗民方法學」學派為然。[36]

新知識社會學與舊知識社會學的第三個區別，在於較著重微觀的社會學、小群體的日常知識生活、領域、或「認識論上群落」的網絡；這樣的群體被視為解釋知識和指導知識通過某些管道傳播的基本單位。[37] 在傅柯的領導下，新的知識社會學派往往透過這些認識論上群落的微小工作空間，如實驗室或圖書館，來加以研究。[38] 就這一點而言，它近乎人類學的研究，而「知識人類學」一辭目前也經常為人使用。[39]

---

[34] 孟德爾松（1977）；克諾-塞提納（Knorr-Cetina, 1981）。

[35] 派爾斯（1996, 1997）。

[36] 柏格和陸克曼（1966）；布赫迪厄（1972）；騰納（Turner, 1974）。

[37] 克蘭（Crane, 1972）；拉圖（Latour, 1986）；布朗（Brown, 1989）；波特（Potter, 1993）；亞歷山卓夫（1995）。

[38] 傅柯（1961）；沙平（1988）；奧飛爾（Ophir）和沙平（1991）。

[39] 艾肯納（Elkanah, 1981）；克瑞克（Crick, 1982）。

　　第四，德國社會學派主張知識具有社會意義，此乃特別重視社會階級（不過曼海姆至少也注意到世代）。[40] 然而第二波的知識社會學更注意性別和地理學。

　　在性別方面，對於女性學者不論是在想當人文學家，或想當科學家時，其所遭遇的「有干擾競爭」，已有一系列的研究。不過目前尚需要做的，是比較研究婦女在不同地方、時刻和學科，被排除到知識生活以外的程度。[41] 就正面的情形來說，主張提高女權的人，說性別有助於形成經驗，因而「女人有其特殊的了解方式。」[42]

　　地理學家也對知識的空間散布以及其不能散布和其在某些地方限於某些群體這類問題，漸有興趣。[43] 奇怪的是，對於知識地理學最著名的論著是出自一位文學評論家之手。薩依德（Edward Said）追隨傅柯之後，分析「東方主義」（Orientalism，也就是西方人對中東的知識），說它是為帝國主義效力。[44]

　　本書作者雖然是一位文化和社會歷史家，但本書卻引援

---

[40] 曼海姆（1952）；佛來克（1935）。

[41] 金恩（King, 1976）；賈汀（Jardine, 1983, 1985）；希冰格（Schiebinger, 1989）；菲力浦斯（1990）；希泰爾（Shteir, 1996）。

[42] 貝蘭奇（Belenky）等（1986）；哈拉維（Haraway, 1988）；杜蘭（Durán, 1991）；芙爾可夫（Alcoff）和波特（1993）。

[43] 普瑞德（1973）；斯瑞福特（1985）。

[44] 薩依德（1978）。

上述各種研究方法，以便糾正我們自己知識界常見的限制研究範圍、以及因此而造成的割裂。

知識社會史

　　到目前為止，重視知識社會學的歷史學家還比較少。羅賓森（James Harvey Robinson）是一個例外。羅氏是二十世紀初期美國「新史學」運動的領袖，也是維布倫的朋友。他自問大學這種古老和榮譽的學術中心，對知識的提升曾發生什麼樣的作用？因此，他鼓勵奧斯坦（Martha Ornstein）以科學學會在十七世紀發生作用為題，寫她的博士論文（參見本書頁87）。這項研究可能出於預謀，因為維布倫的《高等學術》（*The Higher Learning*）一書中已有這個先見，而維氏卻遲遲不肯發表（這本書完成於一九○八年前後，但十年後才發表）。[45]

　　然而在這方面卻不再有人繼羅賓森的餘續。一九二○年代與一九五○年代之間，由俄國人赫森（Boris Hessen）到英國人李約瑟（Joseph Needham），少數幾位崇奉馬克思主義的學者，想要寫科學研究的社會歷史，但主流科學史家卻大多避而不談這個問題。一直到一九六○年代以後，由社會觀點

---

[45] 奧斯坦（1913），頁 ix-x；比較勒克斯（Lux, 1991a, 1991b）。

去研究科學，才成為常事。由這個角度寫社會科學的著作很少，寫人文科學的著作更少。而這少數的著作，又集中在十九與二十世紀，而非現代早期。[46]

　　我之所以決定研究這個課題，原因也是在於我注意到學術性文獻中的這項缺失。由於題目太大，任何非假定性暫時性的研究，不僅是不自量力，也是不可能進行。對於大題目，我喜歡先零碎做簡短的研究，將不同的地點、主題、時期或個人連接在一起，以便將小的碎片拼湊成一幅大的畫面。然而，由於這個領域通常根本沒有人視之為一個領域，而只當它是參考書目、科學史、學識史、思想史、製圖史和史科編纂史（這是我最初想研究的課題）等學科或副學科的集成，它尤其需要這樣一本書。

　　任何主張知識具有社會意義的人，必先給自己定位。我因階級、性別、國籍和世代而產生的若干偏見，不久便會顯而易見。我之所以選擇「知識社會史」這個書名，是為了向曼海姆表示敬意。雖然我已逐漸遠離他所用的研究方法，可是他的著作四十年前曾引起我對這個題目產生極大的興趣。本書是一本饒有理論的社會史，不但較晚近的傅柯與布赫迪厄的理論更有系統，也具有涂爾幹和韋伯的「古典」理論。第二章和第三章是一種回顧性的知識社會學，第四章是知識地理學，第五章是人類學。第六章討論知識的政治學，第七

---

[46] 凌吉（Ringer, 1990, 1992）。

章討論其經濟學，第八章採用比較文學性的研究方法，尾聲則提出一些哲學性的問題。

　　本書雖然侵入其他的學科，但讀者一看便會明白它是一位歷史學家的著作，而這位歷史學家的研究範圍是近代歐洲早期。本書的時限是文藝復興時代和啓蒙運動時代。爲了做比較起見，本書也會間或逾越時空的界限，但它的主題卻仍是「近代早期」歐洲的知識歷史。

　　此處所謂的近代早期，是指由古騰堡（Gutenberg）到狄德羅（Diderot）的幾個世紀。也就是由一四五〇年前後活字印刷在德國的發明，到由一七五〇年代起陸續出版的《百科全書》（*Encyclopédie*）。《百科全書》是當日資訊的總結，也生動地說明知識的政治學和知識的經濟學。至於知識和印刷品之間的關係，則下面將不止一次地加以討論。此處只需說這種新媒體的重要性，不限於散播知識到更廣遠的範圍，和使比較私人性乃至秘密性的知識（由技術上的秘密到國家的秘密）更公開化。印刷品也便利不同知識之間的交流，這一點本書將一再談到。印刷使住在不同地方的人可以閱讀同樣的典籍或研究同樣的形象，因而使知識標準化。它使同一個人可以比較對同一現象或事件互相敵對和矛盾的記載，因而也鼓勵懷疑的態度。[47]

---

[47] 艾森斯坦（Eisenstein, 1979）；吉塞克（Giesecke, 1991）；艾蒙（Eamon, 1994）。

知識是什麼？

　　「知識是什麼？」這個問題，和更有名的問題「真理是什麼？」幾乎一樣難以回答。往往有人批評曼海姆所說的，範疇、價值觀念和評論不分青紅皂白都是由社會決定的。我們也需要區別知識與資訊、「知道如何」與「知道一件事」，以及什麼是毫不含糊的什麼又是想當然的。本書為了方便起見，以「資訊」一字指比較「生的」、特定的和實際的，而以「知識」一字指經由深思「熟慮的」、處理過的或系統化的。不用說，這個區別不是絕對的，但對知識詳細說明和分類的重要性，是下面還將出現的主題（尤以第五章中為然）。

　　緊接下來要談的，是近代早期的人（而非本書的作者或讀者）所認為的知識。因而關於魔術、巫技、天使和惡魔的知識都包括在內。近代早期知識的觀念顯然是知識的社會史的重心，下面將詳細討論。此處只需一提當日的意識到知識的不同種類，譬如「藝術」和「科學」的區別（當日所謂的「藝術」和「科學」，近於今日的「實踐」和「理論」，而非今日的藝術和科學），以及意識到「學術」、「哲學」、「好奇心」這些字彙及其在各種歐洲語文中相當字彙的使用方法。熱衷於各種新知識的人，有時稱新知識為「真知」，而鄙視傳統知識，說它只不過是空洞的「專業行話」或無用的

「賣弄學問」。概念的歷史是這一事業不可或缺的部分。這種歷史不僅注意以新字眼的興起為新興趣和新態度的指標，也注意舊字眼意義的變化、把它們放回它們原來的語言學領域、研究它們在其中使用的社會脈絡，並恢復它們原來的聯想。[48]

　　我下面要設法避免的是認為知識在進步的傳統假設，也就是有時所謂的「認知成長」。這種概念，只要是指整個團體中的人（如一部百科全書的各位撰稿人）都知道的，便也許是有用。我們很難否認歐洲近代早期知識歷史中的累進因素：參考書繁增；圖書館和百科全書擴充；一個又一個世紀，想了解某一特殊課題的人可用的資料愈來愈多（參看第八章）。

　　可是智慧卻不是累進的，每一個人多多少少必須辛苦地去學得智慧。甚至在知識的情形，在個人層次仍然有退步有進步。過去一個世紀左右，一般學校和大學裡愈來愈專門性的訓練，使學生的知識比以往狹窄（不論深度是否能補償廣度）。今日各式各樣的知識競相爭取我們的注意力，而每一個選擇均有其代價。在修改百科全書的時候，修改的人往往刪除某些資訊以便有篇幅放下別的東西。因為要找某些資訊用當前版本的《大英百科全書》（*Encyclopaedia Britannica*），還

---

[48] 柯塞勒克（Koselleck, 1972）；肯尼（1998）。

不如用第十一版（1910-1911）的《大英百科全書》。在近代
早期的歐洲，一場「知識爆發」隨印刷術的發明、地理上的
大發現與所謂的「科學革命」等而起。可是這種知識的累積
一方面解決問題一方面也創造問題。下面還會再討論這一點。

　　不用說我本人對知識的知識並不完整，寫這本書必須在
時代上、地理上乃至社會上都受到限制。本書源於一系列的
演講，其目的在於勘察廣大的知識領域，是一本論文集而非
一部百科全書。本書實際上限於最有勢力知識的形式，這個
情形應略加解釋。

知識的多元性

　　本書所根據的典籍大多出版於十六、十七和十八世紀。
它討論口頭知識，以便避免以文字為中心。它甚至以形象
（包括地圖在內）為溝通知識的方式並以插圖的辦法，以便
避免以語言為中心。本書也間或提到許多物質物件，由貝殼
到硬幣，由鱷魚標本到雕像。這一個時期的人，熱衷收集這
類物件，予以分類，並在櫥櫃或博物館中陳列。[49] 所謂知
識，也包括非言詞的事情，如建造、烹飪、紡織、治療、狩

---

[49] 勒格里（Lugli, 1983）；因培（Impey）和麥克格瑞格（Macgregor, 1985）；波米安（Pomian, 1987）；芬德倫（Findlen, 1989, 1994）。

獵、耕種土地等。但還是有一個大問題。本書談的是什麼人的知識？

　　在近代早期的歐洲，精英分子往往以他們自己的知識為知識，黎希留樞機主教（Cardinal Richelieu）在其《政治聖約書》（*Political Testament*）中說，不能教給人民知識，否則他們便會不滿意自己的處境。當時持這個看法的人不少。西班牙人文主義者維弗斯（Luis Vives）是一個例外。他承認「農夫和工匠比許多哲學家更了解自然。」[50]

　　今天，隨著所謂地方知識和日常知識的「重建」，我們明白每一個文化中都有多種的知識，而社會歷史像社會學一樣，必須注意社會上認為是知識的每一件事情。[51] 按照其功能和用途區別各種知識，是區別各種知識的一個辦法。譬如，社會學家格維奇曾區別七種知識：五官所知覺的、社會的、日常的、技術性的、政治的、科學的和哲學的。[52]

　　另一種區別知識的辦法近於社會歷史，可以區別不同社會群體所生產和傳達的各種知識。知識分子通曉某些種類的知識，但是其他的專長或竅門，乃由官吏、工匠、農夫、接生婆和通俗治病的人所培養。這些雜亂的知識最近也吸引了

[50] 羅西（Rossi, 1962），頁 15；比較洛奇（Roche, 1981），第 3 部；波姆（1984）；渥斯來（1997）。

[51] 柏格和陸克曼（1966），頁 26。

[52] 格維奇（1966）。

歷史學的注意。在帝國主義時代，土著居民的許多雜亂知識，歐洲統治者、繪製地圖者和醫師都據爲己有。[53]

　　大多數對於知識的研究是研究精英分子的知識，而包括我自己自一九七八年開始所做的各種通俗文化研究，較少談論其知識因素——通俗或日常知識。[54] 本書隨著其所用資料的性質，重點也在於談論具支配性乃至「學術性」的知識，也就是近代早期所謂的「學問」。不過我將儘量設法把學術性的知識放在較廣大的範圍中去研究。本書重複申述的一個主題，是在學術界精英的知識體系與所謂「另類知識」之間的競爭、衝突和交流。[55] 這些衝突在醫學上最爲明顯，行醫的有「聰明熟練的人」、巡迴治病人、摩爾人或婦女。[56] 巴黎接生婆布什瓦（Louise Bourgeois）一六〇九年所出版的《種種觀察所得》（*Observations diverses*），是一個具體的例子。布什瓦自稱是「我這一行中第一個提筆描寫上帝給我的知識的人。」

　　如果我想聳人聽聞，我便會說近代早期歐洲的所謂知識革命（包括文藝復興、科學革命和啓蒙運動），不過是某些

---

53 費格瑞多（Figueiredo, 1984）；貝里（1996）；格羅夫（Grove, 1996）；蒙迪（Mundy, 1996）；艾德尼（Edney, 1997），頁 68，76，81，98，125。

54 洛奇（1981）。

55 波特（1993）。

56 巴勒斯特（Ballester, 1977, 1993）；惠斯曼（Huisman, 1989）。

通俗或實際知識的表面化以及學術機構的接受這些知識爲正
當知識。所謂表面化，尤指見於印刷品。這樣的說法，並不
比一般人的假設知識便是學者的學問更爲偏頗。譬如，歐洲
人在其他大陸所收集的知識，不一定是對自然和社會直接觀
察的結果，而往往是由地方上報告人所提供（參見第四章）。

　　文藝復興時代的義大利是學者和工匠相互配合的例子。
譬如，在十五世紀早期的佛羅倫斯（Florence），人文學者亞
伯提（Leonbattista Alberti）常常與雕刻家多那太羅，
（Donatello）和工程師布隆乃斯基（Filippo Brunelleschi）交
談。如果沒有這些專家的協助，他便不容易撰寫有關繪畫和
建築的論文。研究文藝復興時代的學者，談到著名泥瓦匠工
藝傳統和其僱主人文知識間的相互配合。有些僱主手持維楚
威烏斯（Vitruvius）的範本委託泥瓦匠參考著給他們蓋房
子。文藝復興時代的義大利人，校訂和插繪維楚威烏斯這位
古羅馬建築家有關建築學的論著。如果沒有古典拉丁文專家
和建築學專家的通力合作，這件事是很難想像的。一五五六
年威尼斯貴族巴巴羅（Daniele Barbaro）在校訂和翻譯維氏
論著的時候，曾得到泥瓦匠出身的建築家帕拉迪歐（Palladio）
的協助。[57]

　　在好些領域，有實地經驗的男女，和學者一樣對印刷出

---

[57] 柏克（1998c），頁34，175。

來的知識很有貢獻。[58] 人文學者阿格里可拉（Georg Agricola）在久奇斯陶（Joachimsthal）行醫為生，他在一五五六年發表了一部關於採礦的書。這本書的寫成，多虧當地礦工口頭告訴他的知識。蒙田（Montaigne）甚至在他有關吃人肉的野蠻人的名著中主張，一個單純粗樸的人比細緻文雅的人更能提供他在新世界的經驗之譚，因為文雅的人有許多偏見。

談到人文科學，經濟學這門學科的興起（參見本書頁174-175）不是無中生有。它不僅牽涉到新理論的推敲，也是把學術的尊嚴授予商人的實用知識。商人的知識原來是口耳相傳，但是十六和十七世紀時卻以印刷品的形式流傳得愈來愈廣。查爾德爵士（Sir Josiah Child）的《論貿易》（*Discourse of Trade*, 1665）一書，便是這樣的一本論著。查爾德原是一名倫敦商人，日後成為東印度公司的董事長。

縱然跨越邊界需要付出代價，可是在政治理論與政治實踐間也有類似的交流。馬基維利（Machiavelli）以淺顯和理論的形式說明官員有時在會議上討論，而統治者又往往遵行的規則。此舉引起一陣喧囂。《君王論》（*The Prince*）原是馬基維利呈給麥迪奇（Medici）家族一員的秘密文件，希望有利於自己的事業。此書在馬氏辭世幾年後的一五三二年出版。[59]

---

58 齊爾塞（Zilsel, 1941）；巴諾夫斯基（Panofsky, 1953）；豪爾（Hall, 1962）；羅西（1962）；艾森斯坦（1979）。

59 阿伯提尼（Albertini, 1955）；吉爾伯特（Gilbert, 1965）。

法蘭西斯・培根在他的《學問的進展》（*Advancement of Learning*, 1605）一書中說：「關於磋商和辦事的智慧前此還不見於文辭。」這是培根有見解的泛論，只不過對他的前輩馬基維利不大公平。

　　關於繪畫及其技巧的知識，稱爲「鑑賞能力」。這種口耳相傳的知識十六世紀時初見於印刷品。華薩里（Giorgio Vasari）的藝術家《傳記》（*Lives*），初版是一五〇〇年。提醒我們這個時期理論與實踐之間相互配合的，是一個哲學上的字眼。「經驗主義」（Empiricism）一字乃源於「根據經驗的」（empiric）一字。在傳統的英文中，這個字是指不懂理論的另類醫學執業男女。培根在其《學問的進展》中譴責「憑經驗的醫師」，說他既不明白眞正的病因，也不知道眞正的治療方法。但是他也痛切地批評煩瑣學派的哲學家，因爲他們在下結論的時候不注意日常的世界。

　　培根在其《新工具》（*New Organon*, 1620）一書中說：「尙未經嘗試的眞正方法，」是既不要像愚蠢地只憑經驗收集資料的螞蟻，也不要像用其內部體液紡織網兒的煩瑣蜘蛛，而要像同時收集和消化的蜜蜂。重要的是由「感官和細節」開始，而後循一個個階段到達一般的結論（格言，xix, xcv）。下面第九章中還會討論這個中庸之道。它是我們今日所謂的「經驗主義」。這個字彙乃創造於一七三六年。培根學派的《百科全書》中有專文加以討論。

　　在培根經驗主義的認識論和他認為「即使有學問的人也可以向一般人學習」這個想法之間，有一個關聯（維弗斯也和培根持同樣學者問教於一般人的想法）。倫敦的皇家學會繼續培根的傳說，發表了許多有關各種專門知識或各種職業與技巧秘密的記事。其目的是，如萊布尼茲（Gottfried Leibniz）這個淵博學者所云：「將理論學者與經驗學者愉快地結合在一起。」

　　狄德羅在這一點上也稱讚培根。在《百科全書》中，可以清楚看出他一方面注意工匠的知識，一方面也注意思想家的知識。譬如，《百科全書》中論〈藝術〉一文，說區別文理科的和機械性的藝術（參見第五章）是不幸的，因為它貶低了許多值得尊敬的人和有用的人的身分。狄德羅和其他編者在《百科全書》中公開工藝技術的知識。這部書顯然在許多實際的場合也是有用的。譬如，一七七〇年代土耳其製造大砲的時候，鄂圖曼蘇丹的軍事顧問便引用了《百科全書》中有關鑄造大砲一文。[60]

　　本書在這種交流的脈絡內，著重討論具支配性的知識形式，尤其是歐洲知識分子所具有的知識。但是誰是近代早期歐洲的知識分子？下面一章將討論這個問題。

---

[60] 普魯斯特（Proust, 1962），頁 177-232；威爾森（Wilson, 1972），頁 136。

2

以知識為職業：
歐洲的知識階級

治學這門職業，使我們比別人更能高瞻遠矚。

巴羅（Isaac Barrow）

我最重要；我的名字是卓維。

我什麼樣的知識都有。

我是這個學院的教授。

我所不知道的便不稱其為知識。

比欽（H. C. Beeching）

　　本章所談的，是歐洲近代早期發現、製造和傳播知識的
人。這些人往往被稱為「知識分子」。曼海姆說他們是每一
個社會中的一個社會群體，「其特殊的任務是為這個社會解
釋世界。」前面已經提過曼海姆的一句名言：曼海姆稱這些

人爲「自由浮動的知識階級」，是一個「不固定的，比較無階級的層級。」[1]

連續與中斷

　　往往有人說知識分子到十九世紀中葉才在俄國出現：「知識階級」（intelligentsia）一字形成於這個時候，指那些不願意或沒有機會做官的人。另有人說這個群體出現於十九世紀末葉。其時法國人正在辯論德雷福上尉（Captain Dreyfus）是否有罪，而《知識分子宣言》（*Manifeste des intellectuels*）一文，乃替德雷福辯解。[2] 另一些史學家如勒高夫（Jacques Le Goff），談到至少在大學脈絡中的知識分子。[3] 這些意見的分歧雖然部分是與定義有關，但也顯示學者對於歐洲文化史上變化和連續的相對重要性，有重要意見分歧。

　　一般人認爲現代的知識分子是十九世紀激進知識階級的後裔，而十九世紀激進知識階級則是啓蒙哲士（philosophes）的後裔，這些哲士若不是像新教神職人員般的平信徒，就是文藝復興時代人文學者的後裔。這個看法太「由現代的眼光看事情，」其所以細察過去只是爲了找像我們自己的人。傅

---

[1] 曼海姆（1936），頁137-138。

[2] 派普斯（Pipes, 1960）；查爾（Charle, 1990）。

[3] 勒高夫（1957）。

柯並非第一個看出「由現代的眼光看事情」和連續性都有問題的人，但是他是批評這些一般假設最激烈的人。

傅柯派的知識分子歷史，或許會討論十九世紀知識階級與十八世紀思想家之間的中斷；前者想推翻其舊政制，後者想改革其舊政制。再者，傅派的知識分子歷史可能注意到反教士的思想家和十七世紀英國清教神職人員之間的差別，描寫後者爲傳統社會「激進知識分子」歷史上的第一個例子，「由封建關係中釋放了出來。」[4] 可是，由這些清教徒看來，他們眞正的職業既非從事學術工作，也非從事政治活動，這兩種活動不過是達成一個較高目的的手段，這個目的是宗教。他們的理想爲「聖徒」的理想，而這個目的讓一些清教徒表現出反知識的態度。[5] 新教神職人員與其先驅文藝復興時代人文學者之間也有另一種中斷。而分開人文學者與他們公開指責的煩瑣學派哲學家（勒高夫所謂的中古知識分子）的更有第三種中斷。

爲了避免混淆起見，最好效法柯立芝（Samuel Coleridge）和蓋爾納的辦法，稱知識專家爲「知識階級」。[6] 本書以下將間或用這個辭彙，形容其分子自以爲是「學人」或「文人」的社會群體。在這個脈絡中「文」指學問而非文學。

---

[4] 華澤（Walzer, 1965）。

[5] 索特（Solt, 1956）。

[6] 蓋爾納（1988），頁70-71，79。

　　由十五到十八世紀，學者經常稱他們為「學術界」的公民。這個說法表現他們認為自己所屬的群體超越國界。這基本上是一個想像中的群體。但它也發展出自己的習俗，如交換信件、書籍和互相造訪，甚至還有晚輩學者對其前輩學者的禮敬儀式，前輩學者又可以在事業上提拔晚輩學者。[7]

　　本章的目的在討論一九四○年的一篇著名社會學文章中所謂的「知識人的社會角色」。[8] 今天這句話無疑促使我們問道：那時的知識婦女是什麼樣子？答案是：她們大多不被允許追求學問。關於這一點，十七世紀法國哲學家拉巴爾（Poulain de la Barre）曾在其《兩性的平等》（*The Equality of the Two Sexes*, 1673）一書中說明。

　　雖然「才女」（bluestocking）一字在十八世紀後期才出現，可是「有學問的女人」在近代早期的歐洲始終存在。最著名的有學問女人有好幾位：德比桑（Christine de Pisan）在十五世紀著有《女兒城》（*The City of Women*）一書；編輯蒙田《論文集》（*Essays*）的德古乃（Marie Le Jars de Gournay）研究煉丹術，並且著文討論男女平等；許曼（Anne-Marie Schuurman）是一位博學多才的學者，她住在荷蘭共和國，在烏特勒支大學（University of Utrecht）上課，並撰文討論

---

[7]　戈德嘉（Goldgar, 1995）；保茲（Bots）和華凱（Waquet, 1997）；柏克（1999a）。

[8]　茲南尼奇（1940）。

婦女學習的才能：瑞典女王克麗斯汀那（Queen Kristina）把
笛卡爾（René Descartes）、格羅秀斯（Hugo Goatius）等學者
延聘到她在斯德哥爾摩的朝廷，遜位後，她在羅馬創辦了
「物理數學院」（Academia Fisico-Matematica）。

　　不過婦女還是不能和男子一樣參與學術的活動。能夠上
大學的婦女極少，她們或可跟親戚或私人教師學拉丁文，但
是想進入人文學者的圈子或參與某些其他活動卻不能如願。
十五世紀義大利有學問的婦女諾嘉若拉（Isotta Nogarola）和
斐黛爾（Cassandra Fedele）便是如此。諾嘉若拉由於大家恥
笑說她假裝有學問，乃進修道院了事。[9]

　　婦女也涉足科學革命和啓蒙運動。紐卡索（Newcastle）
公爵夫人卡文迪希（Margaret Cavendish）出席皇家學會的會
議，並出版她哲學上的意見。伏爾泰（Voltaire）爲杜夏特雷
侯爵夫人（Marquise du Châtelet）寫了一本《論習俗》（*Essay
on Manners*）的書，目的是想說服她，歷史和她所喜歡的自
然哲學一樣值得研習。不過在這些方面婦女也只有很有限的
地位。豐騰耐爾（Bernard de Fontenelle）爲婦女讀者撰寫有
關多元世界的對話錄。亞加若提（Francesco Algarotti）發表
《婦女所了解的牛頓學說》（*Newtonianism for Women*），他以
施恩般的態度，假想如果能用淺白的語句向婦女解釋這門新

---

[9] 金恩（1976）；賈汀（1983, 1985）。

科學,婦女是可以了解的。[10]

中世紀

哀綠綺思(Héloïse)原是阿伯拉(Abelard)的學生,後來成了阿伯拉的情人。從哀綠綺思的例子來看,十二世紀時已經有有學問的婦女。這個時候,自古代晚期以來,歐州在寺院以外最初有了明顯的知識階級。這種發展和大學的發展一樣,都是由於與市鎮興起有關的日益明顯的分工。

知識階級是一群有學問的俗人,往往是醫師或律師。法律和醫學是兩種世俗的學問專業,在中古的大學和大學以外都有其地位。[11] 他們是法人團體,有時組織成學院(如一五一八年創辦的倫敦醫師學院〔London College of Physicians〕),旨在維持其在知識與執業上的壟斷,杜絕非正式執業者的競爭。

然而大多數中世紀的大學教師和學生都是教士,且他們經常是宗教修道會的會士。最著名的修道會是道明會(Dominicans),中古最負盛名的大師阿奎那(Thomas Aquinas)便是一位道明會修士。甚至像大亞伯特(Albert the Great)和

---

[10] 希冰格(1989);古德曼(Goodman, 1994);希泰爾(1996)。
[11] 保斯瑪(Bouwsma, 1973)。

羅傑・培根（Roger Bacon）這些自然科學家也都是天主教修士。學生往往由一個大學走到另一個大學，來來去去。他們是一個國際群體，自覺與他們因緣際會所住城市的一般居民有別，並用拉丁文的歌曲唱出這個情愫。教師則主要是我們所謂的「煩瑣」哲學家和神學家，不過他們不用這些稱呼，而自稱爲「文人」、「教會執事」、「教師」或「哲學家」。在朝廷也可以看到這樣的文人，如十二世紀時的英國人薩里斯伯利的約翰（John of Salisbury）。[12]

　　至於「學校人」（schoolmen）一字，則是由支持新式大學課程人文科學的人，所發明的輕蔑字眼（參見第五章）。這種新課程的教師綽號「人文學者」（humanist），這個字先傳播到義大利各地，後來又傳遍歐洲。這些人文學者是一種新的知識階級。他們有一些是僧侶，但大多數是俗人，在中學或大學教書，或當私人教師，或靠資助人的慷慨度日。至少對某些人文學者來說，教書是命運而非職業。十五世紀後半有一位人文學者傷感地寫信給另一位人文學者說：「我原與王公爲伍，現在由於時運不濟，開了一家學校。」除了若干法學的明星教授以外，一般大學和中學教員的薪俸都很低，因而我們對這位學者的反應很容易了解。教書使人可以

---

[12] 勒高夫（1957）；比較穆瑞（Murray, 1978），頁227-233，263-265，布魯奇瑞（Brocchieri, 1987）、維吉（Verger, 1997）。

憑知識謀生，但不能使人過很好的日子。[13]

　　「人文學者」一辭的出現，表示至少在大學中，教授人文科學的學者彼此可以有認同的感覺。這些人文學者所創辦的學會或學院（這些機構將在第三章討論），也顯示一種集體身分的出現。[14]

印刷術的後果

　　印刷術發明的一個主要後果，是拓寬知識階級的事業機會。有些知識分子成為學者／印刷商人，如威尼斯的曼奴秀斯（Aldus Manutius）。[15] 又有一些為出版者工作，如校對、編索引、翻譯，乃至受印刷商／出版商的委託寫新書。堅守「文人」的職志此時已比較容易，但仍不太容易。至少伊拉斯摩斯（Erasmus）寫書很成功，不需再仰賴贊助人。艾里亞斯以曼海姆的方式形容一般人文學者、尤其是伊拉斯摩斯，說他們是自由浮動知識分子的例子。他們的獨立，與他們疏離世界上所有其他社會群體的機會有關。[16]

---

[13] 克瑞斯泰勒（Kristeller, 1955）；狄昂尼索提（Dionisotti, 1967）；羅曼諾（Romano）和特南提（Tenenti, 1967）；柏克（1986）。

[14] 班佐尼（Benzoni, 1978），頁 159 起。

[15] 夏騰洛荷（Schottenloher, 1935）。

[16] 艾里亞斯（1939），頁 1，73。

　　十六世紀中葉的威尼斯尤其有一群以筆耕為生的作家。他們受的都是人文學的教育，大量寫作，寫作的主題也包羅萬象，因此被稱為「多產作家」（poligrafi）（參見第七章）。十六世紀後期巴黎、倫敦等城市也有類似的人物，他們推出的出版品很多，包括年代紀、寰宇誌、字典以及其他知識指南。

教會與政府中的機會

　　十六世紀有學問的人，機會尚不止此。宗教改革又為他們增加了一個機會。馬丁路德（Martin Luther）說每一個信徒都是祭司。這話乍聽起來似乎使神職人員成為不必要。卡斯塔德（Andreas Karlstadt）是路德在威登堡大學（University of Wittenberg）的同事，他比路德更激進，甚至提議廢除所有的學位。然而，路德還是支持有學問的神職人員，以便向大家宣傳福音。喀爾文（Jean Calvin）和其他新教改革家也同意這個想法。天主教由十六世紀中葉起創辦了許多神學院，也是為了著重教區僧侶的教育。[17] 有的教士在這些機構中受了教育以後，以學術為職業，同時仍為教區服務。其中一位是路德派的本堂牧師波都安（Paul Bolduan）。波氏在編

17　柏克（1988）；普洛斯百瑞（Prosperi, 1981）。

纂科目參考書目上,是一位拓墾者。如此,各教會可謂在無
意間資助了學術。

　　十六與十七世紀早期學生人數的增加,部分是由於大學
有了新的功能。大學此時成爲教區牧師的訓練所,以及供應
政府對有法學學位官員日增需求的機構。到了十七世紀中
期,由於供過於求,許多畢業生志不得伸。在那不勒斯,學
生於一六四七至四八年間參與了對抗西班牙的反叛運動。有
一次,三百名武裝的學生在大街上遊行,抗議博士學位的花
費增加。在英國,有人說這些「獨立的知識分子」應對英國
革命負一部分的責任。[18]

　　有些大學訓練出來的文人擔任統治者、貴族或有學問人
士的秘書。包括布魯尼(Leonardo Bruni)、布拉求里尼
(Poggio Bracciolini)和瓦拉(Lorenzo Valla)等在內的許多傑
出義大利人文學者,都曾擔任教宗的秘書。秘書一行並非新
的行業,但由當日教人如何擔任秘書書籍(尤其是義大利文
的書籍)的數目來看,可知該行在這個時期日益重要,因爲
統治者和貴族此時的公文都有增加(參見第六章)。[19]在瑞
典,史稱十六世紀晚期爲「由秘書統治」的時代。這些出身
不高的人都成爲很重要的人,帕森(Jöran Persson)便是一

---

[18] 克提斯(Curtis, 1962);比較察提爾(Chartier, 1982),洛奇(1982)。
[19] 尼格羅(Nigro, 1991)。

個例子。帕森是一名教士之子，他不像是秘書，更像是個顧問。他成為國王艾瑞克十四世（King Erik XIV）最得力的助手，後為貴族敵人所殺。西班牙在菲利浦二世（Philip II）時代秘書的統治更為危險。這時使用的「letrado」一字是指為皇家服務的律師，他們是文人，與傳統上在國王四周的武人有別，他們的作用是勸諫國王，給國王出好主意。在許多文化中，這都是知識階級的主要功能。[20]

學者也可以僱用秘書或書記。譬如，伊拉斯摩斯用了克森（Gilbert Cousin），克氏本人也是一位學者。法蘭西斯・培根的秘書中，有年輕的霍布斯（Thomas Hobbes）。駐外大使也有其助手，有時是拉侯塞（Amelot de la Houssaie）這樣的文人。拉侯塞在擔任法國駐威尼斯大使秘書任內，利用職權取得有關威尼斯政府隱匿活動的資訊，後來予以發表（參見本書頁239-240）。到了十七世紀，學會秘書的職位已經出現：豐騰耐爾是法國科學學會（French Académie des Sciences）的秘書，奧登保（Henry Oldenburg）是皇家學會的秘書，福每（Formey）是柏林學會（Berlin Academy）的秘書，華倫汀（Per Wilhelm Warentin）是瑞典學會（Swedish Academy）的秘書。這個職位有時支薪。奧登保即支薪。

到了十七世紀中葉，作家和學者漸能靠資助和出版的收

---

[20] 斯泰爾（1992）。

入維持生活，不過還是冒一點風險。根據對於在一六四三到六五年間活動的五百五十九位法國作家所做的分析，這時已可憑藉文學維生。「文學」一辭在此是用其廣義，包括字典和歷史著作，以及拉辛（Racine）的戲劇和波艾婁（Boileau）的詩。[21]

但是我們不應過分強調與傳統的脫節。皇家的津貼仍是作家主要的收入。譬如，路易十四不但慷慨地津貼波艾婁、拉辛等侍人，也慷慨地津貼天文學家卡西尼（Gian-Domenico Cassini）和語言學家杜康吉（Charles Du Cange）。培瑞斯克（Nicholas de Peiresc）和塞爾登（John Selden）這樣的律師與茲文格（Theodor Zwinger）和吳爾姆（Ole Worm）這樣的醫師，在閒暇的時候繼續對學術做出重要的貢獻。當時身爲教士或至少處於教士邊緣的作家，數目仍然可觀。事實上，在路易十四的時代，他們可能還佔作家中的大多數。[22]直到近代早期乃至更晚，許多發表出來的著作仍出於教士之手。

結構上的變易

到了一六〇〇年左右，歐洲知識階級以內的社會變異過

---

[21] 維亞拉（Viala, 1985）。
[22] 維亞拉（1985），頁247。

程已歷歷可見。作家是一個半獨立的群體。在十七世紀的法國，他們愈來愈多使用「auteur」（作者）和「ecrivain」（作家）這樣的字眼，顯示他們自我意識的日增。[23] 用我們今天的話來說，有一個具影響力的小群體可以稱爲「資訊掮客」，因爲他們使在不同地方的學者發生接觸。這些人也可稱爲「知識管理人」，因爲他們收集資料也整理資料。他們的姓名，有一些還會在本書中出現，如法蘭西斯・培根、柯柏特（Jean-Baptiste Colbert）、狄德羅、哈特里布（Samuel Hartlib）、萊布尼茲、墨沁（Marin Mersenne）、瑙德（Gabriel Naudé）、奧登保、瑞瑙多（Théophraste Renaudot）。[24]

　　大學教授也成爲一個特殊的群體。這個現象尤以在德語世界爲然。十八世紀後期，不算其他高等教育機構在內，德語世界已有四十多家大學。這些教授往往是俗人，常是別的教授的兒子或女婿。他們愈來愈講究學人的禮服和頭銜，艾普薩拉大學（University of Uppsala）等地方走廊上也張貼教授們的畫像。這些都表示他們自以爲與衆不同。十九世紀牛津大學的卓維，是巴里奧學院（Balliol College）一八七〇到九三年的教授（本章一開始題詩的指責目標）。他這樣的早

---

[23]　維亞拉（1985），頁270-280；凡德朱希（Vandermeersch, 1996），頁223-224，246-248。

[24]　豪爾（1965）；洛夏（Rochot, 1966）；所羅門（Soloman, 1972）；韋布斯特（1975）；瑞維爾（Revel, 1996）。

期近代教授，具體表現知識的權威。

　　近代早期的學者逐漸視其工作爲一種職業。在馬克斯・韋伯評論這個主題的名言以前兩百多年，巴羅在其十七世紀後期《論勤勉》（*Of Iudustry*）一書中已討論學術爲一種職業。巴羅是一名英國人，他主張學者的工作，在於「發現眞理」和「取得知識」。巴羅所謂的「知識」，不是關於「明顯和低俗事情」的資訊，而是關於「高尙、深奧、錯綜複雜和難懂主題」的資訊；這些主題與一般所觀察和感覺的事情很不一樣。像德國歷史學家斯來丹（Johann Sleidan）與法國歷史學家拉波布林尼（Henri de La Popeliniére）這樣的許多特殊學術從業人士，有時也視其工作爲職業。[25]

　　隨著學術界的這種社會變化，不同的群體之間乃發生衝突。譬如，由十七世紀中葉起，對於英國人所謂的「牧師方術」，抨擊日益兇猛。也就是抨擊一群知識分子的權威，因爲他們欺騙老百姓。[26] 如果當時教士在學術界不是很有力量，這樣的攻擊便是不必要的。但是如果當時有許多世俗學者的存在，也不可能有這樣的攻擊。世俗學者致力於獨立的新理想，有時他們也稱這個爲「公平無私」不受環境影響的理想，與教會和政府都保持相當的距離（一直到十八世紀

---

[25] 凱利（Kelley, 1971, 1980）。

[26] 高迪（Goldie, 1987）。

末，才有人說知識是「客觀的」）。也有人批評律師和醫師是世俗教士，說他們藉其顧客不了解的專門術語之助，保護自己的壟斷。[27]

自十六世紀中葉起，法國人的著重文學與土語，與德國人的對拉丁文化和博學的興趣成一對比。德國人認為法國人膚淺，法國人認為德國人好賣弄學問。貴族業餘者（義大利人稱之為「Virtuosi」。十七世紀後半英國人也稱之為「Virtuosi」，不論他們研究的是藝術、古文物，或是自然博物），有時也瞧不起專業教師和作家。新成立的皇家學會歷史家斯普拉特（Thomas Sprat），強調上流人士在自然哲學研究中的重要作用，正因為他們是「自由和不受拘束的人」。這個用詞使我們想起曼海姆在近三百年前的措辭。有人形容某些法國學者為「好奇」，這個字無疑使我們認為驅策他們的是公正的對知識的好奇心。[28]

自一七○○年前後起，學者不但能以教師或作家的身分追逐知識生涯，也可以以某些機構有薪俸分子的身分追逐知識生涯。像在巴黎、柏林、斯德哥爾摩和聖彼得堡成立的「科學學院」，都是這種以累積知識為目的的機構。不過由於經費有限，受薪的學者往往被迫以其他形式的職業補充其薪

俸收入。不論我們是否稱這些人爲「科學家」（scientistr，這
個字到十九世紀才出現），這個群體的出現，在歐洲知識階
級的歷史上來說無疑是有重要意義的一刻。群體中若干分子
選擇其職業的原因，是因爲不喜歡傳統的大學生涯。[29]

　　領導學術性學會的，是像萊布尼茲和牛頓（Isaac Newton）
這樣有崇高地位的人。他們除了在學會中的職位以外，還有
其他的職業。萊布尼茲也是一位活躍的圖書館管理員。在近
代早期，圖書館管理員這一行也日益重要。十五世紀時梵諦
岡的普拉提納（Bartolommeo Platina）、十六世紀時維也納的
布勞秀斯（Hugo Blotius）、十七世紀時羅馬和巴黎的瑙德、
十七世紀時基爾（Kiel）的摩荷夫（Daniel Morhof）、十八世
紀耶納（Jena）的司楚浮（Burkhard Struve）和十八世紀摩丹
納（Modena）的史學家慕拉托瑞（Ludovico Muratori），都是
學者／圖書館管理員。有人說這個時期的圖書館管理員是知
識界的最重要「媒介者」。他們往往本身也是學者。他們讓
自己的同事注意到若干資訊，而且比大多數同事更遲遲才放
棄普遍知識的理想。[30]

　　不在大學工作還有另外一個辦法，也就是充當統治者的
顧問或當一名官方的史學家。這種職位中世紀就已經有了，

---

[29] 哈恩（Hahn, 1971, 1975）；麥克禮蘭（McClellan, 1985），頁 xxiv-xxv，
　　233-251。

[30] 克拉格（Charke, 1966）；羅薩（Rosa, 1994）。

但隨著近代早期更多中央集權政府的興起而數目大增。其中
有許多著名的學者和作家如拉辛（路易十四的史官）、德萊
敦（John Dryden，查理二世的史官）、普芬多夫（Samuel
Pufendorf，普魯士和瑞典統治者的史官），乃至伏爾泰（路
易十五的史官）。除了這些人以外，還有少數的個人以政府
顧問爲業，在有關我們所謂「文化事務」或「宣傳」方面向
政府進言。譬如在路易十四時代的法國，詩人與批評家查普
蘭（Jean Chapelain）和培勞（Charles Perrault，今日以童話故
事作家知名）等人，形成了一個「小學院」，研究如何使君
王有最好的公開形象。[31] 有些像康林（Herman Conring）和
司楚浮這樣的德國學者同時擔任大學教授和當地王公的顧
問。像中國的官員一樣，政府授予他們的權力按他們知識的
高下而異。德國的官吏階級已經開始興起。[32]

群體的本體意識

縱然有變異和衝突，可是知識階級的本體意識卻愈來愈
增強。這個時期所出版有關文人的書籍，如義大利耶穌會士
巴托里（Daniele Bartoli）的《文人》（*The Man of Letters*, 1645

---

[31] 柏克（1992）。

[32] 凌吉（1969）。

年。本書多次重印，並譯爲多種文字）、或達倫伯侯爵
（marquis d'Alembert）論同一主題的「論文」（1752），都說
明這個情形。《百科全書》中有關「文人」的條目，強調這
些人不是狹窄的專家，說他們雖然不是什麼都學過，「但卻
可以進入許多不同的領域。」十八世紀瑞士醫師提索
（Simon Tissot），甚至寫了一本有關文人行業健康上危險的書
（1766）。

　　至於德國官吏，他們則喜歡別人稱他們爲「學人」
（Gelehrte）或「博學者」（Polyhistor）。在十七世紀的德國，
有時人稱這些人屬於一個社會階級。他們集體的自我意識，
表現在摩荷夫一六八八年出版的《博學者》（Polyhistor）一
書，這本書是當日學術的指南，與司楚浮的《學術知識導論》
（Introduction to the Knowledge of Learning, 1704）性質相似，二書
打擂台，而且各再版多次。另一個跡象是出現了許多傳記
集，如孟克教授（Professor Johann Burchard Mencke）主編的
《學人字典》（Gelehrten-Lexicon, 1715），哲學家布魯克（Jakob
Brucker）所主編的《德國學術名人堂》（Ehrentempel der
Deutsche Gelehrsamkeit, 1747）。學者的自我意識還有一個跡象是
見於批評家高特協（Johann Christoph Gottsched）的說法。
高氏說學者在採取行動的時候和統治者一般自由自在。「除
了理性和一支更有力的筆以外不承認有什麼上司。」[33] 在近
代早期將盡的時候，在萊比錫大學就讀的年輕學子哥德

（Goethe）對於那兒教授高高在上的地位有深刻的印象。

　　歐洲的知識階級也自稱是「文學界的公民」。這個詞溯自十五世紀，不過自十七世紀起被使用的頻率愈來愈高。《文學界新聞》（*Nouvelles de la République des Lettres*）是一六八四年創辦的一份學報的名稱。一六六〇年代以後，這樣的學術或文化評論出版的數目日增，爲其讀者創造了一個新的身分，如《學者學報》（*Journal des Savants,* 1665）、皇家學會的《哲學論文集》（*Philosophical Transactions,* 1665）、羅馬的《學人學報》（*Giornale de' letterati,* 1668）、萊比錫的《博學文萃》（*Acta Eruditorum,* 1682）等。[34]

　　《文學界新聞》的主編是貝雷（Pierre Bayle），人稱他爲這個時期知識分子的原型。貝雷是一名法國喀爾文教派的教授。他爲躲避路易十四朝的迫害新教徒而移民到荷蘭共和國。貝氏在鹿特丹（Rotterdam）教了一段時期的書以後，改以寫作爲生。由於他在字典歷史、腳註歷史和懷疑論上的地位，下面還會再提到他。[35]

　　允許新教徒自由崇拜的皇家敕令在一六八五年廢止以後，若干喀爾文派的牧師也像貝雷一樣向外移民。由於發現

---

[33] 引自都曼（Dülmen, 1978），頁257。

[34] 摩根（Morgan, 1929）；嘉代爾（Gardair, 1984）；雷文（Laeven, 1986）。

[35] 拉布魯斯（Lobrousse, 1963-1964, 1983）；波斯特（Bost, 1994）。

喀爾文派的神職人員已供過於求，他們有一些轉入文學一行，尤其是定期的報刊（參見第七章）。這些昔日的牧師成爲最初的「新聞工作者」（'journalist'）。「新聞工作者」一詞一七〇〇年前後最初在法文、英文和義大利文中使用，指的是學報或文學雜誌撰稿人，與每天或每週報導新聞的「新聞記者」（gazetier）有別，後者地位較低。由此看來，印刷術不斷地在創造新的專業。[36]

　　十八世紀時，由於期刊繁增，新聞工作者也日益具有影響力。傑出的文人，包括歷史學家在內，報酬也在增加（參見第八章）。在英國，波普（Alexander Pope）據說是第一位獨立的文人，接下來是約翰生（Samuel Johnson）。[37] 在法國，像狄德羅和其他爲《百科全書》撰稿的「思想家」，學步貝雷和約翰生，推出這部參考書，是爲了寫作謀生。不過用百科全書去支持一項政治上的工作，卻是一件極大的新鮮事。

　　這些在文學上成功的例子不應讓我們忘卻「文學的地下組織」，或十八世紀英國人所謂的「文丐」，也就是伏爾泰所謂的「文學賤民」——不成功和赤貧的作家。[38] 不過，由比

---

[36] 哈斯（Haase, 1959），頁404-417；拉布魯斯（1963-1964）；雅登尼（Yardeni, 1973, 1985）；馬登斯（Martens, 1974）；吉布斯（Gibbs, 1975）；波斯特（1994），頁232-239。

[37] 貝加姆（Beljame, 1881）。

[38] 達騰（Darnton, 1982）；瑪素（Masseau, 1994）。

較的觀點看，令人吃驚的是到了十八世紀中葉，歐洲大半地
方都出現了一群多多少少獨立的文人，有其自己的政治觀
念、集中在巴黎、倫敦、阿姆斯特丹和柏林等大都市，並且
經常互相接觸。我們說「歐洲大半地方」，是為了提醒讀者
在東正教的世界，知識階級仍然幾乎完全由教士構成。例外
的只是極少一群「西化」了的學人如坎特米（Dimitri
Cantemir，摩達維亞〔Moldavia〕的王子和柏林學院的院士）
或洛摩諾索夫（Mikhail Lomonosov）。洛氏是俄國一位極博
學的人，他先是在一家神學院受教育，一七三六年轉學到聖
彼得堡的科學學院。

回教國和中國

　　西方的知識階級當然是獨特的。譬如，回教國的「知識
專家」久已在社會上享有榮耀的地位，有的是回教寺附設學
校的教師，有的是法官或統治者的顧問。和在中古時代的西
方一樣，這個知識階級與宗教（包括聖律在內）有關，他們
與基督宗教的教士不一樣，因為回教徒否認有人可以調停個
人與上帝之間的關係。[39] 有些學者國際知名，如伊賓西納

---

[39] 瑞璞（Repp, 1972：1986）；福來奇（Fleischer, 1986）；齊爾飛（Zilfi,
　　1988）。

（Ibn Sina）和伊賓羅希德（Ibn Rushd）。中世紀時，西方已聞這兩位學者的大名。

　　和西歐的情形一樣，近代早期的鄂圖曼帝國的學生開始期望在畢業以後可以在「學術的階級組織」中謀到一個職位。十七世紀中期，由於這個願望很難達到，在伊斯坦堡（Istanbul）的學生和當年在牛津或那不勒斯的學生一樣，都感到不滿。[40] 回教學者與近代早期歐洲學者之間最大的不同是溝通媒體的不同。前面已經談到印刷機給了歐洲文人各式各樣的機會，可是回教世界不接受印刷機，他們在一八○○年以前是一個以口語或手抄文稿溝通的世界。[41]

　　紳士（或「學者─紳士」）在中國的地位更榮耀，因為替歷代皇帝治國達二千年之久的是這個群體。在這二千年中，大半時間是按照不同層次（縣、州、省、最後京城）考試的成績選擇政治上的精英、地方首長或官員。考生在考場上各用一小室，互相隔離。考卷上的答案通常是四書五經的評註，由主考評分。由於是密封卷，主考並不知道考生是誰。這個制度較近代早期世界的任何其他制度更近於用人唯才。[42]

　　西方對中國日增的興趣（下面頁317-318將予以討論），

---

[40] 伊茲克維茲（Itzkowitz, 1972）。

[41] 梅西克（Messick, 1993）；羅賓森（1993）。

[42] 瑪希（Marsh, 1961）；宮崎（1963）；恰費（Chaffee, 1985）。

包括了對中國知識階級的極大興趣，甚至可以說是羨慕。牛津大學一位教師波頓（Robert Burton），在其名著《憂鬱的剖析》（*Anatomy of Melancholy*, 1621）中，提出他所謂的「我自己的烏托邦」（an Utopia of mine own）。在這個理想的國家中，地方官是由考試甄選，一如中國的知識分子。皇家學會《哲學論文集》（1666年7月）的一位撰稿人，在審查一篇對於中國新描述文章的時候，提出同樣的基本問題。他說：「他們的貴族是由學術與知識產生，不論血統或家系。」由於這個原因，十八世紀法國的改革家奎斯耐（François Quesnay）想要模仿中國的考試制度，而伏爾泰等人則稱讚中國的官吏。中國的制度很可能啓迪了法國、普魯士和英國在十九世紀開辦的文官考試制度。[43]

　　關於近代早期歐洲知識分子的討論，值得用整本書的篇幅，但是此處簡短的討論，至少已足以指出：不斟酌的知識分子追求事業的各種機構，是很難說明他們身分的。下一章將討論這些機構與其對知識的貢獻。

---

[43] 鄧（Teng, 1942-1943）。

3

建立知識：新舊機構

　　學校、學會、學院等團體的目的是在容納有學問的人
和培養學問。在這些團體的習俗與機構中，每一件事都
不利於知識的進步。

培根

　　古騰堡不是大學教授，哥倫布（Columbus）也不是大
學教授。

休福勒（Schöffler）

　　據前所述曼海姆的說法，「自由浮動的知識階級」的信
念，較其他群體的信念少受到社會的壓力。這個說法引起經
濟學家熊彼得（Josef Schumpeter）的反彈。熊氏說曼海姆所
謂的知識分子只不過是「一束偏見」。[1] 不論熊氏對不對，我

---

[1] 熊彼得（1942）。

們確實都必須注意到，大多數近代早期的知識分子和現代的知識分子一樣，並非完全自由浮動，而是附著於像大學這樣的機構。知識的機構脈絡，是知識歷史一個必要的部分。[2]各種機構都會發展其自身的社會動力，也都受到外來的壓力。就我們這本知識社會史來說，創新的驅策力和抗拒創新的反驅策力，尤有重要的意識。

在談到近代早期歐洲以前，最好先介紹兩種一般的理論——一種是關於知識創新的社會學，另一種是關於文化再生的社會學。第一種和維布倫有關，它集中注意力於局外人、處於社會邊緣上的個人和群體。維布倫在其〈論猶太人在近現代歐洲知識界的優勝地位〉一文中，如前所述，說這種優勝地位乃是由於猶太知識分子位處於兩個文化世界的邊界上。這個位置鼓勵懷疑和獨立，使他們容易成為另一位社會學家義大利人巴烈圖（Pareto）所謂的知識「思索者」。[3]

巴烈圖對比這些思索者和一個相反的社會類型，也就是在傳統體制以內工作的「靠知識過活的人」。第二種理論與布赫迪厄有關。它談的是學術機構的製造這種「靠固定收入度日者」，以及這些機構再生的傾向；它們累積和傳遞他所謂的「文化資本」。易言之，它們發展「既得的利益」。艾里

---

[2] 勒緬（Lemaine）等（1976），頁 8-9。
[3] 巴烈圖（1916），第 2233 節。

亞斯也用「機構」這個字來表示類似的看法。他在一篇短而
精闢的論文中，形容學術部門具有「獨立國的某些特色」，並
且接下來分析其對資源的競爭和想要壟斷、排斥局外人。[4]
其他專業（如教士、律師和醫師）的歷史也可以看到這類壟
斷和排斥的策略。十九世紀時，工程師、建築師和會計師等
也加入這個行列。

　　這兩種理論似乎不謀而合。假設它們可以無條件的普遍
應用，自然是不智的。不過在本章對一四五〇到一七五〇年
學術機構的簡短探討中，應該記住有這麼兩種理論。

　　布赫迪厄和艾里亞斯的理論似乎很適合中世紀的後期。
如前所述，由十二世紀起，城市的興起和大學的興起在歐洲
同時發生。牛津、薩拉曼加（Salamanca, 1219）、那不勒斯
（1224）、布拉格（1347）、巴維亞（Pavia, 1361）、克拉哥
（Cracow, 1364）、魯汶（1425）等，都仿效波隆那（Bologna）
和巴黎的模範成立機構。到了格拉斯哥（Glasgow）於一四
五一年創立大學時，開業的大學已大約有五十家。這些大學
是法人團體。它們有法律上的特權，包括獨立和在其所在地
壟斷高等教育。它們也互相承認彼此頒授的學位。[5]

　　此時，一般認為大學理所當然應該集中注意力於傳授知

---

[4] 布赫迪厄（1989）；艾里亞斯（1982）。

[5] 勒高夫（1957），頁80起；瑞德-西摩恩（Ridder-Symoens, 1992, 1996）。

識而非發現知識。類似地，也認為過去大學者和哲學家的意見和解釋，後人是無法比得上或駁斥的。因而教師的任務是在於解釋亞里斯多德（Aristotle）、希波克拉底（Hippocrates）、阿奎那等權威的看法。至少在官方的立場上，可以攻讀的學科是固定的，包括七門文理科和三門研究院的課程（神學、法律和醫學）。

雖然如此，大學卻鼓勵辯論，尤其是正式的「爭論」。這個「敵對」的制度像是一個法庭，不同的個人辯護或反對特殊的「課題」。阿奎那儘管只不過是綜合各種傳統中的因素而並未提出完全的新義，可是他的例子提醒我們「現代人」本身也可以成為權威。阿奎那在討論神學的時候用了非基督徒思想家亞里斯多德的學說。對這一點反對聲浪之大，說明只用「知識上的一致」去描寫這些機構是非常錯誤的。中世紀後期不同的哲學學派也有許多爭論，尤其是「實在論者」與「唯名論者」之間的衝突。事實上，在近代早期，沒有人批評中古的大學過於意見一致，只有人批評他們太好爭論。不過這些辯論中的主角共有許多設想，他們的爭論通常只限於少數幾個確切的課題，如一般命題或一般法則的邏輯地位。[6]

第二章中已經提到，中古歐洲大學的教師幾乎全是教士。十二世紀時發展出來的大學這個新機構，乃嵌於教會這

---

6 瑞德－西摩恩（1992）；維吉（1997）。

個古老得多的機構之中。無怪常言道中古的教會壟斷知識。[7]
不過，如第一章中所述，我們不應忘記知識的多元性。中古
的工匠（有其本身的訓練機構、作坊和基爾特）、武士、農
夫、接生婆、主婦等，各有其知識。這些知識主要是口耳相
傳。然而，到印刷術發明出來的時候，西歐的俗人已有漫長
的閱讀書寫歷史（東歐信奉東正教，用古斯拉夫語字母，俗
人能閱讀寫字的較少）。持異端邪說的人在大學繁增的同時
也繁增。有人形容他們為「文字上的群落」，他們因討論寫
在書本上的構想而團結在一起。[8]

　　各式各樣的知識有時互相競爭和衝突，這個分歧有助於
解釋知識的變遷，但是許多重要的問題還是沒有解答。持異
端邪說的人和其他的外人曾經進入歐洲的知識機構嗎？如果
曾經進入，是如何進入？這個制度中的各種變化合不合法？
這些變化是由於知識上的學派還是由於政治上的聯盟？是知
識上的創新造成機構的改革？還是為了提供使這些創新可以
蓬勃發展的生態學上小生境，必須創設新的機構？[9] 在這個
時期，法蘭西斯・培根等人已在討論這些問題。培根和一個
世代以後路易十四的閣員柯柏特一樣（參見本書頁213），極
端注意物質因素在學術史上的重要性，如建築物、基金會和

---

[7] 艾尼斯（Innis, 1950）。

[8] 斯托克（Stock, 1983）。

[9] 麥克禮蘭（1985）。

贈款。十七世紀中葉,他在英國的門徒也這麼想,並在他們所謂的「學術改革」上很有收穫。[10]

本章下面將探討三個世紀間知識上的變遷,其焦點是這個時期的三大文化運動,也就是文藝復興、科學革命和啓蒙運動。尤其要注意的,是各種機構在知識創新過程中的地位,該視它們為助力呢?還是該視它們為妨礙?第五章(本書頁171-173)中將再詳細討論各種學科的發明和成立。這是日後知識再分類的一部分。

文藝復興

與文藝復興有關的人文主義運動,至少在意圖上不是創新而是復興的運動,也就是古典傳統的復興。不過這確是一個有意識的創新運動,反對大半「煩瑣學者」的傳統學識。所謂「煩瑣學者」,是指主宰「中世紀」大學的哲學家和神學家。甚至「煩瑣學者」和「中世紀」這些字彙也是這時的人文學者所發明,以便說明他們與過去的區別,以及他們究竟是什麼樣的人。

大多數的人文學者均曾在其所批評的大學中就讀。不過顯然最具創造力的人文學者,曾經大半時間生活在這個系統

---

[10] 韋布斯特(1975)。

之外。譬如，佩脫拉克（Petrarch）便是一個遊走的文人；瓦拉因為批評知識「權威人士」而受到懷疑，於是離開巴維亞大學，先後為那不勒斯國王及教宗服務；布魯尼是佛羅倫斯的政府首長秘書，替這個共和國寫信；費西諾（Marsilio Ficino）是麥迪奇家族的家庭醫生；達文西（Leonardo da Vinci）甚至更具創意和更在這個系統的邊緣上，達文西乃學畫出身，靠自學成為一個多才多藝的人。在義大利以外，雖然巴黎和波蘭的大學多次要給伊拉斯摩斯終身職，他卻不肯長久待在任何大學。

　　人文學者是在討論中推演其構想，但是他們常不在大學的環境中辯論，而在他們為自己所創立的一種新機構——「學會」中辯論，因為大學中成立較久的群體往往敵視新的論題。學會乃受柏拉圖（Plato）的啟示產生，近於古代的座談會（包括飲酒在內），而較不像現代的研討會。學會比一個志同道合的集團（如佩脫拉克的門徒）正式而持久，但不如大學的教授團正式。它是探討創新的理想社會形式。這個群體逐漸變成機構，有固定的會員、地位和規則的集會時間。到了一六○○年，義大利已成立了近四百個學會。歐洲其他地方，由葡萄牙到荷蘭也有許多學會。[11]

　　不過對於構想的討論不是學者的專利。前面已經談到，

11　費爾德（Field, 1988）；漢京斯（Hankins, 1991）。

在十五世紀早期的佛羅倫斯，人文學者亞伯提常常和雕刻家多那太羅與工程師布隆乃斯基交談（參見本書頁47）。亞伯提圈子中的另一員是數學家托斯肯乃里（Paolo Toscanelli）。托氏的興趣包括地理學，尤其是去印度群島的路線。他詢問回到歐洲以後路過佛羅倫斯的旅客，可能與哥倫布也有接觸，因而取得這方面的資訊。[12]

　　托氏未正式從事的，在葡萄牙和西班牙乃正式地進行。在十五世紀的葡萄牙，由亞洲來的資訊和貨物乃進入里斯本（Lisbon）的「印度商號」（India House）。塞維爾（Seville）的「貿易商號」（House of Trade）乃成立於一五〇三年，是關於新世界知識的類似存庫。它也是一家訓練航海者的學校，由「資深航海者」（Piloto mayor）主持。維斯浦奇（Amerigo Vespucci）和日後的卡伯特（Sebastian Cabot）都曾擔任此職。教課的地方有時是在航海者的家中，有時是在「貿易商號」的小禮拜堂。如一五五八年由英國來的訪客航海者百羅（Stephen Borough）所云，這歐洲的第一所航海學校，不久即國際知名。[13]

　　建立「印度商號」、「貿易商號」及其他機構，皇家的支持是非常重要的。十六世紀早期，巴黎的人文學者由於受

---

[12] 伽林（Garin, 1961）；比較戈斯坦（Goldstein, 1965）。

[13] 史蒂文森（Stevenson, 1927）；魯比歐（Pulido Rubio, 1950），頁65, 68, 255-290；古德曼（1988），頁72-81。

到神學院（Faculty of Theology）的反對，乃向國王法蘭西斯一世（King François I）訴求。國王於是成立皇家讀者學院（Collègs des Lecteurs Royaux），鼓勵學習希臘文和希伯來文。十六世紀後，國王亨利三世（King Henri III）贊助一所宮殿學院，學院中講授柏拉圖的思想，與佛羅倫斯所謂的「柏拉圖學院」有關聯。[14]

　　皇家的支持對於人文學者也很重要，因為人文學者在某些知識圈中受到反對。每一個大學的反對勢力都不一樣。十六世紀早期，萊比錫和牛津的反對勢力都很強。牛津反對學習希臘文的人後來被稱為「特洛依人」（Trojans）。新成立的機構比較不激烈反對人文主義。至少有一段時期，它們不受必須因襲過去的壓力。威登堡、艾卡拉（Alcalà）和萊頓（Leiden）的新創辦大學都是如此。[15]

　　威登堡大學創辦於一五〇二年。最初創辦它的學者早年乃在萊比錫和圖賓根（Tübingen）受教育。威登堡大學的組織最初也因襲傳統，然而，在五、六年之內，人文學者開始在大學裡產生極重要的作用。未來的創新者接掌新機構應當比接掌舊機構容易。路德教授在威登堡大學創辦只有十五年之久的時候發動宗教改革，也不是偶然的。一年以後，在路

---

[14] 葉特斯（Yates, 1947）；西里（Sealy, 1981）；漢京斯（1990）。

[15] 柏克（1983）。

德及其他教授的許可下，麥蘭其桑（Philip Melanchthon）受聘爲希臘文教授，此成爲改革方案的一部分。瑪堡大學（University of Marburg, 1527年創辦）、孔尼斯堡大學（University of Koenigsberg, 1544）、耶納大學（University of Jena, 1558）和荷姆斯特大學（University of Helmstedt, 1576）等十七世紀後期的基督新教大學教授，都以麥蘭其桑對文藝課程的改革爲楷模。這些新機構比起別處較少傳統，對人文主義也較少敵意。[16]

　　艾卡拉大學比威登堡大學遲六年開辦。由於這家大學有意模仿巴黎大學並任用了許多巴黎大學或薩拉曼加大學的舊人，它的創辦不能說是人文主義的一項勝利。[17] 然而在艾卡拉大學和在威登堡大學一樣，人文主義已勝過經院哲學。在一五一七年較古老的魯汶大學設立一個類似學院以前的幾年，艾卡拉大學設立了一個「三語」學院，以鼓勵學習三種聖經語言，也就是拉丁文、希臘文和希伯來文。一五一四到一七年間，艾卡拉大學編輯並印行著名的《聖經》數種語言對照版。在從事這項工作的一組學者中，有著名的人文學者德尼布瑞嘉（Antonio de Nebrija）。[18]

　　萊頓大學的創辦（1575）與威登堡大學及艾卡拉大學的

---

[16] 格羅斯曼（Grossmann, 1975）。
[17] 米爾（Codina Mir, 1968），頁18-49。
[18] 班特雷（Bentley, 1983），頁70-111。

創辦宗旨不同。萊頓大學是一家喀爾文派的大學，其創辦是為了思想上的原因。其首任理事會會長杜薩（Janus Dousa），使用我們自己這個世紀熟習的辦學方法，以教課鐘點少和高薪的條件吸引最傑出的學者，如植物學家多杜恩（Rembert Dodoens）和德來克魯斯（Charles de l'Ecluse）與古典學者斯卡里格（Joseph Scaliger）。萊頓的正式結構並不新穎，但是歷史和政治學這兩門較新的文藝科目，很快在這家大學有了極重要的地位。教授歷史學的是傑出的人文學者李普修斯（Justus Lipsius）。就量來說，政治學更為成功。在一六一三與九七年間，萊頓大學修讀政治學的有七六二名學生。[19]

　　我舉這些例子，並不是要說新辦大學所有的教師都是創新者，更不是要說新的機構壟斷新思想。敵視人文主義的不是大學本身，而是某些大學中的某些群體。魯汶大學一四七七年和薩拉曼加大學一四八四年的設立修辭學講座，和十七世紀早期牛津大學和劍橋大學的設立歷史學講師位置一樣，都表示同情人文科學的研究。人文學者的想法逐漸滲透各大學，影響了非正式的課程而不是正式的規則。[20] 然而，當這個情形發生時，人文主義運動最具創意的階段已經過去。對

---

[19] 舒里爾（Lunsingh Scheurleer）和米以斯（Posthumus Meyes, 1975）；萬幸克（Wansink, 1975）。

[20] 佛來其（Fletcher, 1981）；吉亞德（Giard, 1983-1985）；汝格（Rüegg, 1992），頁456-459；派德森（Pedersen, 1996）。

於當前權威的挑戰，現在來自「新哲學」，也就是我們所謂
的「科學」。

科學革命

　　所謂十七世紀的「新哲學」、「自然哲學」或「機械哲
學」，比起文藝復興更是一個具有自我意識的知識創新過
程。它同時摒棄古典和中古的傳統，包括根據亞里斯多德和
柏拉圖想法的世界觀。這些新想法與一般所謂的「科學革命」
運動有關，不過對於這個名稱是否恰當，懷疑的人愈來愈
多。[21] 支持這個運動的人和人文學者一樣，設法將另類的各
種知識納入學術之內，不過規模較人文學者爲大。譬如，化
學多拜冶金術工藝傳統之賜，植物學乃由園丁和民間治療者
的知識中滋生。[22]

　　雖然像伽利略（Galileo）和牛頓等這個運動傑出的人物
也在大學工作，可是學術圈對新哲學相當反對（顯著的例外
是萊頓大學。十七世紀時，它成爲醫學上創新的一個主要中
心）。[23] 爲了對抗這種反對，支持新研究的人乃成立自己的
組織，如佛羅倫斯的實驗學會（Accademia del Cimento,

---

[21] 沙平（1996）。

[22] 豪爾（1962）；羅西（1962）。

[23] 羅斯陶（Ruestow, 1973），尤其是頁 1-13。

1657）、倫敦的皇家學會（1660）、巴黎的皇家科學學會（1666）等。這些組織在許多方面使我們想到人文學者的學會，但是它們更著重自然研究。

　　奧斯坦在其一九一三年出版的書中提及（參見本書頁39），由於各大學對新哲學的敵視，乃導致「科學學會」的創立，以此作爲另類的協會組織。奧氏認爲除了醫學教授以外，大學在十七世紀對科學的發達少有貢獻。許多人重述她這個說法。[24] 譬如在英國的情形，歷史學家說皇家學會的成立，部分是由於十七世紀中葉代爾（William Dell）、約翰・韋布斯特（John Webster）等人的批評牛津大學和劍橋大學。[25] 譬如，身爲外科醫師、煉金術士和教士的韋布斯特，在他的《各學會調查》（*Examination of Academies,* 1654）中，批評這些大學爲注意「無用和無益臆測」的煩瑣哲學的大本營，並說學生應該多花時間研究自然，把手放在煤炭和鎔爐上。經常有人指出一直到一六六三年劍橋大學才有數學講座。

　　自一九七○年代晚期起，學術界出版的許多研究，攻擊所謂大學反對，或者不願推動「新哲學」的傳統說法。這些作者主張數學和自然哲學的研究在大學中有重要的地位，而當時對於大學的批評或是見聞有誤或是有意胡說。就牛津的

---

[24] 奧斯坦（1913），頁 257。比較布朗（1934），米德頓（Middleton, 1971）。

[25] 希爾（1965），韋布斯特（1975），頁 185-202。

情形來說，常有人特別提到它在一五九七年成立天文學的講座，在一六一九年成立幾何學的講座。也有人強調當時的大學對新思想有興趣。譬如，巴黎大學有時討論笛卡爾的看法，牛津大學有時討論哥白尼（Copernicus）的看法，萊頓大學有時討論牛頓的看法。至於當時的人對各大學的批評，也有人指出皇家學會想引起公眾的注意以便取得支持。而激進的新教徒代爾和韋布斯特，也有自己的打算，因而不能僅從表面來看他們的評語。[26]

　　在這種爭議塵埃落定以後，大家便愈來愈明白，不分皂白地說進步的學會與反動的大學對立，是不正確的。要度量大學與其他機構相對的重要性，不是一件容易的事，因為若干學者既屬於大學也屬於其他的機構。因此在這種辯論中所需要的是區別不同的大學、不同的時刻、不同的學科，尤其是不同的問題——問大學是不是未能創造新構想，或未能快速傳布新構想，或積極地反對新構想。[27] 雖然有這些困難，似乎還是可以達成幾點臨時的結論。

　　首先，和在人文主義運動的情形一樣，新形式機構的繁增，使人認為相當數目的支持改革自然哲學運動的人，其本

---

[26] 羅斯陶（1973）；提雅克（Tyacke, 1978）；范戈德（1984, 1989, 1991, 1997）；布魯克里斯（Brockliss, 1987）；勒克斯（1991a, 1991b）；波爾特（Porter, 1996）。

[27] 柯亨（Cohen, 1989）。

身便認爲大學是改革的妨礙。至少在這個運動的早期是如此。這些場所給了各種新網絡、小群體或「認識論上的群落」適當的微小環境或物質基礎。而新網絡、小群體或認識論上的群落，在知識歷史上往往都曾發揮非常重要的作用（參見第一章）。

　　其次，也該談一談這些新形式機構之間的差異。有些機構成立於大學之內，如植物園、解剖室、實驗室和天文台，這些都是比較傳統結構以內的創新島嶼。萊頓新創辦的大學到一五八七年有了一個植物園、到一五九七年有了一間解剖教室，到一六三三年有了一個天文台，到一六六九年有了一間實驗室。艾多夫大學（University of Altdorf）一六二六年有了植物園，一六五〇年有了解剖室，一六五七年有了天文台，一六八二年有了實驗室。

　　有些機構乃由民間創辦。一群想法相同的人組成一個學會（如十七世紀羅馬的自然哲學家）。個人也可將其住宅的一部分改裝爲博物館或「奇物櫥櫃」，展覽寶石、貝殼、鱷魚等奇特動物或畸形動植物。這種博物館在十七世紀的興起，清楚指出不全以文字爲中心知識概念的傳播。像捷克教育改革家柯曼紐斯（Jan Amos Comenius）所提倡的，注意事物也注意文字（參見本書頁156）[28]。

---

[28] 因培和麥克格瑞格（1985）；波米安（1987）；芬德倫（1994）。

另有一些機構乃由政府成立，其大規模的工作計畫和昂貴的設備，沒有政府的人力物力是不行的。天文學家布拉赫（Tycho Brahe）在赫文（Hveen）島上著名的天文台，是於一五七六年由丹麥國王出資創辦。法國的科學院也由皇家創辦。路易十四在一六六七年出資興辦巴黎天文台；查理二世也在一六七六年出資興建格林威治的皇家天文台，以與路易十四競美。

王公的宮廷也給自然哲學的研究一些機會。皇帝魯道夫二世（Emperor Rudolf II）醉心自然哲學，那時的布拉格和科西摩大公二世（Grand Duke Cosimo II）時代的佛羅倫斯，都有這個情形。貝奇（Johann Joachim Becher）是一位具創意的設計家，對煉金術、機械學、醫學和政治經濟都有興趣。十七世紀中葉，他在維也納宮廷中比在任何一所大學裡都來來得自在。[29] 可是這些機會有時也有其代價。伽利略得在佛羅倫斯扮演一名奉承的人。而法國政府又鼓勵法國科學院不要去做「古怪的」研究，說那是玩遊戲，而應該做與國王和政府有關的有用研究。[30]

此外，有些新的機構是排外的，如法國科學會。皇家學會也有這種情形。可是另一些新機構卻為民眾拓展對新構想

---

[29] 艾文思（Evans, 1973），頁 196-242；摩蘭（Moran, 1991），頁 169 起；史密斯（Smith, 1994），頁 56-92。

[30] 比亞喬里（Biagioli, 1993）；斯楚普（Stroup, 1990），尤其是頁 108。

的了解。譬如，十七世紀早期開始的倫敦格瑞山學院
（Gresham College）演講，是任何人都可以去聽講的，並且大
半是用英文講，而非各大學習用的拉丁文。在巴黎，瑞瑙多
由一六三三年起在他的技術局（Bureau d'Adresse）舉辦許多
演講。演講涵蓋的主題很多，什麼人都可去聽。巴黎的皇家
園圃（Royal Garden）在一六四○年對民眾開放，對他們作
解剖學、植物學和化學演講。[31]

　　前面談到各群體和組織對所謂「機械哲學」的興趣，以
及「機械哲學」在十八世紀的成功。可是我們也不應忘記與
其敵對的「秘密哲學」。近代早期的另一創新之舉，是愈來愈
注意秘密的事物。這種情形在若干朝廷中很明顯，尤其是以
魯道夫二世的朝廷爲然。但是它也滋生了許多自身的機構，
如注意秘密知識的秘密學會羅西克魯辛學會（Rosicrucians
Society）。

　　前面幾段所談的新機構並不限於自然哲學的領域。譬
如，皇家學會給旅客的指示（參見本書頁333），不但注意世
界各地的動植物，也注意世界各地居民的風俗習慣。一六七
○年前後萊布尼茲在計劃創辦德國學會時，提到以皇家學會
及法國科學院爲楷模，但比它們更著重人文科學。博物館和

---

31 希爾（1965），頁37-61；瑪札瑞（Mazauric, 1997）；艾姆斯-劉易士
　　（Ames-Lewis, 1999）。

珍玩櫥櫃中，不但搜羅貝殼和動物標本，也有羅馬硬幣或由
中國或墨西哥等遠方來的物件。十七世紀若干最著名的學會
也注意語言，如一六一二年出版了一本字典的「佛羅倫斯穀
皮」（Crusca of Florence）、德國的多產學會（Fruchtbringende
Gesellschaft，一六一七年創辦）及法國學院（Académie
Française, 1625）。一六一〇到六五年間，巴黎有許多由貴族
知識婦女贊助的較非正式文藝沙龍，在藍保大廈（Hôtel de
Rambouillet）等地聚會。[32] 文藝沙龍也著重語言。

　　另有一些學會著重歷史，如一五八〇年代成立的倫敦古
物專家學會（Society of Antiquaries）和艾普薩拉的歷史學會
（Antikvitetskollegiet, 1666）。圖書館和實驗室有時也成為學者
集會的地點。宗教修道會的修道院有時成為進行集體學術工
作計畫的環境。安特衛普耶穌會士宿舍中的會士，撰述了聖
徒傳記。聖吉曼·德普瑞（Saint-Germain-des-Prés）的本篤
會修道院（Benedictine monastery）中的莫爾會士（Maurists）
撰寫了許多大部頭的歷史著作。這個本篤修道院是每二週一
次討論會的場所，它有時會被視為「學院」。[33]

　　培根稱這些為新的「學術中心和場所」。培根派的斯普
拉特為皇家學會的歷史學家，他稱這些地方為「知識的中

---

[32] 皮卡德（Picard, 1943）；洛吉（Lougee, 1976）；維亞拉（1985），頁
　　132-137。
[33] 諾爾斯（Knowles, 1958, 1959）。

心」。這些地方的共同處，在於它們爲創新（如新構想、新研究方法、新課題），當然還有創新者提供機會——不論創新的人在學術界是否受人尊敬。也應重視的是這些地方的鼓勵討論。知識上的辯論多拜交際行動的形式之賜，因而也多拜其發生所在的社會組織之賜，由研討會的會場到咖啡店。在近代早期的歐洲，學會有助於爲知識階級創造出一個集體的身分，並鼓勵知識團體的發展，包括較少和較親密的面對面群體，和「文學界」較大的團體（參見本書頁52-54），後者由造訪和通訊聯繫。簡言之，我們不應忘記「機構化」的重要性。[34]

啓蒙運動

　　由機構的觀點看，十八世紀在若干方面是歐洲知識歷史上的一個轉捩點。首先，此時大學對高等教育的實質壟斷受到挑戰。其次，我們看到研究機構、專業研究人員和「研究」這個構想本身的興起。第三，知識階級（尤其是法國的知識階級）比以往更參與經濟、社會和政治的改革計畫，也就是參與啓蒙運動。這三點需要逐一詳細討論。

　　一七○○年時，歐洲已有若干另類的高等教育機構。雖

---

[34] 亨特（1989），頁1-14。

然藝術家仍是在作坊接受訓練，可是也愈來愈多人進入佛羅倫斯、波隆那（Bologna）、巴黎等地的學校接受補充教育。索羅（Sorø, 1586）、圖賓根（1589）和馬德里等地都爲貴族男孩開辦學校，讓他們學習數學、築城、現代語言和其他對他們未來軍事或外交事業有用的技巧。西丹（Sedan）和騷穆（Saumur）在一六〇〇年前後爲法國喀爾文派教徒成立的學校或類似大學，在一六八五年被壓制以前，在知識生活上發揮了重要的作用。在阿姆斯特丹的「提倡文學和科學團體」（Athenaeum, 1632年創立），著重歷史學和植物學這類新的科目。

　　然而，這些機構的繁增卻是在十八世紀。布魯塞爾（Brussels, 1711）、馬德里（1744）、威尼斯（1756）和倫敦都創辦了文藝學校。柏林（1705）以及其他許多地方都成立了新的貴族學校。一六六三到一七五〇年，倫敦城內外以及像蘭開郡的華林頓（Warrington）等外郡市鎮，已有了近六十家爲反對英國國教者而創辦的學校，這些人不能進牛津和劍橋大學。自然哲學家約瑟・普里斯萊（Joseph Priestley）便在華林頓任教。

　　這些學校教授的課程不像牛津、劍橋等大學那麼傳統。它們的課程是爲未來的商人而非上流社會人士所設計，著重現代哲學（如洛克〔Locke〕的思想）、自然哲學和現代歷史（德國律師普芬多夫所撰的歐洲政治歷史是他們共同的教科

書）。教學有時用英文而非拉丁文。[35] 在中歐，如斯圖嘉特（Stuttgart）的卡爾學院（Karlschule），則爲未來的官吏講授政治的藝術。當時也創辦了若干相當於日後技術學院的機構，以教授工程學、採礦學和森林學：一七○九年在卡塞（Kassel）創辦了卡洛蘭學院（Collegium Carolinum），一七一七年在維也納，一七一八年在布拉格創辦了工程學院，一七六三年在哈茲（Harz）山脈創辦了林政學院，一七六五年在匈牙利的塞米班雅（Selmecbánya）和薩克遜尼（Saxony）的傅萊堡（Freiberg）創辦了採礦學院。

　　十八世紀第二項重要的發展，是創辦了許多進行研究工作的機構。「研究」一字（research）自然是由「搜尋」一字（search）衍生。十六世紀的若干書名中已有這個字，如巴斯吉爾（Etienne Pasquier）的《法國研究》（*Recherches de la France*, 1560）。這個字用的時候大多是複數而非單數。十七世紀末，不論是指文藝、科學、歷史或醫學研究，用得已很普遍，十八世紀末用得更普遍。若干其他的字也和「研究」一字一樣經常使用：「調查」（investigation）由其法律脈絡走出，用途很廣，而「實驗」（experiment）由一般測驗的原義，轉變爲僅指「測驗自然律」的狹義。伽利略著名的小冊子《實驗者》（*Il Saggiatore*），以類似的方法使用「試驗」

---

[35] 派克（Parker, 1914）。

（assaying）的比喻。

　　把這些字放到一塊，可以看出在當時的若干圈子中，大家愈來愈認識到需要更有系統地、專業性地、實用性地合作搜尋知識。佛羅倫斯的「實驗學院」（Accademia del Cimento）以不具名的方式發表其實驗的記錄，好似注意到社會學家孔德所謂的「沒有姓名的歷史」（參見本書頁28）。由於上述各種原因，我們可以說一七〇〇年前後，學術界風氣已由「好奇」轉爲「研究」。萊布尼茲的一份備忘錄扼要說明這種情形。他建議在柏林成立一個學院，但說它的宗旨不僅是爲滿足好奇心。與這種研究有關的想法，是說知識的質或量不是固定的，可以予以「提升」或「改進」。下面還會詳細討論這個看法。

　　在這種「認識」和促進研究機構的發展之間，有明顯的關係。培根在其哲理小說《新亞特蘭提斯》（*New Atlantis*, 1626）中談到的「所羅門屋」（Solomon's House）的想法，是很有名的。這個想法中的研究機構有三十三名研究人員（助手不算在內），分爲「有見解的商人」（四處旅行把知識帶回來）、觀察者、實驗者、編輯者、解釋者等。這樣的機構，當時歐洲幾個地方已經有了，不過規模較小而已。羅馬的林采學院（Academy of the Lincei，伽利略爲其一員）、布拉赫在烏蘭尼保（Uraniborg）的天文台（有許多建築物和助手）、以及在塞維爾的「貿易商號」（參見本書頁82）（收集

和更新資料），其對培根這個想法的影響，比一般人所知道的可能大得多。

而培根對「所羅門屋」的描寫，大約又刺激許多機構的改變。皇家學會中的許多會員都佩服培根，他們希望成立一個實驗室、一所天文台和一家博物館。皇家學會也收費，用得來的款項資助虎克（Robert Hooke）和格儒（Nehemiah Grew）的研究工作。手筆更大的是路易十四的大臣柯柏特。他給科學學會花了二十四萬里佛的研究費。其中一部分是給某些學者的薪水，使他們可以進行像植物自然歷史這樣的集體研究。[36]

一六六〇年代的這些發端，到十八世紀又進一步推展。十八世紀是學會的世紀。學會通常是由統治者資助。付給著名學者薪水，讓他們進行研究，可以在大學以外追求兼任事業。十九世紀的專業科學家乃出自半專業的傳統。十八世紀所創辦全部或部分與自然哲學有關的學會有七十來個，其中最有名的是柏林、聖彼得堡和斯德哥爾摩的學會，而法國科學會也於一六九九年重組。有的學會有精力充沛的主席（如在倫敦的班克斯〔Banks〕或在柏林的莫佩爾蒂〔Maupertuis〕）或積極的秘書（如在柏林的福每或在斯德哥爾摩的華更汀

---

[36] 亨特（1989），頁1，188，261，264-265；斯楚普（1990），頁51；克里斯汀森（Christianson, 2000）。

〔Wargentin〕)。這樣的學會可以成就很多的事。它們組織遠征隊收集知識（參見本書頁212-213），頒發獎品，組成國際性的網絡，交換訪問、信件和出版品，有的也共同進行研究，因而參與了萊布尼茲所提倡的學術「貿易」。[37]

　　這種愈來愈正式的知識組織不限於研究自然。許多像本篤會這樣的修道院，模仿十七世紀後期的莫爾會士的榜樣，但更著重集體研究。這些修道院成為十八世紀法國和歐洲德語部分歷史研究的重鎮。[38] 萊布尼茲說新成立的柏林學會，其任務之一應是歷史研究。若干法國外省的學會和德國外省的學會也認真從事這種研究。巴黎的銘刻學會（Academy of Inscriptions）於一七〇一年模仿法國科學會而成立，其會員由政府發給薪水。[39] 一七一二年，外相托西侯爵（Marquis de Torcy）在巴黎創辦了研究政治學的學院。薛福臨教授（Professor Johann Daniel Schöpflin）一七五七年前後在史特拉斯堡（Strasbourg）也創辦了研究政治學的學會。[40] 包括歷史研究在內的研究工作，在一七三〇年代新創辦的哥廷根大學

---

[37] 哈恩（1975）；吉里斯派（Gillispie, 1980）；麥克禮蘭（1985）；勒克斯（1991）。

[38] 渥斯（Voss, 1972），頁220-229；嘉斯瑙（Gasnault, 1976）；漢摩梅耶（Hammermeyer, 1976）；齊格勒（Ziegler, 1981）。

[39] 渥斯（1972），頁230-233；洛奇（1976, 1978）；渥斯（1980）。

[40] 克來茲（Klaits, 1971）；京斯－索璞（Keens-Soper, 1972）；渥斯（1979）。

（University of Göttingen），也有重要的份量。

十八世紀時，歐洲多種志願協會蓬勃興起，其中許多旨在從事資訊和構想的交流，往往為改革獻力。英倫三島上的三個協會可以例示對於實用知識日增的興趣。這三個協會是都柏林農業改良學會（Dublin Society for the Improvement of Husbandry, 1731），鼓勵貿易和製造業的倫敦技術學會（London Society of Arts, 1754），以及交流科技資訊的伯明罕月亮學會（Lunar Society of Birmingham, 1775）。[41] 十八世紀早期倫敦、巴黎等地興起的共濟會支部，說明這個新的趨勢和較古老的秘密知識傳統。

在啟蒙運動時代，甚至像文藝沙龍和咖啡館這些較非正式的組織，在思想的溝通上也有部分作用。巴黎的文藝沙龍，人稱「啟蒙運動的作坊」。譬如，在德騰辛夫人（Madame de Tencin）的主持下，豐騰耐爾、孟德斯鳩、梅百利（Mably）和赫維秀斯（Helvétius）等人經常集會討論。而德萊斯本那斯夫人（Mme de L'Espinasse），又是推出《百科全書》那群人如達倫伯、杜爾果（Turgot）等人的集會女主人。[42] 由十七世紀後期起，咖啡館在義大利、法國和英國的知識生活上產生了重要的作用。倫敦的道格拉斯咖啡館

---

[41] 霍福（Im Hoff, 1982；1994，頁105-154）；都曼（1986）。

[42] 古德曼（1994），頁53，73-89；霍福（1994），頁113-117。

（Douglas's Coffee-House）和瑪林咖啡館（Marine Coffee-House）有數學演講；查爾德咖啡館是書商和作家集會的地方；韋爾斯咖啡館（Will's Coffee-House）是詩人德來敦及其友人集會的地方；法國來的新教難民則在彩虹咖啡館集會。在巴黎，一六八九年開設的普羅寇普咖啡館（Procope's），成爲狄德羅及其友人聚會的地方。咖啡館的主人往往在咖啡館內放一些報紙和雜誌以吸引顧客，因而也鼓勵了大家討論新聞。今日所謂的「輿論」，便是這樣開始的。這些地方有助於思想的交流，也提供了人與人之間邂逅的場所。[43]

　　新聞界，尤其是期刊雜誌，也可以被視爲一種建置。十八世紀時，它對知識生活有日益重要的貢獻，對於文學界這個想像中的群落的擴散、團結和權力，都有助益。據悉，一六〇〇與一七八九年間創辦的法文雜誌不下一千二百六十七種。其中一百七十六種乃創辦於一六〇〇與一六九九年之間，其餘創辦於這個以後。[44]

　　概括以上所談，歐洲近代早期的學術機構，似乎同時證實布赫迪厄有關文化生殖的想法和維布倫有關邊際性和創新的想法。大學雖然也可能有效地繼續發揮其傳統的教學功

---

[43] 哈伯瑪斯（1962）；史都華（Stewart, 1992）；強斯（Johns, 1998），頁553-556。

[44] 由斯嘉（Sgard, 1991）計算。

能，但是一般而言卻不是發展新構想的場所。它們受制於所謂的「機構惰性」，爲了維持其法人的傳統，付出孤立於新趨勢之外的代價。[45]

　　長期來說，接在創新之後的，是馬克斯・韋伯所謂的「例行公事化」和孔恩所謂的「正常科學」的週而復始。在歐洲，由十二世紀所謂大學的新機構取代修道院而成爲學術中心起一直到現在，這樣的週期歷歷可見。一個時期創新、邊際性和非正式的群體，總是在下一代或下下一代轉變爲正式、主流和保守的組織。這並不是說傳統組織的改革與更新是不可能的。十八世紀本篤會修道院這些極古老的機構，在進行研究工作上也能發揮新作用。同樣地，在十九世紀研究工作的改組中，各大學（尤其是德國的大學）重振其創造能力，進而領先各學會。

結論與比較

　　這些創造和例行公事化的週期是普遍現象？還是只限於西方歷史上的某些時期？歐洲近代早期的制度與回教世界附屬於回教寺教學的機構極爲相似，尤其是與西方人所說的「中世紀」時的巴格達、大馬士革和開羅，以及十六、十七

---

[45] 玫理亞（Julia, 1986），頁194。

世紀時的鄂圖曼帝國的回教寺廟學校極為相似。

回教雖然沒有教士，但是其寺院學校卻很像歐洲由教會所主宰的教育機構。教學的主要科目是可蘭經、先知言論和回教律。寺院學校的學生宿舍、教授薪俸以及供奉這個體系的免稅基金會，都使我們想到至今仍然存在牛津大學和劍橋大學的大學體系。而十二世紀時，回教的教育制度很可能影響了牛津和劍橋。回教學校正式的辯論組織類似西方的辯論，其教師頒發給學生的教學執照，也與中古歐洲的「教學特權」（licentia docendi）相似。[46]

那位指出這些相似之點並認為西方可能有意識地採行回教制度的史家，並不否認這兩個體系之間存在著極大的差異。然而較晚近的研究說明他過分強調中東知識與教育的正式組織，這個「體系」如果應稱為體系，也是一個流動的體系。上述教學的執照是私人的執照，而不是由機構頒發的學位。對一位教師而言，重要的不是他學過什麼，而是跟誰學的。學習的主要場所是一個非正式的學習圈；事實上是一個半圈子，與教師保持禮敬的距離，或是在教師家中或是在一個回教寺內。當時沒有固定的課程，學生可以隨心所欲地由一位教師處搬到另一位教師處。事實上，甚至用「學生」一字稱這個學習圈中的人也不盡相宜，因為有些人只是部分時

---

[46] 派德森和麥克迪西（Makdisi, 1979）；麥克迪西（1981）。

間來上課，還有只部分時間上課的女人。難怪一位晚近的史家說寺院學校是「持久的不拘禮儀」。[47]

我們不應過分強調基督教教育界和回教教育界的明顯差別。西方的大學在近代早期也不如在一八○○年以後那麼正式，那麼拘禮。[48] 不過回教對於固定制度的長期抗拒卻是令人印象深刻的。有人也許會問，制度上的流動性是否與更開放的知識體系有關。答案顯然是否定的。學生雖可以自由地由一位教師門下轉到另一位教師門下，可是他卻必須順從一位資深學者的說法，而非私自閱讀或提出自己的意見。[49]

鄂圖曼帝國的寺院學校也類似。蘇丹麥穆德二世（Sultan Mehmed II）在征服伊斯坦堡後不久所築的回教寺，有八所附屬的學院。第七世紀時伊城已有了九十五所學院。到第八世紀時已有了二百所學院。講堂公開接受聽講，可是想成為回教神學家和學者，並擔任法官、顧問或教師等高位的學生，卻必須得到一位特殊老師的支持。到了一五五○年，擔任高職的實際先決條件，是曾在某些有威望的學院中就讀；這些學院稱為「內部」群體。不久學院也有了文憑和考試，這都是回教教育制度趨於「正式」的跡象。[50]

---

[47] 百凱（Berkey, 1992），頁 20，30；謙伯蘭（Chamberlain, 1994）。

[48] 克提斯（1959）；斯提奇威（Stichweh, 1991），頁 56。

[49] 百凱（1992），頁 30；謙伯蘭（1994），頁 141。

[50] 瑞璞（1972; 1986），頁 27-72；福來奇（1986）；齊爾飛（1988）。

在回教教育制度中，不論是阿拉伯的形式或是鄂圖曼的
形式，對於自然的研習都只勉強夠格。大半對自然的研究是
在學院以外進行。醫學教學是在回教世界久已成立的醫院中
進行，而天文學的研習是在專門的天文台。第一所已知的天
文台於一二五九年建立，另一所新的天文台建於嘉拉塔
（Galata），時間是一五七七年，烏蘭尼保以後的一年。這所
新天文台乃在蘇丹穆拉德三世（Sultan Murad III）的支持下
由學者塔基玉汀（Takiyyüddin）所建。一五八〇年爲士兵所
摧毀，說明自然知識不但在機構中勉強夠格，有些人也視之
爲不利於宗教。[51] 然而如前所述，「勉強夠格」也有其好
處。於是醫學和天文一面是邊際領域，一面又是回教世界創
新的場所。

回教世界的例子，尤其是鄂圖曼帝國的例子，在某些方
面似乎證實維布倫和布赫迪厄的理論，不過一個非正式體系
的長期持久不變，說明不能以爲制度化是理所當然的事。回
教世界和基督宗教（天主教，尤其是基督新教，而非東正教）
世界之間的相似和差異，突顯回教中反對知識創新的力量，
包括反對知識分子的印刷機新工藝技術。有一種假設是說印
刷術可以使知識上的衝突爲衆人所知，故而鼓勵批評上的獨
立。今日的比較歷史分析，相當程度地支持這個說法。[52]

---

[51] 赫夫（Huff, 1993），頁71-83, 151-160，170-186。
[52] 艾森斯坦（1979）。

　　一般而言，似乎居於邊際上的個人容易產生精彩的新構想。可是必須創辦機構，才能應用這些構想。譬如，就我們所謂的「科學」來說，十八世紀制度上地創新似乎對各種學科的實踐有重要的影響。[53] 可是制度遲早不免僵化，而成為進一步創新的障礙。各種機構成為既得利益的場所，在這些機構中的人曾投資於這個制度，很怕失去其知識資本。孔恩所謂的「正常科學」，其支配力量是有知識上和社會上的原因的。

　　因此知識的社會歷史和宗教的社會歷史一樣，是一則由自發宗派轉變到確定教會的故事，這種轉變，曾多次重複發生。它是局外人和編制人員、業餘者和專業者、知識企業家和靠固定收入度日的知識分子之間互動的歷史。創新與例行公事、流動與固定、「溶化和凍結趨勢」、正式與非正式知識之間也有互動。我們一方面看到開放的圈子或網絡，另一方面也看到有固定人員資格和確切權限的其他機構，修築和維持界限以與對手隔離，也與外行男女隔離。[54] 讀者也許想要偏袒創新者而反對支持傳統的人，但是很可能在漫長的知識歷史上，這兩個群體曾發生同等重要的作用。

---

[53] 吉里斯派（1980），頁75；勒克斯（1991a），頁194。
[54] 孔恩（1962）；沙平（1982）；艾里亞斯（1982），頁50。

4

設置知識：中心和周邊

庇里牛斯山這一側的真理到了那一側便是謬誤。

巴斯卡（Blaise Pascal）

一個人在外出旅遊的時候，必須隨身攜帶知識，才能將知識帶回家。

約翰生博士

一位義大利天主教漢學家，一六五四年在萊頓遇見一位信奉基督新教的荷蘭阿拉伯學家。這次似乎不大可能的邂逅，很有收穫。那個時候，頗有一些人對比較年代學感到興趣；確切地說，便是對同步現象感到興趣。萊頓的阿拉伯文教授戈里烏斯（Jacob Golius）不識中文，但猜想十五世紀回教學者拜格（Ulugh Beg）的年代學是倚重中國的文獻。義大利籍的耶穌會士衛匡國（Martino Martini）不識阿拉伯

文，他在中國傳教多年，曾研究這些原始的中國史料。然而，當這兩個人將其手上的原文譯爲其共同語文拉丁文時，回教國家與中國的關係便顯而易見。

這個小故事說明當日文壇的幾個特色。它證實有時學術性的合作超越宗教的歧異，也說明地點在知識歷史上的重要性。

先說個人間邂逅的重要性。這個重要性不限於工藝的轉移，不過在知識的領域比在其他的領域更形重要。[1] 像上述戈里烏斯和衛匡國的情形，本人的邂逅比信件往來更爲有效，而效果也更深遠。馬嘉羅提（Lorenzo Magalotti）在佛羅倫斯遇見日耳曼傳教士格魯伯（Johan Greuber）以後才動筆寫有關中國的文章；萊布尼茲所以熱衷漢學研究，是因爲在羅馬邂逅另一位傳教士格列馬迪（C. F. Grimaldi）。

其次，這個萊頓會面的故事告訴我們城市有充當交叉路口和會晤地點的功能。並列對照戈里烏斯和衛匡國的人生與並列對照這兩個人的年代紀一樣困難。衛匡國當時是由中國返回羅馬述職，但在路上被荷蘭人虜獲。衛匡國想要親手將他的中國地圖交給專精印製地圖的阿姆斯特丹印刷廠柏婁家族（Blaeus）。[2] 這一點荷蘭人答應了，任他搭船去阿姆斯特

---

[1]　西波拉（Cipolla, 1972）；希林（Schilling, 1983）

[2]　柯曼（Koeman, 1970）。

丹。當這艘船一六五三年十二月停泊在柏根（Bergen）的時候，哥本哈根的學者吳爾姆聽到這件事。吳爾姆興趣廣泛，對中國也有興趣。他寫信給住在萊頓的兒子，讓他轉告戈里烏斯說衛匡國要到了。戈里烏斯於是寫信給在阿姆斯特丹的衛匡國，請他乘駁船到萊頓。幾個星期以後，戈里烏斯向他任教的學校請了幾天假，二人再度在安特衛普會面。[3]

　　學者間會一次面這麼麻煩，是因爲在近代早期的歐洲，知識的分布頗不均勻。本章將探討知識的地理學。說到眞知的地理學，這個想法與其社會歷史的想法一樣驚人（參見本書頁31-32）。事實上，蒙田已經談過知識的地理學。他在其《論文集》中（第二冊，第十二卷）說：「在這些群山環繞以內的眞理，在山外的世界便是不實。」巴斯卡在他的《冥想錄》（*Thoughts*）（第六○卷）中更簡潔地說：「庇里牛斯山這一側的眞理，到了那一側便是謬誤。」

　　本章乃根據晚近對地理學及科學史的研究，其主題基本上是知識的「空間分布」——發現知識、儲藏和鑽研知識，以及知識傳播到的各個地點。[4]

　　一個人的知識和他住在哪兒很有關係。譬如，一五一八

---

[3] 戴文達克（Duyvendak, 1936）。

[4] 斯瑞福特（1985）；斯瑞福特、德來威（Driver）和李文斯頓（Livingstone, 1995）；比較，李文斯頓（1995），哈里斯（Harris, 1998, 1999）和傑可布（Jacob, 1999）。

年時第一個把哥倫布的發現告訴俄國人的，是在義大利住過幾年的修士格瑞克（Maxim Grek）。然而，早在一五一三年，土耳其海軍將官瑞斯（Piri Reis）所繪製的地圖上，已經有了美洲（瑞斯由一名西班牙俘虜處拿到哥倫布在第三次出航時繪製的地圖副本，根據這個副本繪出其地圖）。[5]

在使用「知識的地理學」一辭時，必須區別兩個層次。在微觀的層次，有一些「知識的中心」，前一章曾討論了幾個。傳統的場所是修道院、大學、圖書館和醫院（就新聞來說，是酒店和理髮店）。新加上的場所是實驗室、藝廊、書店、解剖教室、辦公室和咖啡館。[6] 譬如，印刷廠的書店既是聚會談天的地方，也是瀏覽新出版品的地方。伊拉斯摩斯常去學者印刷商曼奴秀斯在威尼斯的印刷廠；薩比（Paolo Sarpi）十七世紀早期在威尼斯一家稱爲「船」的商店與朋友晤面；伽利略的敵人格拉西（Orazio Grassi）常去羅馬的「太陽屋」；鮑斯威爾（James Boswell）是在倫敦戴維斯（Tom Davies）書店的後面會客室初次與約翰生見面。

印刷術發明了以後，圖書館愈形重要，面積也愈大。有些地方，它在大學以內與教室抗衡。魯汶大學一直到一六三

---

[5] 赫斯（Hess, 1974）；艾塞克（Soucek, 1992），頁 269。

[6] 赫克契（Heckscher, 1958）；傅柯（1961）；哈伯瑪斯（1962）；漢那威（Hannaway, 1986）；沙平（1988）等。

九年還在說不需要圖書館，因爲教授便是活動圖書館。但是在萊頓情形則相反，圖書館每週開放兩次，教授有時還把鑰匙借給學生。[7] 在大學以外，以下我們會談到某些公、私立圖書館成爲學術中心、學者交際活動與交換資訊構想的場所以及閱讀的地方。在圖書館保持肅靜，在當時是不可能也不可思議的事。圖書館和書店、咖啡館一樣，鼓勵口頭與印刷品雙重的溝通。難怪圖書館的改革在十七世紀中葉培根在英國計劃的學術改革中佔有一席之地。一位改革者杜瑞（John Durie）說：圖書館管理員應該是「推進一般知識的媒介。」一六五〇年代有人希望杜瑞的友人哈特里布擔任鮑德聯圖書館館長（Bodleian Librarian）。這件事可惜沒有成，否則杜瑞這話在實踐上的意義，我們便會清楚一點。[8]

　　在威尼斯、羅馬、巴黎、阿姆斯特丹和倫敦這樣的大城市，知識的中心繁增而且專門化，因而我們在下面將多談這些大城市。城市的公共場所便利商人政客和學者、紳士和工匠、田野與書室之間的交互作用。簡言之，也就是便利各種知識間的交流。各種交際活動的方式自古至今都影響到知識的散布乃至知識的產生。

　　在宏觀的層次，城市也具有連接歐洲與中國或南北美洲

---

[7] 奧伯特（Aubert）等（1976），頁80；霍碩夫‧波爾（Hulshoff Pol, 1975）。
[8] 韋布斯特（1975），頁193-194。

長距離網絡中結集地點的作用，如亞洲的果亞（Goa）、澳門和長崎，美洲的利馬（Lima）和墨西哥城，歐洲的塞維爾、羅馬、阿姆斯特丹和倫敦。[9] 難怪十七世中葉要求職業「情報員」將資訊由外國各地寄往英國的「一般學識備忘錄」，特別指明這些情報員應該住在最好的和最中心的地方。[10]

在這個宏觀的層次，近代早期世界的知識歷史，有時是由簡單的傳播論去解釋，也就是說資訊（尤其是科學資訊）是由歐洲擴散到地球其他部分。批評這個「中心—周邊」模型的人，持有幾種理由，如說它遺漏了帝國主義的政治活動，未能充分考慮到知識的由周邊流向中心以及由中心流往周邊。[11]

本章所討論的，主要是關於知識由歐洲周邊移動到其各中心的問題，到第六章再談政治活動。雖然各種知識都會談到，但重點仍在歐洲人日益認識到歐洲以外的世界。這樣的認識，往往是為了宗教、經濟和政治上的利害關係，但有時也是為知識而知識。工具性的知識和不涉及利害關係的好奇心不能分得太清楚。[12] 不過，其區別還是有用的。

下面要談的，是由於物質上溝通的進步與印刷書籍的興

---

[9] 哈里斯（1996）；米勒（Miller, 1996）。

[10] 韋布斯特（1975），頁 552。

[11] 巴薩拉（Basalla, 1987）；麥克里奧（Macleod, 1987）。

[12] 協福（Schaffer, 1996）。

起，所造成知識的日益集中。這些發展又與世界經濟的興起
（參見本書頁256-257）、幾個大城市的興起（大城市往往是
大圖書館的所在地），尤其是權力的集中（參見本書頁176）
等有關。然而，知識的集中化部分是自發的，是與文壇有關
的知識交流的結果。

文壇

　　文壇（The Republic of Letters）或「學術共和國」
（Commonwealth of Learning）一辭，在近代早期的歐洲常用
來指國際學者的社會。[13] 這個文壇的地理情況在近代不斷地
變化。譬如，雖然艾普薩拉大學已在一四七七年建校，但是
瑞典到十七世紀才正式加入。十七世紀時，克麗斯汀那王后
邀請笛卡爾等學者到斯德哥爾摩，而住在艾普薩拉附近斯考
洛斯特（Skokloster）鄉間別墅的貴族軍人藍格爾（Carl
Gustaf Wrangel），透過其在漢堡（Hamburg）、阿姆斯特丹、
倫敦、華沙、維也納各地通信人組成的網絡，與自然哲學最
近的發展保持接觸。北美洲在十八世紀進入這個文壇。這
時，梅澤（Cotton Mather）和艾德華滋（Jonathan Edwards）
等文人，已訂閱《學術著作史》（*History of the Works of the*

---

[13] 福瑪若里（Fumaroli, 1988）；保茲和華凱（1997）。

Learned）這樣的雜誌，保持與歐洲文化界新事物的聯繫。[14]

俄國在沙皇彼得大帝（Peter the Great）朝末期進入歐洲的學者社會，比瑞典晚一點，比北美洲早一點。一七一四年，俄國貴族曼希克夫（Alexandr Menshikov）當選為皇家學會榮譽會員，這一年俄國的第一家公立圖書館也開張。萊布尼茲注意他所謂的將文藝與科學「移植」到俄國，他不止一次與沙皇晤面說明他的想法。彼得似乎為他的議論所感動，因為他支薪聘萊氏為顧問，並於一七二四年在聖彼得堡成立科學院（Academy of Sciences）時，模仿幾年前萊氏所計劃的柏林研究院的模型。一七二五年，也就是沙皇駕崩前的一年，法國天文學家德黎索（Joseph-Nicholas Delisle）到達聖彼得堡。其後二十年他一直在聖彼得堡訓練俄國天文學家。一代以後，洛摩諾索夫將在馬堡（Marburg）學習化學，與伏爾泰通信，並幫忙創辦莫斯科大學。[15]

所謂的「俄國人發現歐洲」，與歐洲人發現俄國切合。一五五〇年以前印刷品中沒有什麼有關當時所謂「莫斯科大公國」（Muscovy）的資料。一五五〇年後這種情形漸漸改變，一六九七年後這種情形則迅速改變。一六九七年，彼得

---

[14] 費林（Fiering, 1976）；洛斯曼（Losman, 1983），頁 195-198；艾克曼（Åkerman, 1991）。

[15] 瑞其特（Richter, 1946），頁 44；伍西尼奇（Vucinich, 1963）；薩佐諾華（Sazonova, 1996）。

大帝組織去西方的「特別大使節團」，包括沙皇本人在內的二百五十來個俄國人，到荷蘭共和國、英國、法國、義大利等地進修，而西歐人也因此較認識俄國。將俄國文化介紹給西歐讀者的書有多種，如克魯爾（J. Crull）的《俄帝國現狀》（ *Present Condition of the Muscovite Empire,* 1699），艾迪斯（E. Y. Ides）的《旅遊三年》（ *Three Years' Travels,* 1704）、百瑞（J. Perry）的《俄國國情》（ *State of Russia,* 1716）和韋伯（F. C. Weber）的《新俄羅斯》（ *The New Russia,* 1721）。《新俄羅斯》乃德文著作，但旋即有法文和英文的譯本。[16]

　　對地理學的知識，與知識的地理學迥異。但是二者也有一個相遇的交叉點，那就是地理學的地理學。[17] 下面以一個案例研究，探討當重要的新資訊管道打通時，歐洲以外世界文壇的知識。[18]

長崎與出島

　　我們且拿日本為例，做這個案例研究以內的一個案例研究。一五五○年以前，歐洲人對日本所知甚少。十三世紀旅行家馬可波羅（Marco Polo）曾提到「日本國」，但沒有什麼

---

[16] 安德森（Anderson, 1978）。

[17] 李文斯頓（1995）；維澤斯（Withers, 1998）。

[18] 拉奇（Lach, 1965）。

細節。一五四九年，耶穌會傳教士聖芳濟各・沙勿略（Francis Xarier）來到這個他本人和他的同胞完全陌生的地方。十六世紀晚期起，西方人對於日本的知識，皆從長崎港而來。一五八〇年，一位皈依基督教的日本權貴將長崎市捐獻給耶穌會士。一五八七年，耶穌會士失去對長崎的控制，但是傳教機關仍在，又在那兒成立了一家出版社。

　　基督教在日本傳教是成功的。但是由於太成功，反為自己惹禍。基督教在日本的傳布震驚了日本統治者，許多傳教士及日本信徒遭到迫害，由一六三〇年代到一八五〇年代日本實施鎖國政策。日本在這個時期並非與外國人完全斷絕往來，但是將與外國包括商業關係在內的各種關係減少到最低程度。在這個時期，荷蘭商人取代葡萄牙傳教士而成為日本與西方溝通的主要媒介，長崎則為附近的出島所取代。

　　出島是一個人工島，長寬不過幾百呎，修造在長崎港內，目的正是為了控制危險的歐洲人。荷蘭商人是聯合東印度公司（United East India Company 或 VOC）的職員，其交易被侷限在這個微小空間，由一六四一到一八五〇年代，日本和西方間全部的貿易都透過出島。一八五〇年代，一支美國艦隊強迫日本開放其港埠供西方人出入。[19] 雖有官方的障

---

[19] 巴克塞（Boxer, 1936）。尤其頁 58-66；欽恩（Keene, 1952）；古德曼（1967），頁 18-24，32-42。

礙，出島也是知識交流的一個小環境。日本政府禁止日本地圖出口，也阻止外國人學日文，不過這些障礙不是不能克服。在出島上住過的西方人中，有三個人對日本的描寫廣為歐洲人所知。第一個是聯合東印度公司一六三九到一六四○年在島上的主管卡隆（François Caron）。[20] 第二個是一六九○到九二年間在島上為聯合東印度公司工作的德國人坎弗（Engelbert Kaempfer）。第三個已在鎖國時代之末，是一七七五到七六年間在島上為聯合東印度公司醫師的瑞典植物學家松柏格（Carl Peter Thunberg）。

田野與書房

長崎是一個大城市，因此由歐洲人的觀點來說是一個周邊的中心。歐洲更遠方周邊城市報刊的媒體作用也不應疏忽，如果亞、澳門、巴達維亞（Batavia）、墨西哥市和利馬。

若干歐洲的大城市，在傳播有關世界其他部分知識到西方的過程中，作用更為重要。各種不同的城市，如港埠、首邑和大學城，在這方面作用也不同；這點到時候再談。然而下面幾段的重點，將是周邊與中心的交互作用。更具體一點

---

[20] 拉奇和克雷（Kley, 1993），頁 1855。

來說，便是田野與書房間的交互作用。其兩個主題，是知識
的進口到歐洲和其隨後的「處理」——編纂、思考、分類和
批評。

　　在田野收集奇風異俗知識的著名歐洲人，是一五四六到
五○年間探索中東地區找尋鳥類和魚類新品種的拜隆
（Pierre Belon），以及一五七○到七七年間奉西班牙國王之命
在墨西哥研究當地動物、植物和礦物的赫南德斯（Francisco
Hernández）。[21] 我們不可忘記近代大量流入歐洲的有關世界
其他地區的自然歷史資訊。不過，我將偏重有關其他文化、
宗教、語言和風俗的知識。譬如，我談松柏格對日本人的描
寫，而非他對日本花卉的描寫。

進口知識

　　「進口知識」這個詞提醒我們貿易，尤其是港埠，在傳
播資訊上的重要性，如長崎的情形。港埠的居民經常至水邊
與新水手聊天。在星盤、航海圖、地圖和地球儀上，港埠是
貿易的中心。港埠也是不同種類知識間和不同種類民族間相
遇的主要地點。下面將以里斯本、塞維爾、威尼斯和阿姆斯

---

[21] 柏斯塔曼特・賈西亞（Bustamante García, 1997）；布蘭傑斯（Brentjes,
　　1999）。

特丹等歐洲當日大港埠的歷史爲例，說明這些相遇。

　　里斯本在知識歷史上，尤其是在十五、十六世紀知識歷史上的重要性，在於它是葡萄牙海上帝國的首都。「印度商號」（Casa da India）和「幾內亞貨棧」（Armazém de Guiné）由果亞、澳門、薩爾瓦多、西非等地收取資訊和貨物。因此，大半生在「印度商號」工作的歷史學家巴羅斯（João de Barros），在搜集有關亞洲資訊的機會上比任何人都來得多。就印度來說，他諮詢由果亞回來的水手、行政人員和商人；爲了取得有關波斯的資訊，他可以就教於曾在奧穆茲（Orumz）經商的人；他由旅行家品托（Mendes Pinto）和塞克薩斯（Domingo de Seixas）處聽到關於日本和暹羅的事情；至於中國，他則買了一個奴隸替他翻譯文籍。[22]

　　塞維爾所以成爲資訊中心，尤其是十六世紀繁榮時期的資訊中心，在於它的地利。它是由墨西哥和秘魯進口白銀到西班牙的唯一官方入口。每年到來的白銀艦隊帶來有關新世界的資訊。孟那德斯（Nicolas Monardes）是一位醫生。他所以能足不出塞維爾而寫成有關南北美洲藥物的名著，是塞維爾資訊機會的見證。

　　如本書第三章所談塞維爾的「貿易商號」是一個知識庫，尤其是海路的知識庫。它藏有模範航海圖；航海者出航

---

[22] 巴克塞（1948）。

進口知識

歸來，便提供新的資訊修正這個航海圖。天文地理學者都與這個貿易商號有關係。當地的僑商（尤其是熱那亞人僑商），對於其親屬同胞前往貿易的世界其他各處，都頗為熟習。[23] 塞維爾也是一個重要的印刷中心。一五〇〇到二〇年間，在那兒出版的書至少有三百種，其中若干為日耳曼移民所出版。這個時候，外國書籍大多透過塞維爾進口。柯朗（Fernando Colón）的圖書館使塞城更成為重要的中心。柯朗為哥倫布之子，其圖書館據說有二萬冊書。十六世紀及十七世紀早期，塞城還有若干興隆的學術協會。[24]

半世紀以前，一位法國歷史學家描寫威尼斯為「近代早期最重要的資訊媒介」。[25] 十五和十六世紀時，威尼斯的有利條件是它是東方與西方間的掮客。威尼斯海上帝國包括達爾馬希亞（Dalmatia）、塞浦路斯（Cyprus，一五七〇年以前）和克里特島（Crete）。鄂圖曼帝國是一個強鄰。威尼斯的政治生命，依賴有關土耳其君主及大官個性和政策的知識以及有關土耳其軍官調動的知識。威尼斯在伊斯坦堡駐有官員，一面照料當地的威尼斯僑商，一面將由土耳其君主翻譯人員和醫師處得來的政治新聞，傳達給威尼斯共和國首長及其顧

---

[23] 史蒂文森（Stevenson, 1927）；魯比歐（1950），頁65，68，255-290；蘭姆（Lamb, 1969, 1976）；古德曼（1988），頁72-81。

[24] 布朗（1978），頁21-43。

[25] 薩德拉（Sardella, 1948）。

問。

最新的「利亞多橋（Rialto）上消息」，對於許多威尼斯人經濟上的存活也同樣是必要的。駐外商人的家書，成為家庭企業的「資料庫」。威尼斯商人也駐在艾勒波（Aleppo）、亞歷山卓港（Alexandria）和大馬士革（Damascus），這些地方定期會有資訊傳來，再往東走，傳來的資訊就比較少了。為西方提供緬甸資料的主要三個威尼斯人：十五世紀的康提（Nicolo Conti）和十六世紀的費德瑞奇（Cesare Federici）和巴比（Gasparo Balbi）。[26] 當一五〇一年有謠言說印度香料運到里斯本時，威尼斯政府便派一名祕密代理人前往葡萄牙打探實情並回報。他的報告今日尚在。威尼斯比羅馬、巴黎和佛羅倫斯更晚得知發現美洲的消息，但是威尼斯在整個十六世紀都對新世界極感興趣。[27]

到了十七世紀，里斯本、塞維爾和威尼斯這些商業中心已不如以往重要，而為安特衛普（十六世紀中葉短暫時間）、阿姆斯特丹和倫敦所凌駕。在知識以及在其他商品方面，安特衛普是貿易的中心，它也是繪製地圖的中心（尤以在奧特流斯〔Ortelius〕時代）和出版對遠方記述文字的中心，由柯特斯（Hernán Cortés）的記述墨西哥文字（1522），到耶

---

[26] 多瑞亞（Doria, 1986）；柏克（2000a）。

[27] 安布羅西尼（Ambrosini, 1982）；卡拉秀羅・阿瑞珂（Caracciolo Aricò, 1990）。

穌會士由日本寄來的信件（1611-1632）。

阿姆斯特丹的東印度商號（East India House）和西印度商號（West India House）取代並效法早先的各種貿易商號。聯合東印度公司在巴達維亞的辦事處每年向東印度商號遞交年度報告，報告他們在東印度群島的作業情況（參見本書頁256-257）。阿姆斯特丹證券交易所，對關於香料等商品供應的消息極端敏感，該交易所是另一個獲取海外資訊的中心。[28]少數民族（包括西班牙和葡萄牙的猶太人、斯堪的那維亞的水手、英國和法國的政治難民）是阿姆斯特丹資訊的一個重要來源，正如昔日威尼斯的希臘人、斯拉夫人、西班牙人和土耳其人，安特衛普的西班牙人和義大利人，以及塞維爾的熱那亞人。透過各種管道進入阿姆斯特丹的資訊，很快經由報紙（參見本書頁275-276）以及其他溝通方式傳播出去。如此，該城便成為「全歐洲中央資訊交易所」。[29]

知識的首都

港埠並不能壟斷所有的資訊。各國的首都，尤其是羅馬、巴黎和倫敦，是港埠的強力競爭對手，在政治消息方面

---

[28] 巴布（Barbour, 1950），頁74-84。
[29] 史密斯（Smith, 1984），頁987。

更是這樣。

　　羅馬久已是威尼斯的勁敵。[30] 首先，梵諦岡是天主教世界的總部。日本、衣索比亞和西藏及歐洲其他各國的大使都來到這個中心。教皇派駐外地的大使，他們定期的報告也寄到這個中心。其次，羅馬是道明會、方濟各修會、以及耶穌會等傳教修道會的總部所在，其中最重要的是耶穌會──來自世界各地的耶穌會士宿舍和大學要向羅馬的修道會長作定期的報告或寄「年簡」（annual letters）。十七世紀的教廷傳信部是另一個獲取傳教地區消息的中心。

　　一五九〇年代波德羅（Giovanni Botero）在羅馬所以能編寫「世界述描」（Relazioni universali），是由於他能使用耶穌會的網絡。譬如，關於俄國他引述波塞維諾（Possevino），關於非洲的摩諾摩它巴（Monomotapa）他引述西華（Gonzalvo de Silva），關於中國他引述才回來不久的羅吉若（Michele Ruggiero）。雖然他選擇的形式是論說文，可是波德羅有時也傳遞比較熱門的新聞。他在記述中國時中斷下來告訴讀者說：「我寫到這兒，消息傳來說留在中國的兩位神父受到種種迫害。」[31]

　　羅馬也是學術資訊的中心，其馳名歐洲的著名教育機構

----

[30] 柏克（2001）。

[31] 查保德（Chabod, 1934）；阿柏尼可（Albònico, 1992）；海德雷目前正由這個角度研究波德羅。

包括智慧學院（Sapienza）、羅馬學院（Collegio Romano）以及為訓練外國學生及傳教士而創辦的許多學院，如日耳曼學院（German College, 1552）、希臘學院（Greek College, 1577）、英國學院（English College, 1578）、馬隆乃學院（Maronite College, 1584）以及愛爾蘭學院（Irish College）。羅馬城也是林采和猶默瑞斯提（Umoristi）等學院的所在地；以及古物專家奧西尼（Fulvio Orsini）、藝術品鑑定家波佐（Cassiano del Pozzo）和博學者克契（Athanasius Kircher）等非正式的學術圈之所在。它吸引來自法國、西班牙、日耳曼各地的學者。

　　巴黎（以及自十七世紀後期起其衛星城市凡爾賽）是另一個政治資訊的中心。路易十四時代的土耳其、波斯、摩洛奇和暹羅大使館，提醒我們當日外交上的來往不限於歐洲。十七世紀時，隨著法國政府的日漸中央集權化，流入巴黎的資訊也日漸增加（見下）。

　　巴黎也是學術資訊的一個中心，官方的機構如皇家圖書館（Royal Library）、皇家花園、科學院、天文台（Observatory）以及銘刻學院（Academy of Inscriptions），收集和討論這些資訊。巴黎也是非正式學會和學院的一個中心。人文主義學者在波特文路（rue des Poitevins）的杜普（Dupuy）兄弟家中聚會。這個地點是歷史學家德杜（Jacques-Auguste de Thou）著名圖書館的所在地，杜普兄弟在一六一七年繼承而得。一

六一九到四八年，自然哲學家如笛卡爾、巴斯卡和嘉森迪（Gassendi）在皇家廣場（Place Royale，現稱為渥吉廣場〔Place des Vosges〕）附近的麥森修道院（Convent of Marin Mersenne）聚會。一六三二到四二年，瑞瑙多在他位於聖母院附近卡蘭德路（rue de la Calandre）的「通訊處」（Bureau d'Adresse）為想聽演講的人安排各式主題的法文演講。[32]

　　倫敦的重要性，在於它同時具有港埠和首都的功能。俄國公司（Russia Company，一五五五年成立）、勒旺公司（Levant Company，一五八一年成立）、東印度公司（East India Company，一五九九年成立）和非洲公司（Africa Company，一六七二年成立），其總部都設在倫敦。由國外來的資訊大多寫給在倫敦的個別商人，但是各公司的總部也收集資訊，如莫斯科大公國商號是迪伊（John Dee）和哈克路伊（Richard Hakluyt）等學者與商人聚會、討論地圖和路線的地方。黎登豪街（Leadenhall Street）上的東印度商號，與其荷蘭敵手有若干同樣的功能。它儲藏地圖、航海圖和船舶的航海日誌。而寄達這個地址的信件，提供了關於印度貨物價格等的詳細資訊。

　　以這種方式到達倫敦的資訊，不純粹是商業資訊。皇家學會秘書奧登保在他給第三年的《哲學論文集》所寫的序言

---

[32] 洛夏（1966）；所羅門（1972），頁60-99；瑪札瑞（1997）。

中，說由美洲殖民地等地到達這個「名都」的資訊，多拜貿
易之賜。[33] 類似地，皇家學會的歷史學家斯普拉特，認為倫
敦這個強大帝國的首都，是促進知識的最適當地方，由世界
各國的報告和情報所構成的知識，在這兒得到最適當的歸
宿。

　　皇家學會是資訊交流的重要場所，但它也有競爭對手。
自十六世紀晚期以後，自然哲學等主題的公開演講的地點是
在主教門街的格瑞山學院。華維克巷（Warwick Lane）的醫師
學院也有演講會。一六五七年一位醫師形容它是真正的「所
羅門屋」。人文科學有古物專家學會（Society of Antiquaries）。
大約一五八六到一六〇八年間，這個學會在聖保羅大教堂附
近的德比館（Derby House）的赫樂德室（Herald's Office）開
會，討論英國歷史。正式說來倫敦缺少一所大學，但是四法
學院（Inns of Court）在倫敦。有人形容這些訓練律師的學
校為第三個大學。[34]

　　由歐洲其他部分來的移民，將其知識帶來倫敦，因而使
倫敦的知識更為豐富。奧登保本人原來自不來梅（Bremen），
他的友人哈特里布來自艾冰（Elbing，今日波蘭的艾布拉格
〔Elblag〕）。和在阿姆斯特丹的情形一樣，來自法國的新教徒

---

[33] 豪爾（1965, 1975）；亨特（1989）。
[34] 韋布斯特（1975），頁51-57，125。

難民，十七世紀後期在倫敦定居，其中有若干文人（參見本書頁69-70）。

圖書館的地理學

如果我們看看大圖書館的地理分布，便可證實若干歐洲城市在學術界的優勢，不過也不盡然。牛津的鮑德聯圖書館，是一個小大學城中的大圖書館，而艾斯柯利圖書館（Escorial Library）不近任何城市。爲了解釋它們的地點，必須討論兩位富人的興趣。菲利浦二世創辦艾斯柯利圖書館，鮑德雷爵士（Sir Thomas Bodley）將自己的藏書捐贈牛津大學。

可是在義大利和法國，最好的圖書館是位於最大的城市。在義大利，重要的城市是佛羅倫斯（包括勞倫濟安那〔Laurenziana〕）、威尼斯（包括瑪西安那〔Marciana〕）、米蘭（包括安布羅西安那〔Ambrosiana〕），其中最重要的是羅馬（包括梵諦岡、智慧學院的圖書館、羅馬學院的耶穌會圖書館、一六一四年開放的安吉利卡圖書館〔Angelica〕，以及巴柏瑞尼〔Barberini〕、塞西〔Cesi〕、斯培達〔Spada〕家族及克麗斯汀那王后的私人圖書館）。旅遊指南都有這些圖書館的資訊。義大利修士皮亞薩（Carlo Piazza）所著《羅馬的著名圖書館》（*The Famous Libraries of Rome*, 1698）一書，對於

這些圖書館的描寫最為詳盡。

那不勒斯這個義大利城市也有許多好圖書館，其中華勒塔律師（Giuseppe Valletta）的圖書館一七〇〇年時藏書達一萬冊。但是那不勒斯這個知識中心到十七世紀後期已開始式微。當地有些學者向英國訪客百納特（Gilbert Burnet）訴苦。百納特曾記下他們所說的宗教裁判以及如何不容易由英國和荷蘭共和國取得圖書。

我們且以維柯的情形說明十七與十八世紀之際那不勒斯學術上的問題。維柯寫作一部關於比較歷史的鉅著，他當然需要很多資訊。維柯在十七世紀後期的那不勒斯長大。那時該城是活潑的知識交流中心，可以看到許多拉丁文的新書，可是他長大以後，他和那不勒斯都陷於孤立。維柯不熟習法文和英文，但是文學共和國的公民（文壇的分子）愈來愈需要法文和英文。有一件事可以說明維柯的日益陷於孤立。在他一七四四年所發表的傑作《新科學》（*New Science*）最後一版中，對於日本的討論竟未提到近二十年前坎弗的重要研究（參見本書頁117，318）[35]。

巴黎市的居民比較幸運，至少到了十七世紀後期，巴黎的圖書館數量甚至已超越了羅馬。十二世紀的聖維克多（Saint-Victor）圖書館於一五〇〇年前後已完成圖書編目

---

[35] 柏克（1985）。

（參見本書頁302-303），並於十七世紀時正式對民眾開放。又有大學圖書館、克勒蒙（Clermont）耶穌會圖書館（爲向路易十四致敬，改名「路易大帝」〔Louis-le-Grand〕圖書館）、瑪札林樞機主教（Cardinal Mazarin）圖書館（瑪氏死後成爲公共圖書館）以及皇家圖書館。皇家圖書館在一五六〇年代由布洛瓦（Blois）遷往巴黎，並於十七、十八世紀時更利於民眾的使用（參見第八章）。一六九二年的一份巴黎指南，列出不止三十二個讀者可進入的圖書館以及三個公立圖書館（瑪札林、聖維克多及皇家花園圖書館）。

　　上述的城市不是均勻分布歐洲各地，而是集中於南部和西部。現在來談歐洲大陸中部、北部和東部的情形。中歐的大學尚多，十四、十五世紀時已有一個大學網絡，包括布拉格、克拉哥、維也納、萊比錫和波茲松尼（Pozsoy，今日的布拉提斯拉瓦〔Bratislava〕）的大學。一五七六到一六一二年皇帝魯道夫二世朝時，他在布拉格的朝廷是一個知識中心，吸引了天文學家布拉赫和克卜勒（Johann Kepler）、煉金術士麥爾（Michael Maier）和桑迪維久斯（Michael Sendivogius），以及人文學者如匈牙利籍的桑布克斯（Johannes Sambucus）。[36] 就長期而言更重要的是維也納。維城不但是一所大學的所在地，也是帝國圖書館（Hofbibliothek）的所在地。一六〇〇

---

[36] 艾文思（1973）。

年時該圖書館已擁有一萬冊左右的藏書，一六六〇年代時館長蘭柏克（Peter Lambeck）曾詳細描述該館；它於一六八〇年時擁有八萬冊藏書，十八世紀早期被重建，十分宏偉，且不久後便開放供民眾使用。

歐洲的北部和東部則人口較不稠密，除了莫斯科外城市較少，也不像南部和西部那麼集中。除了艾普薩拉大學（一四七七年創辦）以外，學術機關來得較晚。譬如，一五七八年到維紐斯（Vilnius）、一六三二年到多帕（Dorpat〔塔杜Tartu〕）和基輔（Kiev）、一六六八年到倫德、一六六一年到勒維（Lviv）、一六八七年到莫斯科（一家神學院）、一七二四年到聖彼得堡。在這個大區域中印刷廠和書店較少，不過在十七世紀後期略有成長。阿姆斯特丹為東歐市場所印的書（參見本書頁267-269），是讀者之幸，但也是當地知識貿易的障礙。[37] 這一個大區域中大圖書館極少，不過一六六一年時渥芬布托（Wolfenbuttel）的公爵圖書館有二萬八千冊藏書，一七六〇年時哥廷根的大學圖書館有五千冊藏書，一七八六年柏林的皇家圖書館有八萬冊藏書。

有兩個現象表示在這些地區不如在西歐那麼容易接觸到知識。首先，許多學者往西方移動，有的去用圖書館，如十七世紀時造訪鮑德聯圖書館的日耳曼人和斯堪的那維亞人；

---

[37] 艾塞維奇（Isaievych, 1993）。

有的去長住，如波希米亞學者柯曼紐斯住在倫敦或阿姆斯特丹。第二個現象是，十八世紀早期，在萊布尼茲的建議下，普魯士和俄國政府想要引進外國學者以便使柏林和聖彼得堡成為知識的中心。引進的學者中，有數學家二柏努利氏（Nicolas and Daniel Bernoulli）、尤勒（Leonhard Euler）和莫佩爾蒂。

除了某些限制以外，在東部或中東部的歐洲較小市鎮也可以成為一名學者。譬如歷史學家拜耳（Matthias Bél）終生住在波茲松尼，但是他是研究本地的歷史。凱克曼（Bartholomeus Keckermann）短促的一生大半住在但澤（Danzig，格但斯克〔Gdańsk〕），也發表了至少二十五本的書，但是他基本上是組織各門學科，不大需要偏遠的資訊。

對於母語不是義大利語、西班牙語、法語、德語、荷蘭語或英語的歐洲人來說，甚至取得日常的學術知識也需要花大工夫。中歐和東歐到後來才逐漸開始出版他們方言的參考書，如嘉諾斯（Apáczai Csere János）的《匈牙利百科全書》（*Hungarian Encyclopaedia*, 1653），以及第一本波蘭文的百科全書——克米洛斯基（Chmielowski）十八世紀中葉的百科全書。

我們可以墨西哥的西更薩・伊・剛戈拉（Carlos de Sigüenzay Góngora）為例，生動說明住在離學術中心更遠的學者所遭遇的問題。他住在一個擁有一個大學和印刷出版社

的大城市，他是大學的數學教授。但是儘管如此，在描述撰寫他本國的古代生活風俗（包括西班牙人征服墨西哥以前當地所用的象形文字）時，他卻被迫引用百恰斯（Samuel Purchas）和克契等歐洲人的著作。只有這些外國書才有印出來的這種象形文字。他如要親眼看手稿，就必須去遠如羅馬和牛津這些城市，因為西班牙人已將手稿帶回歐洲散布。[38]

城市也是有關其本身資訊的出處

近代早期城市資訊服務業的成長，部分是由於都市的分工，部分是對資訊日增的需求的回應。而住在歐洲較大城市所產生的迷失感，是造成這種需求的原因。這些城市逐漸產生與自己相關的大量資訊。

譬如，大城市的職業結構中逐漸有了各種口頭溝通的專家。巴塞隆那（Barcelona）的郎嘉（Lonja）有人聽別人的會話，而後撮合商人接觸。十八世紀倫敦的「奔走人」，宣傳秘密婚姻服務，或將船舶到達的消息報告給勞埃（Lloyd）的咖啡館。出售民謠的人在城市中走來走去或在巴黎的新橋（Pont Neuf）或馬德里的普塔德索（Puerta del Sol）這些特定的地點駐足。在這些地點，佔據官方報紙辦公處與驛站之間

---

[38] 布瑞丁（Brading, 1991），頁366，382；柏克（1995a）。

衝要位置的盲人歌手，出賣曆書、報紙和政府敕令。[39]

　　街角或教堂門口的政府通告繁增。譬如，一五五八年在佛羅倫斯，新的「禁書索引」張貼在教堂門上。查理二世時代的倫敦，在街頭張貼戲劇廣告。一七八二年一位瑞士人造訪倫敦，對商店名稱較告示普遍的現象感到驚奇。街名愈來愈寫在牆上（在巴黎是由一七二八年起）。十八世紀時，房屋號碼在較大的城市愈來愈普遍。一七七〇年代到馬德里的一位英國訪客，說街名寫在街角的房屋上，所有的房屋都有號碼。

　　每一個觀光客都知道，一個城市愈大，愈需要指示，不論是一本指南或一位導遊。在近代早期的歐洲，尤其是在羅馬、威尼斯或巴黎，都需要職業性的導遊引導旅客觀光。旅行指南也有需求。印刷的羅馬城旅遊指南爲數更多。中世紀時，所謂的「羅馬城奇景」已經流傳。這本指南接連出了許多印刷增訂版，除了原有的對廢墟、贖罪券和教皇的介紹以外，又加上有關古代事物、驛車服務和畫家等比較世俗的資訊。一五五八年初版的森索維諾（Francesco Sansovino）著威尼斯指南，是一本暢銷書，十七世紀末葉時它爲柯若奈里（Vincenzo Coronelli）的《異國人指南》（*Guide for Foreigners*）所取代，後來又爲《異國人啓蒙》（*Foreigner Enlightened*）一

---

[39] 坎尼（Kany, 1932），頁62-64。

書所取代。最後的這部書寫成於十八世紀，指引旅客以六天
的時間觀光羅馬城及其近郊。

　　日後阿姆斯特丹、巴黎和那不勒斯等地的旅遊指南都模
仿上述旅遊指南的形式。描寫阿姆斯特丹的有彭坦努斯
（Pontanus, 1611）、達帕（Dapper, 1663）、濟森（Zesen,
1664）、柯麥林（Commelin, 1693）以及一本作者不具名的
法文《阿姆斯特丹指南》（*Guide to Amsterdam*, 1701）。最後
的這本書經多次重印和修訂。巴珂（Bacco）對那不勒斯的
描寫最初出版於一六一六年，到十七世紀末已出有八版。它
也有一些競爭對手，如摩麥爾（Mormile, 1617）、薩乃立
（Sarnelli, 1685）、塞蘭諾（Celano, 1692）以及西吉斯蒙多
（Sigismondo）的《那不勒斯城述描》（*Description of the City of
Naples*, 1788）。最後的這本書特別是為異國人所寫。《巴黎
述描》（*Description of Paris*, 1684）乃職業導遊布來斯
（Germain Brice）所寫，一七二七年已出了第八版。接下來
的有尼麥茲（Neimetz）的《巴黎寄居》（*Sojourn in Paris*,
1727）以及其他競美的書。一六八一年後，有關倫敦的旅遊
指南開始出現。克勞奇（Nathaniel Crouch）和勞爾
（Thomas de Laure）的指南互爭一日之長。十八世紀中，又
出版了十幾本倫敦城指南。

　　到了十八世紀，這些旅遊指南在描寫教堂和藝術品之
外，又加上了一些實際的資訊，如怎樣和馬車夫議價或夜晚

不要去哪些街道。關於倫敦的「獲得對方信任後的詐騙者」以及其所說的花樣也有專門的文獻，如《倫敦的騙子》（ *The Frauds of London* ）等。實際的資訊很快便過時，因此難怪自一七二二年起，有一種為異國人所寫的馬德里旅遊指南每年出一本，叫做《異國人用年度日曆與指南》（ *Annual Calendar and Guide for Foreigners* ）。

　　有的城市甚至出版賣淫業的特殊指南。一五三五年前後在威尼斯出版的《娼妓價格一覽表》（ *Tariffa delle puttane* ），以對話性的詩句列出一百一十個娼妓的姓名、地址、誘惑、批評和價格。接下來一五七○年出版了一份有二百一十個姓名的目錄。日後的仿作，描述阿姆斯特丹（ 1630 ）和倫敦的誘惑。寫倫敦的有描述在「新交易所」工作的《婦女團體》（ *Commonwealth of Ladies,* 1650 ），以及自一七六○年後每年出一本的哈里斯（ Harris ）著《科文花園婦女名錄》（ *List of Covent-Garden Ladies* ）。今日已不能確知這些指南是為遊客還是為本地人所寫，有多正確，或作者的本意是提供實際的資訊還是提供色情文學。

　　因為甚至大城市的當地居民也愈來愈需要指引方向，以便取得有關各種休閒活動的資訊，或者到哪兒去找某些商品和服務。海報是一個解決辦法。拿戲碼做一個例子。這些貼在牆上的廣告溯源於十六世紀後期的西班牙，也就是商業戲院興起的時候。西班牙的戲碼為義大利、法國、德國和英國

所模仿。一六六二年，派皮斯（Pepys）提到貼在聖堂武士
在倫敦住所等地柱子上宣傳戲劇的戲碼。在十八世紀後期的
巴黎，這種海報在都市生活中扮演了重要的角色。海報受到
嚴格的控制，四十個以在公共場所貼海報爲業的人，帶著徽
章表明他們身分。他們所張貼的資訊從有關騙子、走失的狗
和傳教士的廣告，到巴黎議會的法令。

　　爲了迎合這些需要，十七世紀早期巴黎成立「通訊處」
（在新橋附近，後來在羅浮宮〔Louvre〕）。成立這個通訊處
的人是瑞瑙多，他以官方報紙的編輯知名。通訊處的想法，
是收一點費用讓昔日彼此不認識的人有所接觸（如僕人與僱
主接觸），以應付大城市人的互不相識。一位去羅浮宮參觀
的英國人說：「長廊下有一個地方稱爲『通訊處』，那兒有
一個人手上有僕人和跟班的名冊。」這個「通訊處」知名到
成爲一六三一及四〇年宮廷芭蕾舞的主題。於是一種溝通的
媒介使另一種溝通的媒介更爲知名。[40]

　　這種十七世紀版的黃頁分類（電話簿上按用戶之營業或
服務性質分類登錄的部分）爲時並不久。但是十七世紀後，
一名藥劑師醫生布里尼（Nicolas de Blegny）採用了其構想，
他把資料印刷出來，這次稱爲《方便巴黎通訊簿》（*The
Convenient Book of Addresses in Paris,* 1692），包括的資訊有：經

---

[40] 所羅門（1972），頁 21-59。

銷工作、工作空缺、圖書館、公開演講會、浴場、音樂教師、謁見巴黎主教或皇家演奏表演的時間和地點。他用筆名普拉德（Abraham du Pradel）發表這本參考書似乎是個聰明之舉，因爲這本書旋即被禁。有些地址被列入的重要人物和上流社會人士抱怨他侵犯隱私。[41]

　　可是對這種資訊的需求持續存在。十八世紀時這樣的工作又起死回生。一七五〇年前後，以編排手稿書信傳單著稱的毛奇爵士（Chevalier de Mouchy）也在聖昂諾瑞（Saint-Honoré）街組織了一個通訊處。十八世紀時，《巴黎海報》（*Affiches de Paris*, 1716）、《宮廷表演雜誌》（*Tournal des Spectacles de la Cour*, 1764）、稍後的《戲劇雜誌》（*Journal des Théâtres*, 1777）和《休閒日曆》（*Calendrier des Loisirs*, 1776）等雜誌上，也有關於休閒活動的資訊。由一七五一年起，海報與官方報紙同時在白勒路（rue Baillette）的「通訊和聚會處」出版，提供有關戲劇、講道、巴黎議會法令、貨物到來、最近出版書籍等的資訊。類似地，《馬德里日記》（*Diario de Madrid*, 1758）中有「馬德里私人消息」，是徵求某人合乘轎式大馬車的廣告和朱字標題「失物」（狗、唸珠等）廣告。

　　倫敦市的哈特里布在十七世紀中葉，想到要爲市民提供

---

[41] 所羅門（1972），頁217-218。

實際的資訊。哈氏的通訊處（Office of Address）或「普遍學習社」（Agency for Universal Learning）一面提供瑞瑙多式的實際服務，一面收集各科知識並向全世界各地傳播。[42] 像哈特里布這樣的外國人，特別感到在大城市中需要指引。哈氏的工作和瑞氏的工作一樣為時短暫，可是二者都啓迪後人，為人所模仿。譬如，一六五七年倫敦的「公共顧問處」（Office of Publick Advice），不但出版《公共顧問週刊》（*Publick Adviser*），也有私人調停的服務。關於為移民登記的則有一六八〇年代前後一個叫梅修（T. Mayhew）的人在倫敦松莫塞特館對面「小雞」（The Pea Hen）成立的情報局。

到了十八世紀，倫敦的職業介紹所和家僕登記處愈形普遍。小說家法官費爾汀（Henry Fielding）一七五一年提出成立「一般登記處」（Universal Register-Office）的計畫，說人口稠密的大城市，需要一個溝通居民之間各種需要和才能的方法。他提議登記待售的房地產、出租的寓所、貸款人、工作空缺、旅遊服務等等，簡言之就是當日一名劇作家所謂的「情報倉庫」。他注意到不登記任何在上一次居住地方品行不好的僕人。難怪費爾汀也負責在一七四九年在丐街警察局（Bow Street Office）成立「英國第一支偵探隊」。費氏認為資訊是對付罪犯的武器，提倡登記劫案的資料。

---

[42] 喬治（George, 1926-1929）；韋布斯特（1975），頁 67-77。

處理知識

　　在大城市等地，知識的系統化是一個更大的推敲或「處理」過程的一部分。這個過程包括了編輯、校核、校訂、翻譯、評論、批評、綜合、以及當時所謂的「摘要敘述和分門別類。」我們可以用流水作業線（Assembly Line）的情形來描寫它。當一個個資訊單元沿著由外地現場到城市的路線移動時，許多不同的人對它有所增益。這便是知識如何「產生」，也就是說把新的資訊轉化爲當時知識分子所謂的知識。我們不能認爲這樣到來的新資訊不帶有中途加上的觀念或分類，而許多「原料」由殖民地進口到母國。譬如，就由東印度群島和西印度群島來的藥草和藥粉來說，顯然在知識到達歐洲以前東、西印度群島當地的土著學者已經予以推敲。[43]

　　儘管如此，要有效地使用這樣的知識，還是必須先把它吸收或納入歐洲文化的各種類別。這個吸收的過程大致是在城市的環境中發生（著名的例外情形是下面第八章將討論到的蒙田和孟德斯鳩在其鄉居的活動）。有人說城市是「思考的中心」，由不同區域而來、關於不同課題的地方資訊，在城市

---

[43] 格羅夫（1991）；艾德尼（1997），頁297。

轉化爲地圖、統計數字等形式的一般知識。古代的亞歷山卓港是早期的例子。像地理學家艾瑞托西尼斯（Eratosthenes）這樣的學者，在其著名的圖書館中將各地來的知識轉化爲一般的知識。[44]

　　近代早期的城市也同樣可稱爲思考、批評和綜合的中心。這個時期的地圖集，清楚例示綜合的情形，如麥卡脫（Mercator）在安特衛普、柏婁在阿姆斯特丹、柯若奈里在威尼斯、荷曼（Homann）在漢堡，或丹維爾（Jean Baptiste d'Anville）在巴黎所繪的地圖集。製圖家丹維爾的若干文稿流傳至今，說明他在綜合的時候，援引了像商人和外交官等旅客的口頭或文字報告。[45] 在將地方性乃至「邊遠」知識納入城市的事務時，也使用問卷的方法（參見本書頁207-208）。問卷和統計資料一樣，便利比較和對比。

　　以這些方式處理知識是一種集體的活動，學者和官吏、藝術家、印刷業者一起參加。只有在大到可以供養形形色色專業的城市，才有這種共同合作的可能。在國際性的分工中，不同的城市各有特殊的貢獻。當路德開始向教宗挑戰的時候，他是在日耳曼城市威登堡的一所新創辦的大學任教。威登堡當時是位於日耳曼文化的邊緣。而喀爾文的日內瓦是

---

[44] 拉圖（1983）；比較傑可布（1996），米勒（1996）。

[45] 傑可布（1999），頁36-37。

位於法國文化的邊緣。[46] 然而，多拜這兩位改革者之賜，威
登堡和日內瓦成了聖城、宗教知識的中心，在路德派和喀爾
文派新教的世界，其地位相當於羅馬。

　　佛羅倫斯、羅馬和巴黎又都是藝術品鑑定的中心。而若
干大學城由於擁有圖書館和教授，在知識的研究上所發生的
作用與其面積大小不成比例。如就醫學知識來說是十六世紀
的帕度亞（Padua）和蒙柏利爾（Montpellier）；就植物學和
阿拉伯研究來說，是十七世紀的萊頓，以及就歷史和俄國研
究來說，是十八世紀的哥廷根。

　　某些歐洲城市中有突出的語言學少數民族。他們在處理
知識上發生了重要的作用，將知識的微觀地理學和其宏觀地
理學聯繫起來。譬如，在威尼斯的希臘人和「斯拉夫人」
（Schiavoni，大多來自達爾馬希亞）參與書籍的撰寫出版。
希臘人參與希臘文籍、「斯拉夫人」參與祈禱文學書籍的撰
寫出版。安特衛普的義大利人、西班牙人、英國人、法國人
等少數民族也積極參與其母語書籍的校訂、翻譯和印刷。阿
姆斯特丹的情形也一樣，該城有俄國人、亞美尼亞人以及較
大的少數民族如法國人以及說西班牙語或葡萄牙語的猶太
人。在安特衛普、科隆（Cologne）、曼茲（Mainz）、狄林根
（Dillingen）和慕尼黑（Munich）這些有耶穌會團體的城

---

[46] 休福勒（1936），頁113。

市，往往有人將有關莫斯科大公國、中國和日本的本國語記事譯為拉丁文，使別處的學者也懂得這些文化，因此將耶穌會士對傳教和對新拉丁文學的興趣合而為一。

此時，非歐洲語文的字典日多，表示歐洲人對世界其他地方的興趣和知識都日漸增加。西班牙的城市出版了一些最初的阿拉伯文字典（1505）和土著美洲印第安人語文的字典，如瓜蘭尼語文（Guarani, 1639）。阿姆斯特丹在一六○三、二三、四○和五○年出版了馬來文和印尼文的字典，無疑是為了聯合荷蘭東印度公司之用。羅馬是傳教工作的中心，自然也出版了衣索比亞文、土耳其文、亞美尼亞文、喬治亞文、阿拉伯文、波斯文和越南文的字典。

許多作者和智識企業家，在處理資訊上也產生個人重要的作用（參見本書頁261-262）。著名的例子有荷蘭人雷特（Johannes de Laet）、法國人杜赫德（Jean-Baptiste du Halde）和日耳曼人華倫紐斯（Bernhard Varenius）與克契。他們都從未離開過歐洲，但也都描述亞洲。雷特曾經敘說鄂圖曼和莫臥爾帝國（Mughal Empire）。華倫紐斯寫過日本和暹羅，克契和杜赫德寫過中國。[47] 這種定居的作家，大多是住在大城市。他們與巡迴採集知識的人如赫南德斯、坎弗或衛匡國的作用相反而又相輔相成。雷特是在萊頓寫作。他在萊頓所能

---

[47] 波文（Bowen, 1981），頁77-90。

使用到的大批東方書籍和手稿，對於他寫莫臥爾帝國是非常必要的。華倫紐斯在阿姆斯特丹寫作。克契在羅馬住了四十年，遂得接觸許多傳教士帶回國來的資訊：卜彌格（Michael Boym）和衛匡國由中國回來，羅斯（Heinrich Roth）由印度回來，馬瑞尼（Filippo Marini）由越南北部和澳門回來。類似地，住在巴黎的杜赫德，常與由中國回來的傳教士交談，校訂他們的報告，發表爲一系列的「陶冶人性的書簡」。

說這些人及其同事（威尼斯的拉姆修〔Giovanni Battista Ramusio〕、里斯本的巴羅斯、羅馬的波德羅、倫敦的哈克路伊、巴黎的丹維爾和狄德羅或阿姆斯特丹的巴婁斯〔Caspar Barlaeus〕、達帕和柏婁）懂得利用其所在大資訊中心的機會，並不減損他們的成就。

像義大利耶穌會士衛匡國這些在「田野」工作的人很了解必須與這些大城市保持聯絡。譬如，前面曾經提到，衛匡國經常與羅馬接觸，並曾親自到阿姆斯特丹把若干地圖交給柏婁。一六五五到六八年間常住在印度的柏尼爾醫師（François Bernier），寫信把資訊傳給在巴黎的友人，回國以後還發表了一本關於印度的書。洛克和孟德斯鳩使用柏尼爾所收藏的資訊，支持其關於由法律到鬼魂等各式各樣課題的一般理論。[48]

---

[48] 柏克（1999b）。

傳播知識

知識在城市經過處理以後，便透過印刷傳播或再輸出。印刷這個媒體，削弱了地理上的障礙，將各種知識由其原來的環境遷出。本章所提到的主要歐洲城市都是重要的印刷業中心。就這一點來說威尼斯、阿姆斯特丹和倫敦的重要性顯著，我們下面將在經濟的脈絡中予以詳析。羅馬是一大印刷業中心，巴黎也是。巴黎的印刷所都集中在聖傑克路（rue Saint-Jacques）的大學區。有人說塞維爾是十七世紀早期西班牙最重要的新聞發表中心。[49] 至少在一開始，書籍流傳的網絡往往是沿著已成立的貿易路線，但是到後來都開闢了自己的一些路線。[50]

為了以一個案例說明這個過程，我們可以探討西方有關來自其他大陸另類藥物的知識。近代早期的西方醫師比接下來科學性的專業醫學時代的西方醫師，似乎較容易接納這些另類藥物。十六世紀曾出版兩本關於外地藥草和藥物的關鍵書籍：一本是葡萄牙醫師達奧爾塔（Garía d'Orta）所著關於印度的書，最初在果亞出版；另一本是西班牙醫師孟那德斯

---

[49] 馬丁（Martin, 1996）；艾汀豪森（Ettinghausen, 1984），頁5。

[50] 瑞文（Raven, 1993），頁14。

所著關於南北美洲的書，最初在塞維爾出版。這兩本書所以聞名全歐，部分是由於有拉丁文譯本。十七世紀時，荷蘭聯合東印度公司的職員又發表了一系列有關東方醫學的文籍，補充西方已有的這方面知識。介紹印度醫學的有邦特（Jacob de Bondt）的《印度人的醫學》（*Medicine of the Indians*, 1642）、格林姆（Hermann Grimm）的《撮要》（*Compendium*, 1679）和瑞迪（Hendrik van Rheede）的十二卷植物誌──《馬拉巴的印度植物園》（*Indian Garden of Malabar*, 1678-1703，在果亞編纂，但在阿姆斯特丹出版）。值得強調的是，這個編纂工作絕非例示西方人發現到以前任何人所不知道的資訊；相反地，它援引土著傳統印度醫學系統。瑞迪的手稿在送到歐洲出版以前，甚至先經過在果亞的印度醫師的修訂。[51]

再往東走，克來耶（Andreas Cleyer）援引在中國傳教的耶穌會士卜彌格的筆記，發表了一本關於中國醫學的書。這本書名為《中國醫學標本》（*Specimen of Chinese Medicine*, 1682）的書，討論了許多課題，包括中國人如何把脈。而瑞吉尼（Willem ten Rhijne）一六八五年在倫敦出版的書中，又探究傳統日本的醫學（針灸、艾灸）和植物學（尤其是茶和樟腦植物）。

十七世紀時，孟那德斯的著作也得到補充，不過沒有達

---

[51] 巴克塞（1963）；費格瑞多（1984）；格羅夫（1996）。

奧爾塔的著作所得到的補充詳盡。一六二八年，西班牙醫師赫南德斯在奉菲利浦二世命前赴墨西哥旅行所收集的資訊，在羅馬以拉丁文發表。而一六三〇年代荷蘭遠征柏南布可（Pernambuco）隨軍醫師皮索（Willem Piso），也發表了論美洲印第安人醫學的《巴西醫學》（*The Medicine of Brazil*, 1648）一書。歐洲學者近來已承認異域植物分類學對非西方分類的負欠，如達奧爾塔對阿拉伯人，或赫南德斯對那胡亞托人（Nahuatl）系統的負欠。[52]

在全球脈絡中的發現

歐洲人發現廣大世界，這本身就一個廣大趨勢中的一部分──亞洲人也發現了美洲和歐洲。譬如，以鄂圖曼帝國來說，我們在前面已談到瑞斯對美洲的興趣。為土耳其君主穆拉德三世所寫的西印度群島歷史，引用了戈摩拉（López de Gómara）、奧維多（Oviedo）和澤拉特（Zárate）的著作。麥卡脫的《地圖集》（*Atlas*）十七世紀中葉譯為土耳其文。柏婁的《地圖集》奉麥穆德四世旨於一六七〇年代譯為土耳其文。[53] 這些譯本當時是手稿形式。但是一七二七年在鄂圖曼

---

[52] 格羅夫（1996）；柏斯塔曼特‧賈西亞（1997）。

[53] 卡拉穆斯塔法（Karamustafa, 1992），頁218。

帝國短暫成立的出版社，其極少數推出的書中，有一本便是戈摩拉著作的譯本。

當然，一四五〇年以前阿拉伯人已發現了歐洲。因此要再往東行，才會有人對前所未知的歐洲有興趣。義大利耶穌會傳教士利瑪竇十六世紀後期在他中國的寓所，展示了一幅歐洲式的世界地圖，這幅地圖吸引了一些注意力。中國皇帝有一個副本，而中國的地理志書中也將它收了進去，不過它對中國的繪製地圖的傳統無大影響。[54]

中國人對西方興趣不大，日本卻不然。雖然日本政府實行鎖國政策，或許正由於這個政策，有的日本人對外國文化產生了極大的興趣，尤以自十八世紀後期以後為然。長崎的翻譯人員是最早對西方知識發生興趣的人，當時稱為「蘭學」。一六二五年前後所製的一個日本屏風，上面有一幅由一五九二年普蘭修斯（Plancius）地圖衍生的世界地圖。而幕府大將軍旋即據有一幅柏婁一六四八年的世界地圖。日本人日漸好奇，有的日本學者開始去長崎打聽西方的種種，譬如嵐山豐丹在那兒研讀西方的醫學，並於一六八三年出版了一本這方面的教科書。一七七二年時，日本刊行了胡布那（Hübner）地理學荷蘭文譯本中的部分內容。有一群日本醫師將一本解剖學教科書從荷蘭文翻譯成日文，並於一七七四

---

[54] 葉（Yee, 1994b），頁170，174-175。

年出版。學者大槻玄沢在造訪長崎以後，一七八八年發表了一篇對西方知識的介紹。一直到一八〇〇年前後，「蘭學」專家才發現荷文不一定是最有用和必須學會的西方語言。[55]

　　和歐洲人一樣，中國人和日本人處理異域知識的方法是將它轉化成自己的範疇，並將這些知識安置在自己的分類系統中。下一章我們將討論知識分類的問題。

---

[55] 海野（1994），圖11・22，頁434。

5

將知識分類：
課程、圖書館和百科全書

人類思想的類別從不固定於任何一種明確的形式。有
人不斷地創造類別、取銷類別和再創造類別：它們因時
因地而變遷。

涂爾幹

　　上面一章所述知識的精益求精，其最重要的因素之一是
知識的分類。現在我們應該較詳盡地談這個課題，看一看如
何將新知識納入傳統的架構，或在容納新的事物的過程中，
傳統的架構在經過一段長時間以後如何改變。如涂爾幹所
云，分類的系統經過不斷的創造、取銷和再創造。[1]

---

[1] 涂爾幹（1912），頁28；比較渥斯來（1956）。

知識的人類學

　　上一章中，所談爲近代早期知識的地理學。本章簡略所談，則可以稱爲其「人類學」；因爲自涂爾幹起，人類學家的新傳統，是認眞地看待其他民族的範疇和分類，並調查研究其社會脈絡。這個傳統的經典著作中，有葛蘭言的《中國思想》（*Chinese Thought*, 1934）和李維史陀的《野蠻心態》（*The Savage Mind*, 1962）。譬如，葛蘭言形容中國人陰和陽這類的範疇，是有形或「先邏輯」（prelogical）思想的例子。李維史陀不接受先邏輯的想法，但他也強調像美洲印第安人這樣所謂原始民族的有形範疇。這些民族以「生」和「熟」的類別區別事物，正像我們所作「自然」和「文化」的對比。[2]

　　一九六〇年代，傅柯已認識到：近代早期西方的範疇系統和今日我們的範疇系統非常不同，以致需要用人類學的方法加以研究。我們由近代早期繼承了一些術語，如「魔術」或「哲學」這樣的字眼，但是由於思想體系已經改變，這些術語的意義也有了改變。爲了避免爲這些「錯誤的友人」所欺詐，我們必須與歐洲的範疇保持距離，學著將他們視爲像中文術語一樣地陌生或造作。傅柯爲了說明這一點，借用了

---

[2] 葛蘭言（1934）；李維史陀（1962, 1964）。

波赫斯（Jorge Luis Borges）的一個寓言。波赫斯說，在中國
百科全書中，動物的範疇有屬於皇帝的動物、用工筆畫成的
動物、遠望似蒼蠅的動物等等。這則寓言生動地說明由外面
看任何範疇系統，顯然都是武斷的。[3]

　　上一代的若干文化史家，許多是在近代早期進行工作。
他們借助於分類系統的研究。[4] 對某些學者而言，近代早期
的歐洲是一個對分類學有極大興趣的時期：瑞士學者吉斯納
（Conrad Gesner）在其動物自然史上（1551）、波隆那學者艾
卓凡迪（Ulisse Aldrovandi），都表現出這樣的興趣。瑞典植物
學家林奈（Carolus Linnaeus）也許是最偉大和最有系統的智
識分類學家，但是對這方面有興趣的人很多。[5] 然而，本章
的主旨是知識本身的分類學。它是各種分類學的分類學。我
們集中注意力於學術知識，但也設法將它放在另類知識的脈
絡中。

形形色色的知識

　　在近代歐洲，不同的群體以若干不同的方式來分類知

---

[3] 傅柯（1966），頁54-25；比較艾肯納（1981），克瑞克（1982）；張
（1998），頁19-24。

[4] 凱利和巴布金（Popkin, 1991）；達斯頓（Daston, 1992）；齊德梅耶
（Zedelmaier, 1992）；楠川（1996）；凱利（1997）。

[5] 傅柯（1966）；奧米（Olmi, 1992）；柯納（Koerner, 1996）。

識。本節討論的是幾種最普通的區別。需要記住的是各種範疇隨時變化，往往或明或暗地為人爭論；不同的個人或群體在不同的地方加以區劃。下面第九章將討論確切知識與不確切知識間的區別。

　　一個一再出現的區別，是理論的與實際的知識間的區別。前者是哲學家的知識（或曰「科學」），後者是經驗主義者的知識（或曰「藝術」）。一四○○年前後米蘭主教座堂的修築，生動地說明這兩個類別在現實脈絡中的使用。教堂修築了一半，法國建築師和當地泥瓦匠師傅發生了爭議。泥瓦匠開會，主張「幾何這門科學不能用在這樣的事上，因為科學和藝術不是一回事。」主管修築的建築師回答說：「沒有科學的藝術，」（易言之，沒有理論的實踐）「毫無價值。」[6]

　　另一個一再出現的區別是公開與「私有」知識間的區別。此處所謂「私有」知識，並非「私人」知識，而是侷限於一個特殊精英群體的知識，包括政府的秘密（將在下章討論）以及自然的秘密，也就是有時所謂的「玄奧哲學」。譬如，煉金術的秘密是透過友人與同事的非正式網絡傳遞，有時以密碼傳遞，或在秘密會社中傳遞。技術性的秘密在工匠的基爾特中分享，但外人不得與聞。各種秘密間的鏈環不只

---

[6] 艾可曼（Ackerman, 1949）。

是語源學的鏈環。[7]

　　究竟什麼樣的知識應該公開，是一個引起爭論的問題。在不同的世代和在歐洲不同的地方，對這個問題有不同的答案。宗教改革中的一項，是關於宗教知識的辯論。路德等人主張俗界也應該分享宗教知識。在義大利、英國等地，改革法律的人也主張應該將法律譯為各種本國語言，使一般人不受「律師的虐待」。[8]有的學術性團體或多或少是秘密團體，而又有一些學術性團體，如倫敦的皇家學會，設法將知識公開。長期下來，公開知識這個理想的興起，在近代早期歷歷可見，並與印刷機的興起有連帶的關係。[9]

　　合理合法知識與禁戒知識之間也有類似的區別。後者不但要對一般公眾保密，也要對人類保密。多大的智識上的好奇心算為合理正當而非「虛榮」或罪惡，是爭辯的主題。譬如，宗教改革家喀爾文遵照聖奧古斯汀（St Augustine）的說法，譴責好奇心理。但是如前（參見本書頁64）所述，到了十七世紀，「好奇」一字往往指對學者的贊同，尤其是對君子學者的贊同。[10]

　　一五四〇年代道明會修士托洛聖尼（Giovanni Maria

形形色色的知識

---

[7] 普艾西比（Principe, 1992）；艾蒙（1994）。

[8] 希爾（1972），頁269-276；杜雷（1999），頁83。

[9] 葉特斯（1979）；斯托雷（Stolleis, 1980）；艾蒙（1994）。

[10] 布魯門伯（Blumenberg, 1966）；金斯伯格（1976）；肯尼（1998）。

Tolosani）的區別較高級與較低級知識，提醒我們在這個時期層系在知識的思想組織中的重要性。[11] 至少在男性的心目中，包括公眾領域知識在內的男性知識，比多少侷限於虔敬信仰與家務事的女性知識更爲高超。

「文理科」知識與「實用」知識間的區別，由來久遠。近代早期仍有這種區別，不過在某些圈子中，對於這兩種知識的相對評價正在逆轉。在一四五〇年或者甚至在一五五〇年，「文理科」知識，如對希臘文和拉丁文經典著作的知識，地位很高。而「實用的」知識，如貿易或生產過程的知識，都與其所有人──商店主人與工匠一樣，地位低下。按照當時尚在使用的中古分類法，上流社會視工匠爲七種「機械技巧」的開業者。傳統上，這七種技巧是製衣、造船、航海、農業、狩獵、醫療和演戲。[12]

譬如，英國數學家華里斯（John Wallis）在自傳中說，他研究的科目在十七世紀早期一般不認爲是學術性的研究，而是與「商人、水手、木匠、土地測量者」有關的機械性研究。

認爲文理科知識超越實用知識的想法，生動地例示維布倫所謂的「有閒階級」，其主宰舊政制所造成的思想上後

---

[11] 費德海（Feldhay, 1995），頁 207。

[12] 克瑞斯泰勒（1951-1952），頁 175；羅西（1962）。

果。不過這種超越的地位在這個時期已逐漸損減。下面我們還會談到這一點。

　　那個時候，大家常拿專門性的知識和一般或者乃至普遍性的知識做對比。十五世紀時，義大利的某些領域很重視「多才多藝者」的理想。帕米艾瑞（Matteo Palmieri）的《平民生活》（*Civil Life*）一書，說：「一個人可以學會很多東西，可以成為通曉許多優異的藝術的全才。」佛羅倫斯的詩人學者波里濟安諾（Angelo Poliziano）支持這種理想，由他談普遍知識的小書上可以看出。人文主義者皮可（Giovanni Pico della Mirandola）也支持這種理想。當時皮可是一位年輕而又大膽的學者。一四八七年他在羅馬的公開辯論中，提議辯護一張有九百個課題的清單。由該清單也可看出這種理想。伊拉斯摩斯的對話錄《西塞羅式》（*Ciceronian*, 1528）中，有一個角色形容皮可是一位多才多藝的全才。

　　什麼都懂或者至少什麼都懂一點，在本書所討論的時期始終是一個理想。這種知識稱為「一般學術」。這個詞彙在捷克教育改革家柯曼紐斯及其門徒的著作中，是一關鍵詞彙。劍橋大學導師巴羅在其論著《論勤勉》一書中說：「不是一個什麼都懂的學者，很難成為好學者。」由於「事物互相關聯和對各種觀念的依靠，」「一部分學問燭照另一部分學問，」因而，一般性的知識是有必要的。有好幾位著名人士例示博學的理想。法國地方行政長官培瑞斯克的興趣包括

了法律、歷史、數學和埃及學。瑞典學者羅伯克（Olaus
Rudbeck）在解剖學、植物學、醫學和歷史學都很活躍。日
耳曼耶穌會士克契寫過有關磁性、數學、採礦、音樂、哲學
及其他科目的文字。摩荷夫有一本書爲《博學者》（1688），
他鼓勵用這個字形容一般知識的理想。[13]

　　儘管如此，日後大家還是逐漸拋棄了這個理想。在其
《神聖聯邦》（ *Holy Commonwealth,* 1659）一書中，宗教作家
拜克斯特（Richard Baxter）已經懊悔地提到當日知識的割
裂。他說：「我們根據自己能力的偏狹將藝術和科學分成片
段，而不能淵博到一窺全貌。」《百科全書》中論「文人」
一文更逆來順受，說人類已不可能有普遍的知識，也只有鼓
勵「哲學精神」以期避免狹隘的專門化。

　　甚至知識分子間或也區分有時稱爲「書本上的學問」與
對事物的知識。譬如，柯曼紐斯強調研究事物比研讀文字重
要。人文學者批評學究式哲學家的多言與吹毛求疵、「學派
術語」也隱含類似的區別。[14] 量的知識與質的知識不同，前
者日益受到重視。伽利略有一句名言：自然的大書乃是以數
學的語言寫成。由十七世紀中葉起，對政府有用的資訊漸漸
排成「統計數字」的形式。

---

[13] 施密德–比格曼（Schmidt-Biggemann, 1983），頁 xiii-xiv，141-154；華凱
　　（1993b）；塞堅森（Serjeantson, 1999）。
[14] 柏克（1995b）。

形形色色的知識

　　然而對本章而言，最重要的是學術知識及其各種領域。
「領域」（Field）是知識富揭示性的隱喻。它在西方文化中存
在已久，至少早到西塞羅（Cicero）的時候。在上面已提到的
《百科全書》那篇文章，鼓勵文人進入各種不同的領域，即使
不能什麼都懂也不要緊。這篇文章使用「領域」（terrain）一
字，使我們想到學者農夫在面對其學科鄰人的侵略時，防守
其知識的勢力範圍。這種「領土的誡命」過去和現在在知識
世界和在政治學和經濟學的範圍都是重要的。我們也可以說
本章的主題是近代早期學術機構及其各種領域（domain）的歷
史地理學，或者用林奈的話──其各個「王國」（kingdom）。15

　　由中世紀到十六世紀，另一個藉以想像知識系統的關鍵
隱喻是一棵樹及其樹枝。除了知識的樹如一三〇〇年前後所
寫成、而在近代早期多次重印的勒爾（Ramon Lull）著《知
識樹》（*Arbor Scientiae*）以外，尚有邏輯樹（所謂「斑岩
樹」）、血緣樹、文法樹、愛情樹、戰鬥樹、乃至一棵耶穌會
士樹（模擬「耶西的樹」〔Tree of Jesse〕，聖依納爵〔Ignatius〕
在樹下）。16 一五七九年，我們可以說它是「法國政府的器
官圖」的情形，被描繪爲「法國社會階級與職官樹」。一六
一二年，日耳曼律師吉爾豪森（Ludwig Gilhausen）發表了一

---

15 薩蒙（Salmond, 1982）；貝奇（1989）。
16 羅西（1960），頁47，51-61；拉德納（Ladner, 1979）；泰嘉（Tega,
　　1984）；塞瑞（Serrai, 1988-1992），卷2，頁120-131。

篇稱爲「審判樹」的論文。

　　以一棵樹來設想，我們會想到「具有支配力量的」和「從屬的」之間的區別，幹與枝之間的區別。勒爾和吉爾豪森由下面的根到上面的小枝，花朵和果實，一直用這個隱喻。這種樹的形象例示文化史中一個最重要的現象：將傳統上的事物事予以自然化，或把文化當作自然來呈現，把發明當作發現。這表示否認社會群體當爲各種分類負責，因而支持文化的繁殖和抗拒創新的企圖。

　　十七世紀時，又用了一個更抽象的字眼取代「樹」，來描寫知識的組織。這個字眼是「系統」（System），它與古代斯多噶學派的哲學家有關。它可以用於特殊的學科，也可以用於全部的知識，如凱克曼和艾爾斯泰德（Johann Heinrich Alsted）所提的「諸系統中的系統」。[17] 一六一二年，也就是傅柯以前的三百五十年，艾爾斯泰德使用「考古學」的隱喻去描寫對各種學科的系統下諸原則的分析。爲了檢查學術知識的分類在歐洲的大學中以什麼方式進入日常的實際應用，我們可以依次檢查三個次系統——一個由課程、圖書館和百科全書組成的知識三足鼎。

　　我們不當認爲這三個體系毫無問題地反映出有關知識組織的一般思維類別或構想。對於每一個地區的發展，確乎都

---

[17] 吉爾伯特（1960），頁214-220；齊德梅耶（1992），頁125。

可以有內化式或地方性的解釋。譬如，課程有時令受到各大
學微觀政治學的影響：一個新講座的成立可以是來自一次成
功的戰役。同樣地，課程的改變也可能是為了回應今日看來
是學究式的需要。十八世紀的亞伯汀（Aberdeen）是一個例
子：由於柯曼紐斯主張具體的知識比抽象的知識重要，邏輯
課便從大學一年級的課程中刪除。[18]

　　同樣地，圖書館的組織顯然也受到財務上和建築學上的
制約。[19] 百科全書這種產品在市場公開出售，同時也承受從
市場而來的壓力。這一點將在本書下頁中再討論。然而，在
這三個體系重疊之處，基本的類別即使無法顯示一般人口的
想法，也能顯示大學人口的想法，或表示法國歷史學家費夫
賀所說的他們的「思維設備」。

學科與教學

　　課程是一個出於古典時代各種運動競技的隱喻。像一門
課（Course）一樣，它是學生得沿著跑的路線，它是「許多
學科」（disciplines）的一個調配或體系。譬如，古羅馬的西
塞羅和華羅（Varro）已經形容文藝和法律為「disciplinae」。

---

[18] 伍德（Wood, 1993）。

[19] 齊德梅耶（1992），頁112起。

這個字乃由「學習」（discere）一字衍生。在近代早期，像西班牙人文學者維弗斯這樣的人，把這個字用在學術的脈絡中。[20] 這個字眼不是一個不帶色彩的字眼。在古典世界，它與運動競技、軍隊和強調自制的堅忍禁欲哲學有關；在中世紀，這個字與修道院、苦行和懲罰有關；十六世紀時，喀爾文派尤其談到教會的紀律（discipline）。有些像馬基維利這樣的世俗作家，像古羅馬時代一樣，把這個字當做軍隊的紀律解。這些觀念上的聯想，對於知識的討論很有關係，因為十六世紀時學校、大學以及教會都有「分科目」的運動。

　　談到複數型的「科目」，則會有把後來時代的科目衝突投影到近代早期的風險。科學性的學科，一般尤其認為是十八世紀後期和十九世紀早期的「發明」。[21] 年代錯置一直是件危險的事。然而，還有一種相反的危險，就「專業化」的辯論來說，那便是把近代早期和近代晚期劃分得太清楚。一八○○年前後新出現的，不是學科這個構想的本身，而是其制度化為「學系」。據《牛津英語字典》（*Oxford English Dictionary*）的說法，英文中在一八三二年初用此字。甚至這些學系也主要不是新的發明，而是充實增益中古大學所謂的「faculties」。這個字很有伸縮性，同時是指一種才能、一種知識和一個法人群體。

---

[20] 凱利（1997），頁 ix。

[21] 斯提奇威（1991）；比較雷諾瓦（Lenoir, 1997）。

我們很容易把「faculties」，這個字過分照字面解釋，而因此誇大近代早期學院中各種科目間的界限。少數才智之士情願並且有能力教授各種科目，而學校的制度也允許他們這樣做。「化學家」李巴維斯（Andreas Libavius）在耶納教歷史和詩歌，而「政治科學家」康林在荷姆斯特教醫學。荷蘭自然哲學家波爾海夫（Herman Boerhaave）是一位身兼數職的人，在萊頓大學同時兼任醫學、植物學和化學講座。「自治」這個隱喻也富有啓示性，並且證實艾里亞斯所說大學學系與民族國家間的相似。「自治」的問題這個時候尙未發生，或者至少尙不嚴重。譬如，有人說數學和天文學在牛津和劍橋是「半解放的」科目。在原則上，數學和天文學還是哲學的一部分，但是在實際上，這兩個科目有相當的獨立性。[22]

課程的組織

　　一四五〇年時，歐洲大學的課程是一個由科英布拉（Coimbra）到克拉哥的網絡。它相當地一致，使學生可以輕易地由一個學校轉到另一個學校就讀。[23] 第一個學位是學士學位，包括修完七種文理科的課程。這七種課程分爲兩部

---

[22] 范戈德（1984），頁17。

[23] 柯斯泰羅（Costello, 1958）；布魯克里斯（1996）。

分:比較初級的三種課程是關於語言的課程,即文法、邏輯和修辭學;比較深奧的四種課程是關於數字,即算數、幾何、天文和音樂。實際上要學的還有三種哲學,即倫理學、形而上學以及所謂的「自然哲學」。讀最後這一門特別要參考亞里斯多德的《物理學》(*Physics*)和《論靈魂》(*On the Soul*)。[24]

唸完第一個學位可以再唸神學法律和醫學中的任一種。這種三元的設計在中世紀相當普遍。那個時候,社會上分為祈禱的、打仗的和耕作的三種人,另一個世界則分為天堂、地獄和煉獄。法律是指所謂的「二種法律」──民法和宗教法。一般認為法律的地位高於醫學、低於神學,且是「諸科學中之最有權力者。」神學、法律和醫學這三門較高的科目被認為是比較「高尚的」。「高尚」的這個字也表示社會階級反映到智力的世界。我們在下面將談到近代早期的歐洲延用這個中古的制度而未加以改造。那十個基本要素(3＋4＋3)仍然保持其地位,不過逐漸地也加入數目日增的新科目如歷史和化學。

雖然我們在第三章中也談到其若干明顯的相似之點,但在最重要的地方,這個制度和回教的制度是相異的。在回教的制度中,「外方科學」(主要是算數和自然哲學)與「回

---

[24] 格蘭(Grant, 1996),頁 42-49。

教科學」（不僅包括可蘭經與先知語言的研究，也包括回教
法律、神學、詩歌和阿拉伯語言）之間，有基本上的區別。
在基督教國家，儘管神學地位很高，可是在其制度中不區別
基督教與非基督教的學科。同樣地，基督教徒以「知識」
（Scientia）一字同時指宗教和世俗的知識，而回教徒卻用不
同的字區別宗教知識和世俗知識。[25]

圖書館中書籍的排列次序

　　傳統學科制度的「自然」外表，又爲三足鼎的第二足所
加固。這第二足是圖書館中書籍的排列。照例吉斯納所謂的
「書籍的次序」，是複製大學課程的次序。[26] 它將這個分類制
度弄成實質的、物質的和空間的，於今猶然，因此支持了這
種制度。由當時存到今天的圖書館，使我們可以確實地研究
傅柯著名的「知識的考古學」，檢視古代分類制度的物質遺
存。公私立圖書館的目錄和參考書目（參考書目的形式像是
想像中的圖書館）往往按照同一次序，只有少數的變化和修
改。[27] 譬如，一六〇五年所出版的鮑德聯圖書館目錄，將書

---

25 羅森陶（Rosenthal, 1970）。
26 布薩（Bouza, 1988）；察提爾（1992）；齊德梅耶（1992），頁112。
27 拜斯特曼（Besterman, 1935）；波拉德（Pollard）和厄曼（Ehrman,
　 1965）；塞瑞（1988-1992）；麥基特瑞（Mckitterick, 1992）。

籍分爲四大組──文藝、神學、法律和醫學，並附有一般作者的索引以及對亞里斯多德和聖經的評論的特別索引。

　　第一本印刷的參考書目（1545），是一項可觀的學術成就，其編纂是經過多年的旅行與研究。編者吉斯納對於分類書籍和分類動物一樣感興趣。這本參考書目列有三千名作者所撰寫的一萬來冊書。第二本印刷的參考書目名爲《總論》（*Pandects,* 1548），是關於主題的分類，也就是吉斯納所謂的「一般和特殊排列」。這本書分爲二十一節，一開始是上述初級的三種科目，接下來是詩歌、四種較高級的科目、天文學；占卜和魔術；地理學；歷史學；機械藝術；自然哲學；形而上學；道德哲學；「經濟」哲學；政治學；以及最後三個較高分科──法律、醫學和神學。[28]

　　比較性的研究顯示，這種排列書籍的方式，並非僅有的可能方式。譬如，由七到十九世紀，中國的主要書籍分類方法是見於乾隆皇帝《四庫全書》的分類方法，也就是分爲經、史、子、集四類。[29] 回教法理學家伊賓・嘉瑪（Ibn Jama）建議用教階組織的次序排列書籍。這種方法與基督教所用的方法很不一樣。「如果書籍中間有一本可蘭經，則應把它放在最重要的地方，其次是記錄先知言語的書，其次是

---

[28] 塞瑞（1990；1988-92，卷2，頁211-571）；齊德梅耶（1992），頁3-153。

[29] 椎吉（Drège, 1991）、蓋伊（Gruy, 1987）。

詮釋可蘭經的書，而後是解釋先知言語的書，而後是神學，而後是回教律。如果有兩本書屬於同樣的知識，那麼包含最多引可蘭經和先知言語的一本應放在前面。」[30]

百科全書的排列

三足鼎的第三足是百科全書。[31] 百科全書（encyclopaedia）一字乃希臘字，照字面解是「學術界」，最初所指是教育性的課程。這個字所以用在某些書上，是因爲它們的組織和教育系統一樣。所以這樣組織，或是爲了協助高等教育機構中的學生，或是爲了提供這些機構的一個代用品，一個自修的課程。那個時候，似乎有人還能學問廣博到無所不知。難怪有時編纂百科全書的人，是大學教授，如在巴維亞（Pavia）或威尼斯執教的華拉（Giorgio Valla），或在日耳曼赫本（Herborn）執教的艾爾斯泰德。

我們可視百科全書及其類別爲對知識看法的表現或體現，乃至對世界看法的表現或體現（畢竟，由中世紀起，往往有人形容世界爲一部書）。[32] 因而，中古百科全書的沿用

---

[30] 謙伯蘭（1994），頁161。

[31] 威爾斯（Wells, 1966）；狄爾斯（Dierse, 1977）；卡弗克（Kafker, 1981）；艾波（Eybl）等（1995）。

[32] 克提烏斯（Curtius, 1948），頁302-347；吉爾瑞其（Gellrich, 1985）。

到近代早期乃至有時重印，是一件意義深長的事。譬如，博
韋的文森（Vincent of Beauvais）所編的《鏡子》（*Speculum*）
一五九〇年在威尼斯重印，一六二四年在杜艾（Douai）重
印。在杜艾重印的時候，書名中的隱喻改裝，以適應印刷的
時代。這部書便稱為《世界的圖書館》（*Bibliotheca Mundi*）。

　　文森的百科全書分為四部分，分別收納自然的世界、教
義、道德和歷史。十六世紀的百科全書也按主題組織，其主
要的類別往往對應中古大學的十門學科。譬如一五〇二年初
版，十六世紀中多次重印的來希（Gregor Reisch）編百科全
書，共分十二本，概括初級的三種課程、較深奧的四種課
程，以及自然和道德哲學。可是華拉像任何好的人文主義者
一樣，在其所編的百科全書（1501）中把初級的三種課程和
詩歌、倫理學及歷史合併在一起。[33]

　　為了說得更清楚，我們可以回頭再看中國百科全書的組
織。此處所說的是明、清二代印刷出來的百科全書的組織，
而非波赫斯生動想像中的百科全書組織。最普遍的排列，是
天象；地理；君王；人倫；政府；禮儀；音樂；法律；職
官；爵位；軍事；家政；財產；衣著；車輛；工具；食物；
器皿；手藝；西洋棋；道教；佛教；酒類；醫藥；自然歷
史。這個系統的複雜與中國書籍的簡單分類成一對比，是值

---

[33] 狄爾斯（1977），頁11起；施密德–比格曼（1983），頁34-35。

得注意的事。[34]

主題書

　　到此為止，我們是在所謂宏觀的層次思考知識的思想結構。不過微觀的層次也應談談。亞里斯多德在其《新工具》（ *Organon* ）一書中，詳細說明了十個一般性的範疇（物質、量、質、關係、空間、時間、位置、情況、行動、激情）。當時這些類別廣為人知也應用廣泛。（事實上今日我們雖已不再認為它們是一個封閉的系統，卻仍在使用它們）。十五世紀荷蘭人文主義者阿格列可拉（Rudolf Agricola）在其論邏輯的一文中，推衍這十個類別為二十四個課題，以便更迅速地找到論點。課題可以當作伊拉斯摩斯所謂的「裝文件格架」來使用。[35]

　　路德的同事友人麥蘭奇桑一五二一年出版了一本極佳的神學教科書，名為《主題》（ *Commonplaces* ）。他將他的意思分為十種特別的「主題」（「地點」〔places〕或「頭」〔heads〕），我們用同樣的隱喻，稱之為「課題」（topics）或「標題」（headings），如神、創造、信仰、希望、慈善、罪

---

[34] 鄧和比格斯塔（Biggerstaff, 1936），頁110。

[35] 施密德–比格曼（1983），頁8-15。

惡、神恩和聖事。而天主教徒則可以看西班牙道明會修士卡
諾（Melchor Cano）的論著《神學課題》（*Theological Topics*,
1563）。西班牙耶穌會士拉巴達（Francisco Labata）所著《宣
道者的工具》（*Inustrument of Preachers*, 1614）中，按字母順序
列出道德或神學的一般主題，如品德、七大罪和四種永恆的
事情（死亡、審判、地獄和天堂）。有人也設法推出其他如
法律及自然哲學等學科的類似手冊。勤勞與怠惰這些相反的
事物往往並列，這樣戲劇性的對比有助於知識的取得。下面
第八章再詳細討論這一點。[36]

　　瑞士醫師茲文格在《人類生活舞台》（*Theatre of Human
Life*, 1565）他這本各種課題的百科全書鉅著中，不但收納了
特殊學科的主題，也收納了比較一般性的主題。這部百科全
書乃根據另一位瑞士學者來可西尼斯（Conrad Lycosthenes）
所遺贈給他的手稿（大約是一般的書籍）所寫，但是茲文格
加以重新排列。一五八六至八七年這部百科全書的第二版問
世，並擴充為四冊。十七世紀中，法蘭德斯天主教徒貝耶林
克（Laurentius Beyerlinck）修訂並擴充奉基督新教的茲文格
編百科全書，而且給它不同的宗教色彩。貝氏的百科全書沿
用茲文格百科全書的名稱，共分八卷，一六五六年在盧文出

---

[36] 吉爾伯特（1960），頁125-128；施密德-比格曼（1983），頁19-21；摩斯
（Moss, 1996），頁119-130。

版。看一看謙伯思（Chambers）的《百科全書》（*Cyclopedia*），便可清楚看出這種主題書的傳統在十八世紀仍甚活躍。[37]

重新排列系統

　　三足鼎的三隻足互相支持，使其範疇看上去很自然，因而有助於文化的繁殖，而使另類的方法不自然乃至荒謬。十五世紀初年佛羅倫斯人文學者薩魯塔提（Coluccio Salutati）與近三百年後的康德（Immanuel Kant）都著有大學科目互爭一日之長的書。並列這兩部書，可以看出傳統知識想法的流傳。這兩本書的焦點都是神學、法律與醫學間的衝突，因為這些「高級」學科在整個近代早期都保有其支配力量。儘管如此，在文藝復興和啓蒙運動這兩個時代之間，學術性知識的體系中還是發生了一些重要的變化，一些「重新設計」和「重新為制度塑形」的傾向。[38]

　　連續（或繁殖）逐漸不敵改變。在理論的層次，這種轉變可以由改革知識分類計畫的數目看出。有些計畫乃由著名的哲學家如培根、笛卡爾、洛克和萊布尼茲所提出，譬如萊

---

[37] 施密德－比格曼（1983），頁59-66；姚（Yeo, 1991, 1996）；布來爾（1992）；戈耶特（Goyet, 1996），頁441-443；布來爾（1997），頁46-48。

[38] 勒緬等（1976）；吉亞德（1991）。

布尼茲對於改革圖書館和百科全書都有興趣。[39] 擬定計畫的某些人在歷史上卻不很知名，如拉姆斯（Petrus Ramus）、凱克曼、艾爾斯泰德和克契。

法國學者拉姆斯攻擊亞里斯多德和西塞羅所使用和建議的分類法，說後者混亂而又把多種文藝混在一起。拉姆斯重劃邏輯與修辭學之間的界線。在拉氏自己的系統中，最有作用的是以表列出的雙體對照。[40] 拉氏的門徒將這些「二分法」放進百科全書及教科書中，如茲文格的《人類生活舞台》。再譬如，李巴維斯雖然在其他方面反對拉姆斯，卻以這種二分法說明化學。一五八〇年代，福瑞（Thomas Frey〔Freigius〕）和佛朗斯（Abraham Fraunce）分別在民法和習慣法的分析中引用拉氏的方法。甚至英國人達林頓（Robert Dallington）一六〇五年出版的托斯卡尼（Tuscany）述描中，也包括以拉氏方法所做的「論說分析」。

法國人薩維尼（Christofle de Savigny）以橢圓形圖表所表示的「所有文藝和科學」分類，比較不固定和其伸縮性。在這個橢圓形的邊緣上，是一個由前述初級三門學科、四種較深奧學科，以三門較高專科、外加詩歌、光學、地理學、宇宙學、物理學、形而上學、倫理學和年代紀等十八門學科

---

[39] 福臨（Flint, 1904）；羅西（1960）；蕭特－亞伯特（Schulte-Albert, 1971）。

[40] 翁（Ong, 1958）；吉爾伯特（1960），頁129-144。

環節所構成的鎖鏈。在橢圓形的中心飄浮了七十五個小橢圓形，用線索繫成七十五個汽球一樣，是以上十八門學科的細分。這個圖表比拉姆斯的二分法，在表現科際關聯上更具伸縮性。

也有人不喜歡拉姆斯。譬如，當時的人有的認爲他對亞里斯多德的批評是弒君之罪。馬洛（Christopher Marlowe）在其劇作《巴黎大屠殺》（*The Massacre at Paris*）中將這一點戲劇化：當蓋斯公爵（Duke of Guise）認爲拉姆斯是持異端邪說的人而要殺他時，問他道：「你不是嘲笑亞里斯多德的理則學爲一堆虛誇嗎？」雖然如此，拉姆斯的某些批評卻廣爲學者接收，並有人設法把它們納入給知識分類問題的折衷解決辦法中。譬如，艾爾斯泰德設法把亞里斯多德、拉姆斯和勒爾的分類法合併在一起（前面我們已提到勒爾的知識樹）。克契的《知識的偉大藝術》（*Great Art of Knowledge*）也想做新的綜述，並也用了勒爾的辦法。萊布尼茲也曾討論勒爾和艾爾斯泰德的分類。[41]

培根對於這個問題的解決辦法很大膽，這很像是他做的事。培根曾經宣布他有意取代亞里斯多德的地位，他有一本著作取名《新工具》（*New Organon*）。培根以頭腦的三種能力——記憶力、推理力和想像力——爲他的分類的基礎。譬

---

[41] 羅西（1960），頁179-184，239；施密德-比格曼（1983），頁100-139。

如，他將歷史歸於「記憶」類、哲學歸於「推理」類，詩歌歸於「想像」類。[42] 檢查十七和十八世紀的課程、圖書館和百科全書，我們便會發現培根的重新分類法在當時的各種分類法中是最成功的一種。

課程的重組

課程的重組乃依循幾種模式。分化、專門化、乃至所謂的「割據化」，是一再出現的趨勢。[43] 新的學科因分裂而得到自主權，像日後二十世紀的許多新國家一樣。豐騰耐爾是法國科學院的秘書，他在其所寫的法國科學院歷史（1709）中說，一六五〇年時的物理學像一個「巨大但被拆卸的王國」，其中天文學、光學和化學，已經幾乎獨立。我們在此又回到前面所說的「知識勢力範圍」的問題。

課程的重組在各大學有不同的形氏，但是少數幾種一般的趨勢歷歷可見。在波隆那或羅馬的大學中，變化是逐漸的，四種較深奧的科目逐漸比三種初級的科目佔優勢。[44] 在許多大學中，另一種制度入侵或滲透上述課程。這種人文研

---

[42] 楠川（1996），尤其頁51-52。

[43] 勒緬等（1976），頁1-23。

[44] 芮斯（Reiss, 1997），頁135-154。

究的制度包括五個科目：上述三種初級科目中的文法和修辭學，外加詩歌、歷史和倫理學。有的時候新的科目悄悄地進入大學的課程。但像詩歌於一五○○年前後進入萊比錫大學的情形，有時也會發生嚴重衝突。

　　歷史學的上升尤其與法律和政治有關，可說是一種事業而非一門學科。譬如，到了十八世紀乃至在這個以前，國際歷史的研讀在巴黎尚被視為對外交官的一種好訓練。一七一二年外相托西在巴黎創辦的政治學校教授歷史，一七五○年代史特拉斯堡也教授歷史學。十八世紀早期牛津和劍橋大學欽定講座的設立，也有類似的起源。[45]

　　地理學也稱寰宇誌。近代早期時，這門學科在大學和在耶穌會士的學院裡也日益重要。[46] 日後一本著名寰宇誌（1544）的作者孟斯特（Sebastian Münster），一五二○年代在海德堡（Heidelberg）的大學講授地理學。一五七○年代在牛津講授地理學的是哈克路伊，哈氏其後成為旅遊書籍的編輯。在探索和帝國的時代，顯然需要更豐富的地理學知識。前面已經提到，塞維爾的「貿易商號」給航海的人講授寰宇誌。由於托勒密（Ptolemy）和斯卓保（Strabo）這些古代的希臘人和羅馬人重視地理學，使地理學受到尊敬。地理

---

[45] 漢墨斯坦（Hammerstein, 1972）；頁216起；渥斯（1979）。

[46] 典維爾（Dainville, 1940）；布魯克里斯（1987），頁156。

學與天文學、地球與天體之間的關係，也使地理學受到尊敬。其時教授地理學的間或是天文學的教授，說明這門新學科因爲附驥一門已成立的學科而得以順利進入大學。儘管如此，克魯維瑞烏斯（Philipp Cluverius）一六一六年在萊頓大學受任研究地理學一職，可能表示不容易把地理學排進課程以及萊頓大學的著重研究。這個時期，一般的大學尚未著重研究。[47]

　　「自然哲學」逐漸由前述四門較深奧科目中獨立，但結果卻是又分裂爲像物理學、自然歷史、植物學和化學這些幾乎獨立的科目。譬如，一五一三年，羅馬首先設立自然歷史講座，接下來費拉瑞（Ferrara）和比薩也設立同樣的講座。萊頓到一五九三年、牛津到一六六九年、劍橋到一七二四年，各有了植物學的講座。化學的講座晚一點，在劍橋是一七〇二年，在艾普薩拉是一七五〇年，在倫德是一七五八年。就植物學和化學來說，這些新的學科代表給予某些傳統形式的另類知識一些學術上的敬意──「給技巧熟練的人」和煉金術士學術上的體面。外科手術和藥物學這樣的新大學科目，也代表對於另類知識某種程度的承認。因爲十七世紀時，法國這些行業的學徒也被允許在某些大學院系聽講。[48]

---

[47] 貝克（1935）；布洛克（Broc, 1975, 1980）；柯麥克（Cormack, 1997），頁14-15，27-30；傑可布（1999）。

[48] 布魯克里斯（1987），頁393-394；曼多修（Mandosio, 1993）。

　　所謂的「附驥原則」也用於此處。由於某些藥草和化學配製品可以治病，植物學和化學以久已成立的醫學教學的「附屬」科目身分，得以插足大學。譬如，西薩比諾（Cesare Cesalpino）在比薩大學擔任醫學教授的時候從事植物學的工作，而多多因（Rembert Dodoens）在萊頓大學擔任醫學講座的時候，教授植物學。一六〇九年，瑪堡大學設立醫事化學的講座。雖然史陶（Georg Stahl）在哈雷大學（University of Halle）任教醫學，可是卻也教授化學。前面已經說過波爾海夫的合併醫學、植物學和化學。[49]

　　與醫學的關聯，甚至有助於另一門新學科——政治學。尤其是在一七〇〇年以前，「政治體」（譯註：指占有一定的領土，在一個政府下有政治組織的人民，如國家。）、「國家的醫師」、「政治結構」等形象不止是隱喻而已。當康林於十七世紀中葉在荷姆斯特大學講授醫學和政治學時，這兩個科目的合組在當時不似在今日離奇。畢竟，受過醫學訓練的煉金術士貝奇，曾經自稱有權談政治，因為這兩個科目的箴言都是「人的幸福是最高的法律」。[50]

　　然而，協助政治學和經濟學進入大學課程的，是根深柢固的哲學這門學科。凱克曼在但澤的高等學校改革課程的時

---

[49] 漢那威（1975）；梅乃爾（Meinel, 1988）。

[50] 斯托雷（1983）；賽福（Seifert, 1980, 1983）；史密斯（1994），頁69。

候，加上三年級的課程倫理學、政治學及「經濟學」；在古
希臘，經濟學是指家政。十七世紀末葉，湯瑪修斯（Christian
Thomasius）在哈雷教政治學和經濟學，而稱之爲「實用哲
學」。[51]

　　對中央集權的需要，有助於政治學和政治經濟學的興起
（政治經濟學的興起比較緩慢）。學者逐漸不認爲政治學是一
門由實踐中學得的「藝術」，而較認爲它是一門可予以系統
化，並以學術方式教授的科學。譬如，康林用「政治科學」
（Scientia Politica）這個片語。十七世紀後期起，日耳曼語地
區流行的用語是「Polizeywissenschaft」，又爲「Statsgelartheit」
或「Staatswissenschaft」。一七二七年哈雷大學和奧德河上法
蘭克福大學（Frankfurt-on-Oder）設立政治學講座。在此以
前，這門科目是在大學以外教授，在教育官吏的特殊學院教
授。

　　而「政治經濟學」又脫離家政學而獨立，國家被視爲一
個龐大的家庭。該詞顯然是法國新教劇作家蒙奇斯汀（Antoine
de Montchestien）在其《論政治經濟》（*Traite de l'économie
politique*, 1615）中發明的。可是一直到十八世紀，這門新學
科才進入學院系統，因而承認了商人、銀行家和證券交易投
機者的實際知識，並予以理論化。自一七三三年起，一部重

---

[51] 漢墨斯坦（1972），頁62起。

要的商業百科全書作者魯多維奇（Carl Ludovici）很恰當地在萊比錫大學擔任「世界知識」的講座。設立這麼一個名稱的講座，使我們想到這時萊比錫大學接納創新之舉。

　　經濟學要進入學術環境，並非總是那麼簡單和順利。受聘於格拉斯哥大學擔任道德學教授的亞當・史密斯（Adam Smith）一直到辭去講座而成為一名貴族旅行教師時，才得以撰寫《國富論》（*Wealth of Nations*），不過他在一七六二至六四年格拉斯哥大學的一門所謂「私人」課上，可以用非正式的方式試驗他關於「法律和政府一般原則」的想法。

　　如果亞當・史密斯是住在說日耳曼語的地區或住在那不勒斯，則會覺得當地的學術環境對他的想法友善一點。譬如，哈雷大學和奧德河上法蘭克福大學在一七二七年都設立稱為「經濟研究室」（Cameralia Oeconomica）的講座，接下來是林騰（Rinteln, 1730）、維也納（1751）、哥廷根（1755）、布拉格（1763）和萊比錫（1764）。一七五四年那不勒斯為吉諾維西（Antonio Genovesi）所創設的「政治經濟學」講座，是歐洲第一個政治經濟學講座。一年以後成立的莫斯科大學，則幾乎一開始便講授經濟學。[52] 到了這個時候，這門新學科已有相當根基，可以助化學一臂之力；在日

---

[52] 梅耶（Meier, 1966），頁 214；拉瑞爾（Larrère, 1992）；斯提奇威（1991），頁 4。

耳曼和瑞典的大學，化學的講座是設在財政學院。經濟學也開始分裂爲像林政這樣的專門學問。林騰由於使用最新的定量方法，而鞏固了其科學的地位。[53]

圖書館重新整理

　　圖書館也注意到重新分類。這部分是由於大學組織的改變，但也是由於自印刷術發明以後書籍繁增，出版的書籍多到令一些學者感到驚訝。一五五〇年時，義大利作家東尼（Antonfrancesco Doni）已經在抱怨書太多了，連看書名都來不及。柯曼紐斯提到「龐大數量的書籍」，而十七世紀後期的法國學者巴斯那吉（Basnage）稱之爲「洪水」。[54] 有些當時的人所見不是書籍的整理，而是書籍的紊亂，應當加以控制。甚至發明「書的次序」（ordo librorum）一詞的吉斯納也抱怨「那麼多的書，混亂而惱人。」[55]

　　在這個領域中，知識的邊界必然比課程的情形開放，因爲書籍是物件，必須有一個放的地方，而且不一定放得進任何傳統的類別。譬如，政治學的書籍在這個時期大量產生，

---

[53] 梅乃爾（1988）；洛伍（Lowood, 1990）。

[54] 來曉（Lieshout, 1994），頁134。

[55] 齊德梅耶（1992），註19。

這種情形可由日耳曼學者柯勒拉斯（Christoph Colerus）的主題參考書目《政治研究的組織》（*De studio politico ordinando*, 1621）或法國學者圖書館員瑙德的主題參考書目《政治參考書目》（*Bibliographia politica*, 1633）看得很清楚。參考書目這種參考書在這個時期愈來愈普遍。有人形容它們是沒有牆的圖書館，可以遊走遍及歐洲各地。[56]

　　目錄比課程容易接納新奇事物。譬如，吉斯納一五四八年的一般書目中，已經有政治學一項，與經濟哲學、地理學、魔術和機械藝術並列。他想像中的圖書館是真實圖書館目錄的根據。當人文學家布勞秀斯擔任（Hugo Blotius）其圖書館管理員時，在維也納的帝國圖書館便以吉氏的目錄為根據編目。西班牙學者艾瑞奧茲（Francisco de Aráoz）在其所著《如何整理圖書館》（*How to Arrange a Library*, 1631）中，提出一個複雜的新制度。艾瑞奧茲將圖書分為十五個「範疇」或類別。宗教性的類別有五：神學、聖經研究、教會歷史、宗教詩歌以及基督教會創始者或神父的著作。世俗的類別有十：字典、主題書、修辭學、世俗歷史、世俗詩歌、數學、自然哲學、道德哲學、政治學和法律。

　　一六一○年時，萊頓大學圖書館內部刻有對分類問題比較簡單的解決方法，說明書籍按七個類別排列：傳統科目神

---

[56] 斯泰格曼（Stegmann, 1988）；察提爾（1992）。

學、法律、醫學以及數學、哲學、文學和歷史。同一圖書館一五九五年出版的目錄，使用這七個類別，而一六七四年的目錄加上第八個科目「東方圖書」（到了這個時候，萊頓大學已因其對東方學研究的貢獻而聞名）。

　　瑙德提出另一項解決辦法。在他一六二七年出版的《建立圖書館意見》（*Advice on Building up a Library*）中，整個第七章是有關分類的問題。瑙德說，一群散亂的士兵不是一支軍隊，一堆圖書也不是一個圖書館。他並且批評米蘭著名的安布羅西安那圖書館，說它沒有按主題分類，書堆得亂七八糟。他也批評「反覆無常」的分類系統，說一個分類系統的目的，不過是在於「不費事沒有麻煩和乾淨俐落地找到圖書。」為此，他建議按照以下的科目次序分類：神學、醫學和法律，外加歷史、哲學、數學、人文科學等。[57]

　　這些解決方法都是實際的方法，改組各種學科，而基本問題懸而未決。引述柏拉圖的話來說，要給圖書一個次序，或是需要圖書哲學家，或是需要哲學家圖書館管理員。需要結合實用主義哲學家約翰・杜威與著名十進制分類法發明人摩維・杜威（Melvil Dewey）二人的才能。[58]十七世紀後

---

[57] 布勒姆（Blum, 1963）；斯騰索（Stenzel, 1993）；瑞維爾（1996）；奈爾斯（Nelles, 1997）。

[58] 白楚奇（Petrucci），頁350-351。

期，在渥芬布托的公爵圖書館圖書館管理員萊布尼茲身上，
這個理想曾短暫實現。萊氏受到這個激勵，一六七九年在一
封信中寫道，一所圖書館應該等於一本百科全書。他提出一
個「整理圖書館的計畫」。這個計畫將知識分爲九個部分，
其中三個相當於傳統的三個較高科目——神學、法律和醫學
——另外的部分是哲學、數學、物理學、語言學、歷史和雜
著。萊比錫的新書評介學報《博學文萃》中，新書的索引分
爲七個類別：神學（包括教會歷史）、法律、醫學（包括物
理學）、數學、歷史（包括地理學、哲學（包括語言學）和
「雜著」。[59]

　　「雜著」類值得比以前多加注意。我們可以說許多世紀
以來放在這一類中的典籍，對於闡明思想和知識歷史可以很
有貢獻。這一類中，有些書幾乎不受日後各種分類方法的影
響。曾經寫過一本整理編排藏書指南的貴奇柏格（Samnel
Quiccheberg），用「語言學」一辭表示其雜著類，其中包括
戰爭與建築。法國書目編著人拉克羅瓦（La Croix）用「混
合項」（或雜項）爲其七個類別之一，其中包括回憶錄、娛
樂性讀物、樂園、煉獄、地獄以及世界末日。艾爾斯泰德的
《百科全書》（*Encyclopaedia*, 1630）中有一大節是雜項，包括
歷史和記念藝術圖片。

---

[59] 蕭特-亞伯特（1971）；鮑倫波（Palumbo, 1993a, 1993b）。

博物館中的分門別類

　　分類的問題在博物館的情形比在圖書館的情形更為嚴重，因為博物館主人或館長沒有中古的傳統可以依循或採用。十六、十七和十八世紀中，博物館或「古玩珍品陳列室」繁增，有些名滿歐洲。其中不但有君王的陳列室（如布拉格的魯道夫二世的陳列室或巴黎的路易十四的陳列室），也有許多是私人的陳列室，如米蘭的傳教士塞塔拉（Manfredo Settala）、波隆那的教授艾卓凡迪、紐倫堡（Nuremberg）的藥劑師貝斯勒（Basilius Besler）、卡斯特（Castres）的醫師鮑爾（Pierre Borel）、哥本哈根的醫師吳爾姆或倫敦古玩家斯洛恩（Hans Sloane）等人的陳列室。就是巴黎一地，十八世紀時據我們所知已有不下七百二十三個陳列室。一七○○年最流行的收藏品是獎牌或勳章，但是十八世紀時貝殼成為後起之秀，表示時人的興趣已由對古典學識業餘的興趣轉向對自然哲學的興趣。[60]

　　我們在復原這些收藏品的組織時，必須依靠形象的證據，而同時也要認識到藝術家的意圖可能是做諷喻性而非寫實性的描繪。[61] 十七世紀的繪畫很可能給今日看畫的人一種

---

[60] 波米安（1987），頁121。

非但豐足而且異類混合的印象。譬如，在吳爾姆醫師博物館
的版畫中，我們不但會注意到旁有外套、皮靴和刺馬釘的一
個男人，也會注意到由天花板上吊下來的魚標本（以及一隻
小熊），以及和角製杯一起在牆上展示的鹿角。目錄包括的
物件更多，如一具埃及的木乃伊、一個古羅馬的女用胸針、
由爪哇來的貨幣、由衣索比亞和日本來的手稿和由巴西來的
煙斗以及許多北歐人的古物，如由格陵蘭來的矛、由拉普蘭
（Lapland）來的弓、由芬蘭來的滑雪屐和由挪威來的古盾。

　　然而細看一下，便可知道在這種乍看混雜的展示之中，
也有分類的想法。吳爾姆的博物館中有標明「金屬」、「石
頭」、「木頭」、「貝殼」、「香草」、「植物根」等的盒子。
角製杯與鹿角並列，因為是同一質地。吳爾姆之子所發表對
這個收藏的描述，共分四部，所談分別是石類和金屬類、植
物類、動物類和人工製品。易言之，這個博物館的內涵不論
是天然物件或是人工製品，不但按時間和地點分類，也按其
質地分類。米蘭的塞塔拉也採用同樣按質地分類的方法，使
我們想到博物館像是一個微觀的宇宙。

　　艾卓凡迪將其收藏品分為六十六個大箱，這六十六個大
箱又細分為不亞於七千個格，用來排序次序。他兩大冊的
「索引」，又使找某一件東西比較方便。由十七世紀所出版的

61　波米安（1987），頁49-53。

塞塔拉和吳爾姆等的收藏品目錄，可以看出這些排列法後面的條理性。[62]

　　圖像收藏品也有類似的排列次序問題。譬如艾卓凡迪曾委託畫家記錄下動物和禽鳥的外表。另一個著名的例子是羅馬藝術品收藏家波佐的「紙博物館」，展示古典時代古物等等的圖像。第三個例子是本篤會僧侶學者蒙福康（Bernard de Montfaucon）所印刷發表的一系列《古物說明》（*Antiquity Explained*, 1719- ），其中有一千一百二十張圖版，描繪古代世界的各方面——神祇、禮拜儀式、日常生活、戰爭、墳墓等等。[63]

　　由貴奇柏格的《題字》（*Inscriptions*, 1565）、奧伊塞（Jacques Oisel）的《古幣珍藏》（*Treasury of Ancient Coins*, 1677）和艾夫林（John Evelyn）的《論獎牌勳章》（*Discourse of Medals*）這些文籍中，也可看出物件次序的重要性。譬如，貴奇柏格提議將博物館分爲五類，其中一類是自然。奧伊塞將古典時代的硬幣分爲十個等級，分別是皇帝、省份、神祇、美德、戰爭、獵物、崇拜、公共建築、僧侶及雜項。艾夫林的論著是爲未來可能收藏獎牌勳章的人而寫，其中有許

---

[62] 奧米（1992），頁195起，頁201起，頁274註，頁285。

[63] 奧米（1992）；海斯考（Haskell, 1993），頁131-135；克洛帕（Cropper）和丹普西（Dempsey, 1996），頁110-113。

多頁專門談「排列和放置獎牌勳章的方法」，譬如這本書提到法國國王櫥櫃中的二萬枚獎牌勳章是按日期排列。艾氏對於「排列次序」的注意，使我們想到拉姆斯和瑙德，他曾將拉氏和瑙氏討論書籍次序排列的文字譯爲英文。

　　難怪有人說這個時期歐洲博物館如雨後春筍般地興起，不僅說明好奇心的擴張，也表示想要處理隨新世界等地大量流入歐洲新物件而起的「知識危機」。像流入歐洲的美洲鱷魚、犰狳、羽毛頭飾、新發現的埃及木乃伊，及中國瓷器這樣的物件，是無法納入傳統類別的。[64]

依字母次序排列的百科全書

　　在百科全書的情形，印刷術的發明再度造成推動改革的力量。在這方面印刷業的發展有兩個重要的後果。首先，印刷業使大家可以更容易看到百科全書。其次，印刷業使百科全書比印刷機發明以前更被需要。更確切地說，是印刷業更爲加強了百科全書下列的功能：即引導讀者穿越印刷出來的，並日漸龐大的知識森林（甚至可以說是叢林。）

　　百科全書的編者逐漸大膽修改傳統的類別系統。格里高

---

[64] 芬德倫（1994），頁3，50；比較勒格里（1983）；因培和麥克格瑞格（1985）；波米安（1987）。

爾（Pierre Gregoire）的《順序論》（*Syntaxes,* 1575-1576），大
膽地爲「所有科學和文藝」做摘要。它以不同的章節談機械
藝術，包括對繪畫另外的討論以及製造布料、戰爭、航海、
醫學、農業、狩獵和建築等傳統課題。培根的分類法似乎特
別具有影響力。譬如，瑙德對圖書館組織的討論，採用了培
根式的體制。義大利主教薩拉（Antonio Zara）以其將三十六
個主題排進記憶、智力和想像三大類別的系統，實踐培根的
主張。謙伯思將知識分爲感官、思考力和想像力的產物。[65]
達倫伯在其《百科全書》序論中也討論了培根的想法。

　　然而由十七世紀早期起，百科全書的組織上開始看到一
種深遠的改變，也就是按字母排次序法的使用。十七世紀新
出現的現象，是這種排列知識的方法成爲主要而非次要的分
類制度。今日這個制度顯然是理所當然；但是它被採用（至
少最初被採用時），是因爲被「知識上平均信息量」所擊
敗。那個時候，新的知識進入的速度太快，以致無法被消化
或被分類。關於知識的逐漸傳布將於第八章中詳細討論。

學術的提升

　　本章已經提過幾種知識概念上的改變，包括對數字的日

---

[65] 姚（1991）。

漸注意。數字或「統計數字」的使用，與不具人格的或不偏祖的知識的理想有關，也就是與日後所謂的「客觀性」有關。近代早期的另外兩項變化也值得特別注意。

首先，文理科知識與實用知識的相對重要性有了改變。笛卡爾、培根和萊布尼茲以及培根的許多信徒如杜瑞、哈特里布、波義耳（Robert Boyle）、格蘭威（Joseph Glanvill）和斯洛恩都很著重實用知識。布瑞（Thomas Bray）於一六九七年所發表的《論推進所有必要和有用的知識》（*Essay toward Promoting All Necessary and Useful Knowledge*），是那個時代的典型著作。雖然傳統上也談到用處，可是對於實際知識應用的著重，卻是當時的創新。一七〇〇年時，培根派學者很可以反逆前面所提米蘭那位法國建築師一四〇〇年的金言，而說「沒有實踐的理論是毫無價值的。」

到了十八世紀，有用的知識已受人尊敬。法國科學院根據其一六九九年的新章程，比以前更重視工程學和其他的應用科學。這種重視的最高潮，是其多冊的《手工藝和手工業描述》（*Desciption of Crafts and Trades, 1761-1788*）[66]。煉金術士經濟學者貝奇的傳記作家，在傳記的書名上形容他為「實用學者的楷模」。一七三一年五月的《紳士雜誌》（*Gentleman's Magazine*）說：「最有用的知識最重要，其次才是最時髦和

---

[66] 布瑞格斯（Briggs, 1991），頁 40，65。

適合紳士的知識。」同年在都柏林成立的一個學會，目的是
「改良家政」，「將圖書館中實際和有用的知識公諸於世。」
歐洲各地都成立農業學會，以傳播對農夫有用的知識。一七
五四年成立的厄爾弗特（Erfurt）應用科學院，以及一七五
八年成立的費城學院、一七七二年成立的維吉尼亞學院及一
七八四年成立的紐約學院，也是以此為目的。狄德羅和與
《百科全書》有關的法國學者，也有類似的看法。

俄國沙皇彼得大帝所熱切引進的西方知識的性質，可以
由他所創辦的教授數學和航海學的學校以及俄國印刷的第一
本世俗書籍為馬格尼茲基（Leonty Magnitsky）著《算數》
（*Arithmetic*, 1703）這一事實看出。俄國人創造了一個新字
「nauka」來形容這種實際的知識。這個字的英譯通常是「科
學」，用來形容聖彼得堡的新科學院。不過「nauka」這個字
原來與學術毫無關係，而與軍事、海軍、工藝技術及經濟有
關。

我們今天往回看，會想形容十七世紀上半葉為短暫的
「好奇心時代」。這個時候，「好奇」一字逐漸被人廣泛使
用。宗教上對「好奇心」的批評幾乎完全被俗界忘卻，而世
俗對於「無用」知識的批評尚未譁然。其次，用柯瑞
（Alexandre Koyré）的名言來說，此時知識的想像力，「由封
閉的世界轉向無限的宇宙」，新的想法是說知識是累進的。
「新奇」一字已不帶輕侮的含意，而成為令人喜悅的事。許

多書名中開始用「新」字，如克卜勒的《新天文學》（*New Astronomy*）和伽利略的《論兩種新科學》（*Discourse Concerning Two New Sciences*）。[67]

　　法蘭西斯・培根對這種進步想像的表示法最爲知名。他一六〇五年出版的書，書名爲《知識的提升》（*The Advancement of Learning*）。他在不止一本書的書名頁和本文中，曾經使用引人注意的形象，象徵他改變舊制度的希望。有一張圖以地球的版畫或航行越過「希臘神話中海克力斯神柱」找尋新領域的船，表示「知識世界」的形象。培根在他的《哲學的反駁》（*Refutation of Philosophies*）中說：「現在的人已開拓和探索物質地球的廣大空間，包括陸地與海洋。如果知識或思想的地球仍受到古人狹窄發現的限制，則會是我們的玷辱。」英國培根派學者格蘭威採用皇帝查理五世的箴言「超越」（也就是超越海克力斯神柱）爲他一本書的書名。萊布尼茲也把該詞寫在他一六七〇年代寫作有關學術提升一書的手稿前面。

　　培根的野心顯然是一個「知識上哥倫布」的野心，想「重繪學術的地圖。」我們可以就使用地圖爲例，具體說明知識的提升。奧特流斯請他的讀者給他可以改進他地圖的資

學術的提升

---

[67] 宋戴克（Thorndike, 1951）；羅西（1962），頁68-102。

訊，有的讀者也回應了他的請求。[68] 提升或改進知識的想法
在英國一再出現，把一六五〇年代的千禧年狂熱和一六六〇
年代和以後比較有限的希望聯繫在一起。這種情形可見於格
蘭威的《超越》（*Plus Ultra*）和洛克的《論人類的理解力》
（*Essay Concerning Human Understanding*, 1690）。杜瑞一六五〇
年發表的有關「圖書館管理員」功能的短論是另一個生動的
例子。他在這篇短論中說一名大學圖書館管理員一定得針對
他「職業的利潤」提出年度報告，也就是報告他圖書的增
加。這些新獲得的圖書，稱爲「積貯的學問」。[69] 十八世紀
時，有時引用賀瑞斯（Harace）的話來概括知識探索的理
想。時人把賀瑞斯的話斷章取義，轉化爲一句口號：「敢於
求知。」[70]

　　近現代的學術理想，可說是這些十七和十八世紀熱望的
慣例化。現代的人認爲知識上的創新（而非知識的傳遞）是
高等教育機構的一個主要功能。因而較高學位的候選人通常
需要「對知識作出貢獻」。雖然前面第三章也提到反壓力，
可是今日學者所受的壓力，卻是要殖民新的知識疆域而非繼
續耕耘舊日疆域。

---

[68] 傑可布（1992），頁88，112。

[69] 韋布斯特（1975），頁100-245。

[70] 文都杜（Venturi, 1959）。

結論

　　《百科全書》讓我們清楚看出，這個時期將結束時達倫伯按照培根的方式所說的學術「地圖」。[71] 這部《百科全書》日後又印了很多版本。它與許多與它競美的書籍，說明了當時的人愈來愈清楚地認識到知識的進步。儘管如此，達倫伯在其「序論」中所提出，而狄德羅以表格說明的知識的分類，在傳統與創新間保持了平衡。由我們自己的時代回顧，這個分類系統顯得很傳統，尤其是其知識樹與其樹枝的想法、文理科與機械藝術的區別以及對初級三門課程文法、邏輯和修辭學的討論。

　　可是，如果由一五○○年去看，則有若干創新處顯得突出。知識樹已經過修剪。[72] 數學提升到了首位，比初級三門課程先予以被討論。破壞傳統階級組織的是神學的隸屬於哲學（這件事使得在《學者學報》上評論這部書的人大吃一驚）。由版畫和正文可以看出，這個時候的人著重機械藝術甚於在艾爾斯泰德和薩拉所編的百科全書中的情形，這說明

---

71 狄克曼（Dieckmann, 1961）；甘特（Gandt, 1994）；馬赫布（Malherbe, 1994），尤其頁29-31。

72 達騰（1984）。

學術與非學術知識逐漸建立友好關係。

　　最後，《百科全書》中論文的排列是按照字母的順序，只不過由於複雜對照系統的使用，相當程度地中和這一點。與採用它的實際理由不相干的是，字母順序的使用反映了也鼓勵了由階級組織和有機的世界觀轉變爲個人主義和平等主義的世界觀。就這一點而言我們可以說到「形式的內容」，至少在某些方面加強了《百科全書》各位編者想要顛覆社會階級組織的野心。因爲《百科全書》既是政治的，也是知識的工程。下面一章再詳述知識的政治學。

6

控制知識：教會與國家

權力的運用不斷地創造知識。相反地，知識經常引發權力的效能。

傅柯

任何知識的累積都有利於國家，而由與我們所統治的民族社交溝通所取得的知識，尤其有利於國家。

赫斯汀斯（Warren Hastings）

第二章到第五章所談的主要是關於學術界、其分子、其制度及其分類。學術界自來不能脫離政治的干係。本書上面對於防守知識疆域和抗拒創新的討論，應已清楚說明這一點。然而，現在應該拓寬這個概括研究的範圍，談一談知識的政治活動，也就是教會或國家當局的收集、貯藏、收回以及抑制資訊。這方面日增的活動，最足以證明對前一章所討

論有用知識的注意。

美國政治科學家德奇（Karl Deutsch）幾乎半世紀以前，曾在一本經典著作中，分析各國各級政府對於資訊的依賴。[1] 最近又有學者密集研究這個主題的一些方面。有幾本專論是關於間諜活動的歷史，以及比較一般性地探討各國政府外交政策所根據的資訊。[2] 有的學者研究若干歐洲國家的戶口調查。[3] 關於若干帝國（尤其是西屬美洲和英屬印度）的「資訊次序」，研究相當詳細。[4] 就負面來說，許多專論旨在探討各地宗教和政治檢查制度的活動。[5]

多拜這些研究之賜，今日我們相當明白近代早期累積愈來愈多資訊的一般趨勢以及用表列和統計學方式組織收集到的資料的趨勢。我們甚至可以說有些地方的政府想成為「監視性的政府」，不過也當記住，近代早期的政府缺乏真正想

---

[1] 德奇（1953）。

[2] 卡特（Carter, 1964）；阿格若（Agrell）和豪爾特（Huldt, 1983）；貝利（Bély, 1990）；馬歇爾（Marshall, 1994）；普瑞多（Preto, 1994）。

[3] 格拉斯（Glass, 1973）；赫利希（Herlihy）和克拉皮希（Klapisch, 1978）；拉森（Rassem）和斯泰格（Stagl, 1980）；柏刻（Buck, 1977, 1982）。

[4] 貝里（1996）；柯恩（Cohn, 1996）；蒙迪（1996）；艾德尼（1997）；德瑞登（Drayton, 1998）。

[5] 塞柏特（Siebert, 1965）；森茲奇（Santschi, 1978）；杜克（Duke）和譚姆斯（Tamse, 1987）；洛奇（1989）；邁爾斯（Myers）和哈里斯（Harris, 1992）。

要控制其境內所有人民生活所需的大數目官員。事實上政府
收集資訊是爲了應付像叛亂、瘟疫和戰爭這些特殊的問題或
危機。不過尤其是在一六五〇年以後，收集資訊以協助政府
的例行公事的長期趨勢，也歷歷可見。

　　比較不大清楚的是這種資訊累積的確切紀年、地理學和
社會學，以及促成這種累積的種種原因。在本章中，我將以
比較的方式研究這些問題，尤其關於各帝國的情形，視知識
的延伸爲葡萄牙、西班牙、英國、法國、瑞典或俄國這些大
帝國擴張的先決條件，同時也是其後果（荷蘭帝國主要是經
濟性而非政治性的事業，將放在下一章中討論）。地理學在
這個時候上升爲一個學術科目，的確不是偶然的。[6]

　　問題的所在，是要詳細說明權力和知識互相支持的方
式。最近對帝國時代印度的兩種研究，便以此爲重點。其中
一種研究說英國人征服印度是「知識的征服」、入侵認識論
上的空間。作者的重點是在於說明英國征服者如何使用其對
印度語言或法律的知識以有效地強加其對印度的統治。另一
種研究比較注意莫臥爾時代傳統的「資訊次序」。作者主張
在開始的時候，英國人依靠土著報告人和莫臥爾王朝收集資
訊的技術。後來英國人放棄這些技術而以依靠英國觀察者較
「科學」的辦法取代。這件事使印度的這些新統治者與當地

---

[6] 柯麥克（1997）。

人的態度和感情絕緣，而使得一八五七年的叛亂出其意外發生。[7]

在理論上，這樣的比較歷史不但應當揭示相似與相異之處，也應當揭示邦國、地區或相關領域間的互動，不論是競爭或據爲己有的互動。這個時期有兩個顯著的互動例子，就是教會與國家之間、邊緣地區與中心之間資訊採集技術的交流。至少乍看起來我們可以說，在這方面往往是國家向教會學習，而調查帝國各中心的方法，最初其發明是爲了統治散布範圍廣大的外省。爲了測驗這些假設，下面幾頁將探討收集、貯藏、收回、使用和壓抑各種不同資訊的方法。

官僚政治的興起

至少由古代亞述人的時代起，許多政府已經喜好收集和貯藏有關其所統治下人民的資訊。有一位當代的社會學家說：「所有的國家都是『資訊社會』，因爲國家權力的滋生，是把希望寄託在反射性監控系統的繁殖，包括規則化的收集、貯藏和控制可用於行政目的的資訊。」[8]古羅馬人企圖做完整的戶口調查。一○六六年諾曼人征服英國以後，新

---

[7] 柯恩（1996），頁16，53；貝里（1996），頁56-96，315-337；品奇（Pinch, 1999），尤其頁394-395。

[8] 紀登斯（Giddens, 1985），頁178。

君下令調查人畜的數目。不過這次調查（所謂的「英格蘭土地勘查記錄書」〔Domesday Book〕）是個不平常的情形，在它編成後的兩個世紀中很少為人所參考。[9] 一直到近代早期，經常和有系統的資訊收集才成為歐洲政府一般過程的一部分。由於行政制度日益走向中央集權，近代早期的統治者既需要也有能力比在中世紀時更了解其子民的生活。

隨著中央集權，也興起了韋伯所謂的「官僚政治」。韋伯和曼海姆不一樣，後人往往不以他為知識社會學家。但是他著名的官僚政治理論，卻對這個主題很有貢獻。畢竟韋伯說官僚政治是根據知識而施行控制權，他把這種「職官的統治」和根據通過適當管道繳進來的正式法規和文字溝通，所作的不具人格統治，繫聯在一起。[10]

在近代早期的歐洲，國家歷史上一個主要的發展，是走向韋伯所說官僚政治的趨勢。同時的另一個趨勢，是走向口語上具「繁文褥節」貶損意義的官僚政治，或走向十六世紀時所謂的「秘書統治」[11]，在這兩種意義上官僚政治的上升，可以由官吏數目的成長看出。另一個更明顯的指標是為目的而興建政府建築的興起。如佛羅倫斯的辦公室綜合結構（Uffizi，日後變成一個藝廊）以及凡爾賽的辦公室綜合結

---

[9] 克蘭奇（Clanchy, 1979），頁19。

[10] 韋伯（1920），卷1，頁339。

[11] 尼格羅（1991）。

構；凡爾賽的新宮部分是爲文職公務員所建。

　　統治者本人變爲官吏也僱用官吏。西班牙王菲利浦二世
是一個著名的例子。西班牙人給他的綽號是「文件之王」，
因爲他花許多鐘點伏案工作，爲了了解和控制他的子民，他
又滋生了大量文件。事實上，國王的一名救濟品分發員向他
抱怨，說他逃避現實、躲進文件的世界。[12] 艾斯柯利
（Escorial）很可能成爲自羅馬帝國後期以還所收集最大量公
文的中心；羅馬帝國也是一個以文件和文書工作爲基礎的組
織。[13]

　　菲利浦二世並非獨特的皇家官吏。近代早期「文件國家」
的興起，是一個在歐洲很普遍的現象。路易十四在回憶錄中
誇口說他「什麼都知道」。他也長時間伏案工作或出席各種
會議和委員會。啓蒙時代主要的統治者也是如此，如普魯士
的腓特烈大帝（Frederick the Great）、俄國的凱撒琳大帝
（Catherine the Great）和奧地利的瑪麗亞・泰瑞莎（Maria
Theresa）和約瑟夫二世（Joseph II）。委員會和理事會（以
多數票採取行動的小組，在瑞典和俄國稱爲「學院」）的興
起，是這個時期一項主要的行政創新。萊布尼茲曾經寫信給
彼得大帝說：「沒有學院便不會有好的施政。學院的機能像

---

[12] 派克（1998），頁48。

[13] 凱里（Kelly, 1994）。

是鐘錶的機能，其許多輪子使彼此可以轉動。」

　　我們在此要講的故事，主要是資訊累積的故事。它一面回應、一面也造成統治者控制一般人民生活的慾望，不論是向人民抽稅、徵召人民入伍，或是在饑荒中賑濟人民。然而，政府雖然累積知識，卻並不表示這樣的知識一定可以傳達到統治者或需要它的官員的面前。一個組織愈大，進入它的資訊不能到達層峰的危險也愈大。易言之，歷史學家也和各種政府一樣，必須注意所謂的資訊「動員」。[14]

　　本章所討論的作法和趨勢，在什麼程度上是侷限於西方世界呢？這個問題雖然重要，可是輔助性的文獻卻不允許我們詳加討論。顯然像中國、鄂圖曼帝國和莫臥爾王朝治下的印度這些強大的亞洲國家，其政府十分注意收集資訊。譬如，一三八〇年中國曾舉辦戶口調查，一三九〇年代又舉辦多次。為中國官員使用而印刷出版的指南和百科全書不計其數。在鄂圖曼帝國，為收稅而舉辦定期土地測量的記錄，有許多流傳至今，令人激賞。莫臥爾帝國的官方對統計資料很有興趣，也有一個為監督目的而存在的考究收集情報制度。[15] 地圖、計畫和航海圖不是西方的專利。瑞斯的例子提醒我們，中國、日本和鄂圖曼帝國在這個時期的政府都已有

---

[14] 波汀（Boulding, 1966）；艾納斯（1987）。

[15] 巴爾坎（Barkan, 1958）；赫克（Hucker, 1968）；梅茲格（Metzger, 1973）；西爾－豪斯曼（Thiel-Horstmann, 1980）；貝里（1996）；頁 10-55。

這樣的工具。[16]

在更有系統的比較完成以前，任何確切的結論都是言之過早。我的印象是一四五〇年前後，大多數的歐洲政府，在收集資訊的服務上尚比中國和鄂圖曼帝國落後。但是一六〇〇年以後，歐洲的若干政府卻領先亞洲。下面我們將優先討論比較官僚政治化的國家，不論是像法國這樣的大國還是像瑞典這樣的小國。

以教會為典範

我們至少可以說最早的歐洲官僚政治不是世俗的而是教會的。十三世紀時，教宗英諾森三世（Pope Innocent III）已經注意到由官方的登記簿上收回資訊。據一位最近研究文字記錄的歷史學家的說法，中世紀時，「皇家檔案館在發明行政書寫技術上比教廷為遲。」[17]這是沒有什麼好奇怪的。畢竟天主教的制度，是建立在比任何一個歐洲王權都更宏大的尺度上，而僧侶一度類似壟斷了讀書識字的權利。教廷的官僚政治尤其是建築在中古的傳統上，不過十六和十七世紀時，它又朝所謂韋伯的方向進一步發展。譬如教宗西克斯都

---

[16] 艾塞克（1992）；海野（1994）；葉（1994a）。

[17] 克蘭奇（1979），頁215；斯托克（1983），頁37。

五世（Pope Sixtus V）在他短暫但有力的統治期中成立了若干特殊的委員會。在由檔案處理到財政（尤其是預算表的發明，也就是定期的財務預測）這些各式各樣的領域上，教廷是一個先驅。[18]

　　一五六三年特倫特會議（Council of Trent）審議結束，天主教教區神父規定必須保存出生、婚姻和死亡的登記簿。主教應當定期造訪其轄區，以便評估其精神狀態。這些主教的造訪早先相當零星，在特倫特會議以後則成為經常的事件。它們滋生了大量關於教會物質情況、教區神父教育水準、會社數目以及俗界道德的記錄。[19]

　　這個反宗教改革的教會，在統計學的歷史上也有其地位。它定期舉辦人口調查，以便查對教區居民是否按特倫特會議的規定在復活節做年度告解或領聖體。為了進一步查對，教會命令教區神父發票券給教區居民，教區居民在告解或領聖體的時候再把這些票券還給神父。由於愈來愈害怕異端邪說，也由於數量觀念日強，統計學於是興起。

　　這樣的造訪，同樣在奉基督新教的歐洲和奉天主教的歐洲實行。譬如，在奉路德派的日耳曼，十六世紀時有定期對教區的視察。在宗教改革以後，英國的新主教設計出「問

---

[18] 巴特納（Partner, 1980, 1990）；布若迪（Prodi, 1982）。

[19] 柏克（1979）；梅松（Mazzone）和特奇尼（Turchini, 1985）。

卷」，以便調查格羅斯特郡（Gloucester）和渥斯特郡
（Worcester，一五五一至五二年時有八十九個問題）以及諾
維其郡（Norwich，一五六一年時有六十九個問題）的主教
轄區。在奉路德派的瑞典和芬蘭，注意閱讀識字能力上升的
日後歷史學家，已經密集研究十七和十八世紀教會檢查的登
記簿。教士訊問每個戶長的詳細記錄以及按照閱讀書寫能力
（「很會看書」、「會看一點」等）分類的詳細記錄，和宗教
裁判的記錄一樣，充分說明官方求取確切資訊的熱情。[20]

　　特倫特會議的召開，目的是壓抑異端邪說。特倫特會議
以後的各種調查，乃因懼怕異端邪說而起。而英國的各種調
查，乃由懼害對英國國家教會持異議而起。譬如，一六七六
年時，倫敦主教舉辦了一次對持異議者的調查，這次調查用
他的名字而稱爲「康普敦人口調查」（Compton Census）。約
克大主教一七四三年發給他教區教士的複雜問卷，也以壓抑
持異議者爲急務。「你的教區有幾家人？其中多少人是持異
議者？有沒有公立或貧民義務學校？你的教區中有救濟院、
慈善組織或其他慈善捐贈嗎？你的教堂多久有一次公開禮拜
式？……每隔多久和在什麼時候，你在教堂以問答法講授教
義？」[21] 收集資訊和宗教當局的想要控制其教徒，其間的關

---

[20] 史特勞斯（Strauss, 1975）；約翰森（Johansson, 1977）。
[21] 歐拉德（Ollard）和華克（Walker, 1927-1931）；朱克斯（Jukes, 1957）。

係十分清楚。

最注意收集知識的教會制度，是在西班牙、義大利以及別處的宗教裁判。教會對於有異端邪說信仰嫌疑的人，以極端有系統的方式，盤問其年齡、出生地、職業以及其信仰，並仔細將其所說的任何話記錄下來。因而，各種宗教裁判的檔案，便構成了一個「資料庫」，社會歷史家，尤其是上一代的社會歷史家，由其中得到很多訊息。然而，歷史學家不僅應該注意調查者收集的資料，拿它當一種史料研究，也應注意這種收集資料本身的現象。這個現象是近代早期爲了控制而追逐知識的一個最重要例子。[22]

十七世紀中葉，法國的黎希留和馬薩林（Mazarin）和哈布斯堡帝國的克勒索（Melchior Khlesl）這三位樞機主教，在世俗政府中都有顯赫的地位。我們不禁在想，他們是否把教會的方法，修改採用到國家的需要上。無論如何，下面將再談到在知識的領域中，世俗與精神權力交互作用的情形。

說到資訊的收集，最好把統治者所取得有關其鄰居、競爭對手或敵人的知識，與他們所擁有關於自己領土（不論是帝國或「母國」）的知識，分開來說。

----

[22] 漢寧生（Henningsen）和提德斯奇（Tedeschi, 1986）。

外交事務

在外交事務方面，我們應當由威尼斯共和國說起。因爲威尼斯共和國是歐洲列強中最初採用駐外大使的強國之一。大使的職務，一面是與其他國家磋商，一面也是在於收集有關其他國家的資訊。威尼斯政府希望不但由其駐外代表收到定期的公文急件，也收到在其任期（大約三年左右）屆滿時形容其所駐國家政治、軍事和經濟優點與缺點的正式報告。[23]威尼斯的大使也奉命在國外傳布資訊。譬如，當教宗在一六〇六年停止威尼斯的教權時，威尼斯駐巴黎的大使便奉命讓法國人知道威尼斯在這件事上的說法。

其他的政府也模仿威尼斯，但不如威尼斯系統化。此時新出現但日漸繁增有關大使職責的一類論著，一般強調將資訊傳回國去的重要性，如馬賽萊（Frederick Marselaer）的《授權代表》（*Legatus*, 1626）。其他國家也有大使卸任前的正式報告，如卡魯爵士（Sir George Carew）對法王亨利四世朝法國宮廷深入的記述，但其他的國家不如威尼斯那麼頻繁。

大使收集資訊的辦法，不僅是自己多看多聽，而且是透

---

[23] 馬汀雷（Mattingly, 1955），頁109-114；魁勒（Queller, 1973）；托斯坎尼（Toscani, 1980）。

過一個助手、官員或「告密者」，甚至是間諜組成的網絡。
這些人有的是專業，有的是兼職。譬如在伊斯坦堡的威尼斯
商人便經常把政治資訊傳回家去。特務工作（至少在那不勒
斯一五八三年便有了）在近代早期是一種複雜組織的事業，
有其密碼、假地址、兩面間諜等。威尼斯人尤其長於從事間
諜活動和反間諜活動，並且往往爲此種目的滲透進外國的大
使館。[24]

　　到了十七世紀，其他國家在這些方面也趕上威尼斯。英
國駐威尼斯的大使渥頓爵士（Sir Henry Wotton）使用在米蘭
的間諜（當時米蘭爲西班牙帝國的一部分）向他報告西班牙
軍隊調動的情形。他也僱用在羅馬和都林（Turin）的情報
人員特別攔截耶穌會士的信件（其高妙的拆信封藝術相當有
名）。渥頓用這種方法所得資訊的價值，可以由威尼斯共和
國總督有時由英國大使館取得米蘭總督各種計畫資訊一事度
量。[25]

　　至於西班牙，一位外交歷史學家曾經形容西班牙政府有
一個範圍廣大、組織良好和極端有效的收集資訊網絡。一五
三九到四七年間的西班牙駐威尼斯大使曼多薩（Don Diego
Hurtado de Mendoza）在鄂圖曼帝國組織了一個間諜網。而

---

[24] 馬汀雷（1955），頁244-246，259-261；普瑞多（1994），頁90，133-134。
[25] 柏克（1998a），頁103。

十七世紀早期西班牙駐倫敦的大使剛多瑪伯爵（Count of Gondomar）付費請英國政府的高級官員供給他資訊（他曾支付一千鎊給一位財政大臣、一千鎊給一位海軍大臣）。相反地，十七世紀後期，西班牙大使的一個書記每年固定把資訊提供給英國人，而收到英國人的一百鎊。[26] 在法國，政府及其駐外大使也僱用了無數間諜。[27] 在英國和別處的新教流亡人士團體被人滲透，而藝術品的收集有時被作爲間諜活動的掩護。譬如，藝術品鑑定家白爾斯（Roger de Piles）奉派到荷蘭共和國，表面上是去爲國王路易十四買畫，事實上是去收集政治資訊。荷蘭人滲透他的掩護而將白爾斯下獄一段時期。白氏在獄中利用少數僅有的時間寫了一本關於藝術批評的書，這本書日後成爲經典名作。[28]

資訊與帝國

批評家薩依德在他的一本著名、同時引起爭議的著作中，將傅柯有關權力和知識的想法延伸到新的區域。薩氏討論他所謂的「東方主義」（Orientalism），以此爲西方「代表」

---

[26] 卡特（1964）；尤其頁6，123；艾契華瑞亞‧巴西嘉盧魯（Echevarria Bacigalupe, 1984）；馬歇爾（1994），頁134-135，247。

[27] 貝利（1990）。

[28] 米洛（Mirot, 1924）。

和「統治」的制度。[29] 他從一八○○年前後，學者在拿破崙（Napoleon）征伐埃及的行動中所扮演的角色談起。不過歐洲列強為了主宰世界其他部分，很早就開始有系統地收集知識了。

　　譬如，近代早期的海上帝國如葡萄牙、西班牙、荷蘭、法國和大英帝國，都依靠資訊的收集。葡萄牙帝國需要取得前往東印度群島和非洲路線的資訊。因此，葡萄牙和西班牙都任命皇家寰宇誌學家，希望這些專家提供有關天文學、地理學以及航海的資訊。資訊的紀錄往往是航海圖的形式，並且貯存在里斯本的「幾內亞商號」和「印度商號」以及塞維爾的「商會」。例如，這些十六世紀初期非洲和印度的「貨棧」總管華斯康塞羅（Jorge de Vasconcelos）也主管航海圖。當駕駛員和船長離開葡萄牙時便發給他們使用，他們回來時再繳回。[30]

　　路易十四時代權重一時的大臣柯柏特，人稱「資訊先生」，因為他比他的前任在這方面有條理得多。[31] 柯柏特為了經濟和政治的理由，收集關於中東和遠東的資訊。由於他的主動，法國在一六六四年成立了一個「東印度公司」以與

---

[29] 薩依德（1978）。

[30] 古德曼（1988），頁50-87。

[31] 胡克（Hoock, 1980）；邁耶（Meyer, 1981），頁222。

英國人和荷蘭人競爭。一六六六年，柯氏派遣卡瑞神父
（abbé Carré）和「東印度公司」的主任一起前往印度。卡瑞
的責任顯然是告密，一六七一年他向柯氏回報。[32] 連續三個
國務卿龐查春（Louis de Pontchartrain）、其子傑若姆
（Jérôme，毛瑞巴伯爵〔Comte de Maurepas〕，一六九九年繼
父位）、以及傑若姆之子（也是毛瑞巴伯爵，一七二三年繼
父位），也因海軍之故，而與柯柏特有同樣的興趣。例如，
他們派遣正式的探險隊到南非，隊中的工程師、天文學家和
植物學家「奉國王旨」做各種觀察。他們在其出版品的書名
頁上，驕傲地寫上「奉旨」的字樣。[33]

在其他大陸的若干部分被納入歐洲的帝國以後，便需要
取得對這些土地、其資源及其居民系統化的知識。就這一點
來說西班牙政府的例子尤其具有說明性。一五四八年時查理
五世已經在詢問墨西哥的大主教，但是有系統地收集新世界
資訊卻是始於一五七〇年代。奧凡多（Juan de Ovando）在收
集知識的過程中扮演了重要的角色。一五六九年奧凡多受任
訪問西印度群島會議，他為議員們對新世界知識的貧乏所震
驚。同年他寄三十七點問卷給墨西哥和秘魯的官員，之後又
寄了更複雜的問卷。此時，問卷已成為教會政府所熟習的工

---

[32] 柏克（1999b）。

[33] 柏克（2000b）。

具，在主教訪問和宗教裁判中經常被使用。奧凡多本人是一名教會人士，他似乎是將教會的方法用到為國家服務上。[34]

　　將赫南德斯醫師派往新西班牙研究其自然歷史的是奧凡多，[35] 也是他創設「地理歷史家」這個新的官職。任這個官職的第一個人維拉斯柯（Juan López de Velasco）是奧凡多以前的秘書。維氏又於一五七七年寄給新西班牙的市政當局一份印刷的問卷，所問的問題是關於每一個區域的自然歷史、礦場、當地歷史等等。這些問題（更精確地說是命令）中，有如下的文字：

　　　　說明這個區域的發現者和征服者是誰……說明在不信基督教的時代這些印第安人歸誰管轄……以及他們那時的崇拜、禮儀和習俗，好的或壞的。說明以前統治他們的情形；他們曾與什麼人作戰。說明他們從前和現在所穿的衣服和服裝，他們現在比在古時健康或不健康，其原因又是什麼。[36]

　　在知識歷史的脈絡中，這份文件所以有趣有好幾點原

---

[34] 柏克（1979）。

[35] 柏斯塔曼特・賈西亞（1997）。

[36] 克來恩（Cline, 1964）；古德曼（1988）；頁65-72；蒙迪（1996）。

因。它提醒我們問卷不是十九世紀社會學家的發明，而是將
主教和世俗官員傳統的行政程序用於學術的目的；它也說明
政府已經知道並且關切美洲人口的銳減（主要是由於印第安
人對於若干由歐洲人傳入的疾病尚未具抵抗力）。一九五○
年代，西屬美洲的歷史學家再度發現這個銳減。同樣重要的
事是這些問題不是狹窄的功利主義問題，而表現出一位在政
府服務的人文主義者的興趣。

　　十八世紀的俄國是另一個帝國政府注意收集資訊的顯著
例子。一七二一年，彼得大帝派遣他的日耳曼籍圖書館管理
員許馬赫（J. D. Schumacher）前往荷蘭共和國取得關於荷蘭
工藝技術的資訊，易言之便是從事今日所謂的「工業間諜活
動」。[37] 沙皇的利害延伸到其帝國的東界。他命令另一個日
耳曼人梅塞施密（Daniel Messerschmidt）在西伯利亞住了七
年（1720-1727），以便收集當地的資訊。他又派俄國人盧京
（Fedor Luzhin）和艾佛瑞諾（Ivan Evreinov）和丹麥人白令
（Vitus Bering）到堪察加半島探尋亞洲和美洲間是否有陸地
相連接。[38] 類似地，著名的植物學家林奈一七三○年代時前
往拉普蘭探險不僅是爲了促進科學，也是爲了提供瑞典政府

---

[37] 達維茲（Davids, 1995），頁338。

[38] 勾德（Golder, 1922），頁6-8；安德森（1978），頁128-136；蕭（Shaw, 1996）。

關於帝國那一部分礦物和其他資源的資訊。[39]

　　凱撒琳大帝和彼得大帝興趣相仿。一七八〇到九五年間，她聘任薩姆爾・邊沁爵士（Sir Samuel Bentham，更有名的傑瑞米・邊沁〔Jeremy Bentham〕的兄弟）為西伯利亞畫地圖並研究其礦物和人力資源。凱撒琳朝給西伯利亞探險隊的官方指令（騷耶〔Martin Sauer〕當時的一本著作《俄羅斯北部地理學探險隊紀實》〔*Account of a Geographical Expedition to the Northern Parts of Russia*〕）有以命令式表示（和奧凡多的情形一樣）的以下各點：「觀察他們的性情和不同的肉體條件；他們的政府、禮節習俗、實業、儀式和迷信（宗教性的或世俗的）；他們的傳統、教育和對待婦女的態度；有用的植物、藥物和染料；食物和烹調的方法；住所、器皿、車輛和船隻；生活和經濟的方式。」[40] 雖然對待婦女的態度經常被作為文明的指標，但是對該態度的強調也顯示了女皇個人對這項採集知識的探險活動的參與。

　　值得一提的是庫克船長（Captain Cook）的探險隊對俄國人的影響。比林斯（Joseph Billings）在加入俄國海軍以前曾經和庫克共事。他所以受任指揮這支探險隊，正是因為他對奇風異俗的地方有經驗。這種有用資訊和對帝國統治者而

---

[39] 柯納（1996）。

[40] 萊因哈茲（Reinhartz, 1994）。

言沒有明顯實際價值知識的混合，使我們想起維拉斯柯十六世紀的問卷。近代早期國家，尤其是各帝國的收集資訊，顯然主要是受到控制慾望的刺激，但是好奇心理也有作用。資訊的收集不僅是因爲它有即刻的用處，也是因爲希望有一天它會有用處。

　　政府對研究的資助，在上面討論科學學院時已經提過。這種資助延伸到帝國最邊遠的地方乃至帝國以外。那騷的毛瑞茲（Johan Maurits of Nassau）所主辦前往巴西的探險隊（1637-1644），是一個早期的例子。該隊裡有像波斯特（Frans Post）這樣的藝術家和像皮索醫師這樣的學者，以便研究和記錄當地的動植物。由一群法國博學之士在一七三六年組成的著名的秘魯探險隊，乃受到大臣毛瑞巴的資助，在其印刷紀錄中，稱「這是一次奉國王之命的旅行。」[41] 一七六一年，丹麥人組成官方探險隊前往阿拉伯。日耳曼神學家米凱里斯（Johann David Michaelis）對阿拉伯地區很有興趣，認爲它有助於闡明聖經。這支探險隊得到丹麥國王的大臣柏斯托夫伯爵（Count Bernstorff）的資助，因此丹麥學者尼布爾（Carsten Niebuhr）受任爲技師代表，主管一個包括一名語言學家、兩名博物學家以及一名藝術家的團隊。

---

[41] 巴克塞（1957）；柏克（2000b）。

由這種探險所收集到的知識不一定立即有用，但它在政治上也不是中立的。這些探險隊是一種好投資，正像在巴黎、柏林、聖彼得堡和斯德哥爾摩由政府資助的學院一樣。用今天的話來說，它使資助的政府擁有好的形象。當時的人也很明白這一點。法國科學院秘書豐騰耐爾在院士的訃聞中說，柯柏特的支持學術乃是上策，因為它使路易十四享譽，並給法國人一個思想帝國。到了十八世紀後期，這些探險隊數目的增加已經使某些人驚愕。例如，荷蘭作家德堡（Cornelis de Pauw）在其對美洲土著的「哲學研究」中（1770），在序言裡抱怨說，澄清某些地理學上疑點的代價，是地球被摧毀的部分。「讓我們給這種什麼地方都入侵，以便什麼都知道的激情設個限吧！」

內政事務

由「英格蘭土地勘察記錄書」這件事上，我們可以知道，自古以來統治者都很想明白其人民及其疆域。取得這種知識的一個方法是巡幸。最著名的例子是幼童國王查理九世即位不久後的巡幸法國（1564-1566）。這種直接的方法持續了整個近代早期。腓特烈大帝至少在他統治的早期巡幸王國各地以便加以熟習。凱撒琳大帝一七八九年的巡幸新俄羅斯，十分有名，因為傳言她受到寵臣波騰京（Gregory

Potemkin）的欺騙。波氏下令興建了一個模範村落，並在各處重建這樣的村落讓女皇一再視察。[42]

　　然而，統治者和官吏逐漸沒有時間在國內多旅行。他們比以前的統治者和官吏可以接觸到的資訊多得多，但是卻都是報告形式的第二手資訊。譬如，腓特烈大帝指示他手下的官員到當地去看看，了解其所轄的區域，並把得到的消息傳回給他。萊布尼茲曾經向沙皇彼得大帝進言，勸他叫人確切地描述俄國。

　　我們可以回頭再談出類拔萃的伏案國王菲利浦二世，作為這種新制度的例子。在菲利浦時代，西班牙的一個區域新卡斯提爾，就有六百來個村落有詳細的報告，名為「地誌報告」。這些報告乃根據一五七五和七八年所發出問卷（一五七五年的有五十七個問題，一五七八年的有四十五個問題）的答案寫成。有些是實際的問題，如關於施政、特權、土地的品質和醫院的數目。可是有些卻是關於居民的宗教生活、其所喜愛的聖徒和節慶，支持主教造訪被認為是模式的理論。另一個可能的模式是人文學者對一個特殊地區的歷史地理描述。這種情形與上述一五六九年對新西班牙的調查顯然相似。「地誌報告」是按調查邊區的模式調查中心的一個例

---

[42] 布提爾（Boutier）、德維普（Dewerpe）和諾德曼（Nordman, 1984）；渥爾夫（Wolff, 1994），頁130-134。

子。[43]

　　柯柏特是另一個喜歡問卷的人。一六六三年，他下令他在外省的代表向他提供其所轄地區的資訊。不久以後他又下令進行一連串調查。[44] 他或許是從教會借用了這種問卷的想法，可是他純熟的方法又回過來影響到教會。汝恩大主教（Archbishop of Rouen）和瑞姆斯大主教（Archbishop of Reims）所發放的宗教問卷特別考究，這件事看上來並非偶然，因為前者是柯柏特的兒子，後者是柯柏特競爭對手盧弗瓦（Louvois）的兄（弟）。[45]

　　為了控制的目的，近代早期政府所可用取得資訊的方法尚不止造訪和問卷。各種相當於現代「身分證」的證件在這個時期出現。義大利的健康部在瘟疫流行期間規定旅客隨身攜帶通行證以防傳染病的蔓延。旅客斯吉龐（Philip Skippon）在一六六四年在曼杜阿（Mantua）收到這樣一張通行證，他說通行證上形容他是由凡隆那（Verona）來的英國人，二十歲、有鬚、棕髮、黑眼睛、膚色正常。護照原是戰時的安全通行證。十八世紀時法國在和平時期也用它。一七七七年以後，非洲裔的人規定必須隨身攜帶特殊的摺

---

[43] 克來恩（1964），頁344；布薩（1992），頁90-100；派克（1998），頁59-65。

[44] 邁耶（1981），頁105。

[45] 文納（Venard, 1985），頁37。

子。[46] 十八世紀早期，俄國政府開始規定旅客攜帶國內的護照。一七四三年以後，護照開始用印刷製成，並和義大利的通行證一樣，上面描寫旅客的體質狀態。這些護照原來是爲了財政的目的，也就是預防逃避人頭稅。到了這個時期，卻成爲政府控制人口流動的手段。

雖然在俄國這個龐大的國家官員數目相當少，因而有的歷史學家稱它爲「警察國家」事實上有一點誇張，可是十八世紀後期的俄國，卻顯然已經爲了控制的目的而收集資訊。參議院首席檢查官維津斯基（A. A. Viazemskii）在外省建立了一個告密人網絡。一七六七年的大調查團（Great Commission）和一七七五年的規定各省省長經常報告當地的情況，也使在聖彼得堡的官員得到更多的資訊。[47]

國內的間諜或「告密者」是政府所用的另一個工具。這樣的事至少是由俄國皇帝的特務開始。十七世紀早期西班牙皇宮中也駐有告密者，並且創立了「首席間諜」的位置。[48]

鼓勵街坊鄰居告發犯法的人，是另一個常用的技術。這個辦法顯然是由教會學來的，因爲教會久已注意偵查異端邪說、褻瀆上帝的言行和不道德的行爲。十六世紀時，威尼斯

---

[46] 西波拉（1976），頁 25；柏克（1987），頁 126；貝利（1900），頁 610 起，頁 621，624，652。

[47] 芮夫（Raeff, 1983），頁 225-228；勒當（Le Donne, 1984），頁 125-128。

[48] 布勒姆（1969）；艾里奧特（Elliott, 1986），頁 316。

任命了一群稱爲「政府調查裁判官」的官員，表示對這個制度的宗教起源的敬意。有人說英國亨利八世的政府所以不雇用支薪的告密人是因爲無此需要；「資訊不找自來。」威尼斯也可以這麼說。威尼斯政府使用獅口形的信箱，公眾可以把具名或不具名的告發文件放在信箱中。到了十七世紀中葉，又分門別類將不同的告發（土匪、勒索、賭博、政治上的腐敗或教會中不敬的言行）文件放在不同的信箱中。[49]

　　由於這些方法，各國政府的消息愈來愈靈通。一位十七世紀前往法國的旅客勞德爵士（Sir John Lauder）在回憶錄中曾寫下一個關於黎希留樞機主教的故事。他說：「法國發生的任何事黎希留都知道，好像他身歷其境一樣。在波爾泰（Poitiers），兩個最親密的人也不能說他的壞話，否則四天之內他在巴黎便知道了。有人說這是由於他有通曉的靈魂，有人說是由於他在各地都佈有間諜。」無論如何，大家都認爲黎希留的辦法窮凶極惡。還不止是黎氏這樣做。路易十四和十五朝的巴黎，受到許多支薪的告密者監視，在暴動可能發生的地方如飯館酒店，都隔牆有耳。到了一七二〇年，這個法國首都的四十來家飯館酒店都駐有告密者。到了十八世紀末葉，法國的警察記錄已包括重要嫌犯的個人檔案，還有畫像。[50]

---

[49] 普瑞多（1994），頁168起；艾爾頓（Elton, 1972），頁331。

[50] 卡布（Cobb, 1970）；威廉斯（Williams, 1979），頁104-111。

繪製國家的地圖

　　政府官員覺得有趣的資訊，大多是記錄在地圖上。不論
地圖的目的是為了確定疆界、抵抗敵人保衛國土或是便利計
畫和使施政合於經濟的原則，製圖成為統治工具，都是這個
時期主要的一個趨勢。[51] 譬如，一五六〇年代菲利浦二世鼓
勵繪製伊比利半島的地圖。艾卡拉大學的數學教授艾斯吉維
（Pedro de Esquivel）受命調查西班牙，不過他隨即逝世而這
個計畫也因此終止。[52] 葡萄牙寰宇誌專家多明格（Francisco
Domínguez）由一五七一年起在新西班牙住了五年，調查當
地的情形。一五七七年發放給在新世界菲利浦王領土的問
卷，要求當地的地圖，有些地圖流傳至今。[53]

　　黎希留樞機主教是法國當時實質上的統治者。他委託人
畫了一幅有三十張紙大的法國地圖。這幅地圖於一六四三年
畫成。柯柏特也熱衷地圖繪製的，他向每一個省份要地圖。
一六六八年，他請科學院建議增加地圖可信度的方法。一六
七九年，路易十四採納柯柏特的建議下令繪製一幅更正確的

---

[51] 布塞瑞（Buisseret, 1992）；比格斯（Biggs, 1999）。

[52] 古德曼（1988），頁65-66；派克（1992）。

[53] 艾華・艾茲格拉（Alvar Ezquerra, 1993）。

法國地圖（由於畫起來很費事，這幅地圖到一七四四年才畫成，這時路易十四已崩逝了三十年）。[54] 法國這個時期的製圖學，例示有些社會學家所謂的知識「科學化」過程。皇家天文氣象台也用在製圖的目的上，天文學家卡西尼與軍事工程師渥班（Sébastien de Vauban）共事，改進軍事性的測繪。而他以前的學生德里索（Guillaume Delisle）是國王的首席地理學家。德里索和卡氏之孫西薩–法蘭索瓦・卡西尼（César-François Cassini）對於上述法國地圖都有貢獻。[55] 他們如此注重正確性，是有很好的政治和軍事理由的。路易十四朝末期的烏特勒支會議結束了西班牙王位繼承戰爭，在會議上大家畫出地圖以確保日後對於會議的決定沒有爭議。[56]

　　沙皇彼得大帝當然也對繪製地圖和調查測繪有興趣。他委託日耳曼地理學家侯曼（Johan Baptist Homann）繪製俄國地圖，並任用海軍官校的學生替他收集資訊。彼得本人一七一七年曾在巴黎會晤地理學家德里索，並向德氏建議了若干俄國地圖中須修正的地方。一七二一年，沙皇本人又給一些測地學家若干詳細的指令。[57]

　　大不列顛的情形，再度說明在本章所述的若干領域中，

[54] 哈恩（1971），頁2；康維茲（Konvitz, 1987）；布塞瑞（1992）。

[55] 派勒提爾（Pelletier, 1990）。

[56] 貝利（1990），頁461。

[57] 安德森（1978），頁131-136。

邊緣地區的調查早於中心的調查。一七二○年商業部提議爲
殖民地繪製地圖。一七四七至五五年間軍事測繪員繪成蘇格
蘭的地圖。這項工作與修築鐵路和在一七四五年大反叛後平
靖蘇格蘭西部和北部高地有關。接下來又爲魁北克（1760-
1761）、孟加拉（1765-1777）和愛爾蘭（1778-1790）繪製地
圖。然而英格蘭本身到十八世紀末才開始測繪，而且部分是
爲了應付法國大革命時期入侵的威脅。「兵工測繪」這個名
稱就透露了其軍事性的起源，因爲它是由兵工總長籌辦，而
且大約是爲了大砲的運輸而需要對該地區有正確的知識。[58]

統計學的興起

官方所以對地圖有興趣，其中一個原因是地圖按比例
（尺）陳述量性的資訊。近代早期的統治者及其大臣愈來愈
著重數字和事實，他們尤其想知道他們的領土上住了多少
人。較早時期的政府只能胡猜。譬如，英國政府以爲一三七
一年時英國有四萬個教區，而正確的數目是八千六百個左
右。[59] 像十七世紀時軍隊規模這麼迅速增加的時代，政府不
能再這麼無知。

---

[58] 西摩爾（Seymour, 1980），頁4，15，45；艾德尼（1997）。
[59] 蘭德（Lander, 1969），頁166。

政府也開始收集有關出生、婚姻和死亡的資訊。刺激這件事的一個原因是瘟疫。一五七五和一六三〇年瘟疫在義大利流行，一六六五年在倫敦流行。對於人口學的興趣日增還有其他的原因。十七世紀中葉在荷蘭共和國，法律政治家維特（Jan de Witt）已經在應用死亡率數字成立一個政府主辦的養老金制度。瑞典政府很注意刺激人口的成長，其原則是「大數目的窮人是國家最大的財富。」一七三六年，瑞典政府下令教士提供其教區每年出生與死亡的數字，一七四八年又下令全國人口調查。一七五三年有人在英國議會提出人口調查的議案。這個議案的提出和它在議會中沒有通過，同樣顯示出當時意見的一般趨勢，正如一七五八年提議強制登記出生、婚姻和死亡一樣。[60] 十八世紀後期起，在西方，全國性的人口調查一國接著一國地成爲定期舉辦的事件。一七六九年丹麥和挪威舉行人口調查，一七六九年西班牙也舉行人口調查，接下來是剛獨立的美國（1790）、大不列顛聯合王國（1801）和法國（1806）。[61]

全國人口調查有許多小規模的先例，有的是在城市的層次，有的是在主教轄區的層次。早在十五世紀的佛羅倫斯和威尼斯這些城邦，已有人知道使用以數字表達的資訊。佛羅

---

[60] 柏刻（1982）；約翰尼森（Johannisson, 1990），頁351。

[61] 格拉斯（1973）；皮爾森（Pearson, 1978）。

倫斯和威尼斯所以是先驅，可能因為她們小——小便是有效率和美的。佛羅倫斯和威尼斯也是由商人所主宰的共和國，商人有「算數心態」。鼓勵這種心態的是教育制度，尤其算盤學校更使數學觀念異常廣布。當私人個人已了解這種資訊的價值時，政府當然更容易加以收集。[62]

　　不論是為了什麼原因，一四二七年時佛羅倫斯曾舉辦基本上為了稅收的目的而對本城及其領地的人口調查。[63] 這次調查花費太多因而後來很少再舉辦。但是別處卻學步佛羅倫斯。譬如，在荷蘭省，一四九四年的「調查」和一五一四年的「資訊」都是由一個到另一個村落的調查，以求回答關於家戶數目和稅收的問卷。亨利八世的政府下令教區教士保存出生、婚姻和死亡的登記簿。到了十六世紀，也用教區教士收集資訊的威尼斯政府，已經使用印好的文件以便確保資訊的陳述是用或多或少標準的方式，其表格的標題包括男人、女人、男孩、女孩、僕人和平底輕舟。一六九○年代，英國政府也用教士收集關於平民的資訊。

　　領土國家的官員不僅使用教士，也由上述教會的先例中得到教訓。十六世紀起，他們比以前下令進行更多和更詳細的社會調查。無足為怪，在上述新卡斯提爾的非統計數字性

---

[62] 布克哈特（Burckhardt, 1860）；戈斯衛（Goldthwaite, 1972）。
[63] 赫利希和克拉皮希（1978）。

調查剛舉辦過不久，一五九○至九一年便舉辦了一次西班牙的人口調查。十七世紀時，至少在某些歐洲政府之間，出現了對量性資料日增的興趣。這種資料在英國稱爲「political arithmetic」在法國稱爲「calcules politiques」（譯註：其義均爲「政治算數」。）[64] 譬如，由一六三五年起，英國商業部注意到美洲殖民地的人口。十七世紀的英國，是派提（William Petty，提倡成立一個中央統計處）、格朗特（John Graunt）、金恩（Gregory King）和金恩的友人達夫南（Charles Davenant，進出口檢驗長）的時代，他們想要計算不列顛和愛爾蘭的財富。[65]

派提在巴黎和麥森等人交往，在倫敦與哈特里布等人交往。他相信他所謂的「政治算數」，也就是「關於與政府有關事物用數字推理的藝術。」他對問卷很有興趣。他寫「調查任何國家國情方法」的手稿，列了五十三個問題。這些問題是關於工資、物價、人口、疾病、國稅、職官等，但也未遺忘競技會、「宮中美人」，或什麼是最暢銷書；這又是一個混合有用之物與對更廣泛形式求知欲的例子。[66]

在法國，黎希留和柯柏特也有類似的想法。黎氏下令做

---

[64] 勒特文（Letwin, 1963）；格拉斯（1973）；荷爾姆斯（Holmes, 1977）。

[65] 艾納斯（1987）；布汝爾（Brewer, 1989）。

[66] 柏刻（1977, 1982）；拉森和斯泰格（1994），頁289-291。

若干「調查」，並且要求精確的數字。柯柏特在一六六一年當權以後，幾乎立即下令普查皇家森林中樹的數目，以考慮海軍的需要。一六六七年，他下令保存教區登記簿。一六六九年，他的森林法令指示如何作「培根式的方法管理這些資源。」[67] 一六七〇年，他下令按月公布巴黎的洗禮婚姻和喪葬。柯柏特對於貿易數字也極端有興趣。他希望定期收到法國各區域物價的消息，又下令法國駐荷蘭共和國的大使提供有關荷蘭船隻數目及其進口法國水果酒的數量。[68]

柯柏特不是唯一注意數字的人。十七世紀之末環繞法國嗣君波剛尼公爵（duc de Bourgogne）四周的改革派也都注意數字。一六九七年，發放給所有外省的代表十九點的問卷，要他們提供資訊作為公爵的政治教育之用。改革派圈內的一員費乃龍大主教（Archbishop Fénelon）用教會的話說：「人家會怎麼說一個不知其會眾數目的牧師？」這個圈中的另一員渥班對他所謂的「對政治家有用的資訊」很感興趣。渥氏曾經發明計算人口的方法，並且在一七〇七年發表論文，想要度量法國人的生活水準。[69]

到了十八世紀，當華爾波爵士（Sir Robert Walpole）說

---

[67] 格羅夫（1996），頁155。

[68] 金恩（1949），頁185-187；邁耶（1981）。

[69] 艾思蒙寧（Esmonin, 1964），頁113-130。羅斯克魯格（Rothkrug, 1965），註107，頁284-286；拉森和斯泰格（1994），頁342-345。

英國國會下院喜歡「算數的數字」甚於喜歡「修辭學的形象」時，這種調查已經愈來愈複雜考究，並且擴散到歐洲的其他部分。在腓特烈大帝的時代，萊布尼茲所推薦的統計學圖表在普魯士成為日常統治方法的一部分。在俄國，一七一八年，與新人頭稅有關的人口調查開始進行。在瑞典，天文學家華更汀受任在一七五四至五五年科學院學報的論文中，分析教士奉命提供的出生與死亡的統計數字。一七五六年，瑞典政府任命了一個有關統計學的永久組織，華更汀是其委員之一。[70]

　　一般小民往往不喜歡其統治者的注意人口乃至有時牲口的數字。他們猜測這樣的調查會引起較高的稅收或兵役，而他們往往頗有道理。「英格蘭土地勘查記錄書」這個字彙（譯註：「Domesday」一字意為「世界末日」或「定罪日」），不帶什麼稱讚的意思。一五五〇年在帕瑪（Parma）、一五九〇年代在那不勒斯、一六三三年在法國，人口調查都遭到激烈的口頭反對。法國人說：「數家庭人口和牲口是奴役人民。」十八世紀時，這種反對的聲浪在英國還可以聽見。[71] 難怪許多近代早期的叛徒最初採取的行動便是焚燒官

[70] 諾登馬克（Nordenmark, 1939），頁232-269；康費諾（Confino, 1962），頁160-164；瑞其曼（Reichmann, 1968）；格拉斯（1973）；拉森和斯泰格（1980），頁18；克魯汀（Klueting, 1986）。

[71] 柏克（1987）；格拉斯（1973），頁19。

方的記錄。

資訊的儲藏和收回

　　記錄文件的量增加以後，便需存放在特別的貯藏所（檔案保存處）中，有專門的保管人、目錄等。[72] 中古的各國政府已經生產和保存了大量的文件。法國國王成立了「特許狀庫」，後來保存在巴黎的聖禮拜堂（Sainte Chapelle）。英國在中古是一個較小的王國，其所滋生的羊皮紙公文，放滿公共記錄處的好多個架子。然而，中世紀的文件往往是和其他珍貴物件一起放在寶庫中，並經常隨著其所有人搬動。中世紀國家檔案保存處的發展，其最大的障礙是君主的流動性。當時官方文件的收藏不能集中在一個地方。[73]

　　近代早期是一個轉捩點。其原因有好幾個。首先，印刷術的發明將手稿轉化為一種特殊的文件，並且便利其分別存放，放在圖書館一個特別的部分或其本身的房子內。其次，政府的逐漸中央集權，使菲利浦二世所謂的「我的文件、那些惡魔」（他有時一天簽署四百份文件）史無前例地增加。有些統治者如法國的路易十三世不想和菲利浦二世一樣花很

---

[72] 鮑提爾（Bautier, 1968）。

[73] 克蘭奇（1979），頁138起；貴尼（Guénée, 1980），頁91-100；維恩翰（Wernham, 1956），頁13。

多時間伏案工作，遂授權秘書偽造其簽名。第三，有些政府
在佛羅倫斯的綜合辦公處建築和艾斯柯利、凡爾賽與白館宮
（Whitehall）等地安定下來。上述第二個趨勢使檔案保存處
成為必要，而第三個趨勢使檔案保存處可以設立。文件的集
中存放隨政府的中央集權而起。[74] 十六和十七世紀時，已成
立或至少重組了一些儲藏室，以便官員可以比較迅速地收回
資訊。從前有些人視公文為私人財產，譬如黎希留將其文件
留給其姪（或甥），但是這時已視公文屬於國家。

　　在本章所討論的其他方面，反宗教改革的教會似乎勇著
先鞭。這個時期有三位教宗特別對梵諦岡的檔案感到興趣。
一五六五年，庇護四世請樞機主教圖書館管理員創立一個檔
案保存處，次年又頒發教宗敕書，下令每一個主教轄區設立
文件收藏所。一五九一年，格列哥理十三世（Gregory XIII）
規定不經他的允許，不得使用教廷檔案保存處的文件。一六
一二年，保祿五世創設一個特殊的秘密檔案保存處。他先任
用兼職的檔案管理員照料文件和給文件編索引，後來又任用
全職檔案管理員。[75] 別處的教會也效法教宗的榜樣。譬如，
托利多（Toledo）省的議會在一五八二年下令設立主教檔案
保存處。十七世紀中葉，米蘭大主教的檔案管理員讓人裝訂

---

[74] 拉南（Ranum, 1963）；鮑提爾（1968）；達達瑞歐（D'Addario,
1990）；派克（1997），頁28-29。

[75] 馬瑞尼（1825）；嘉斯巴若洛（Gasparolo, 1887）。

記載巡視的宗卷，以便利閱讀參考。

在國家方面，瑞典的情形可以說明小即有效率的這句格言。由十七世紀初起，政府便注意檔案，並任命官方的檔案管理員。一六〇九年，布爾（Johan Bure）受任為最初的一個國家檔案管理員。在英國，伊莉莎白女王（Queen Elizabeth）成立了一個新的國家文件處。繼她為英王的詹姆士一世（James I）又設立「國家文件保管人」這個官職。在這個時候，西班牙和法國政府也特別注意到檔案。菲利浦二世在西班牙檔案的歷史上發揮了具特色的個人作用。一五四五年，當時身為攝政的菲利浦王子已經下令在西曼卡斯（Simancas）城堡儲存政府文件。他即位以後，任命歷史學家祖瑞塔（Jerónimo Zurita）主管收集官方文件，而國王本人給文件分類。十七世紀中，菲利浦四世的首相奧利華斯伯爵－公爵（Count-Duke of Olivares）悉心找尋散落的文件，並為之分類和遷移。十八世紀時，西班牙政府在塞維爾為美洲文件設了一個特殊的檔案保存處，名為「印度群島檔案處」。[76]

十七世紀是法國人整理檔案的時代，先是由學者戈德福樂（Théodore Godefroy）整理，後來又由黎希留和柯柏特整理。譬如，黎希留注意各種文件的地點和分類細節。柯柏特

---

[76] 保勒斯特洛斯・柏瑞塔（Ballesteros Beretta, 1941）；克來恩（1964）；派克（1998），頁66。

的書信中，常有發給屬下的命令，叫他們找尋檔案。他堅持
給比較古舊的檔案做詳細目錄，並抄寫文件（在法國南部所
發現的二百五十八冊文件抄本，乃於一六六五與七○年間編
纂）。路易十四的外相托西對於有關外交事務的檔案特別有
興趣，並於一七一○年給這些檔案創設了一個特別的倉庫。
當路易十四登基的時候，政府的任何部門都沒有檔案保存
處。但是他駕崩時，這些部門都將其記錄存放在固定的地
方。[77]

　　創設這些檔案保存處的目的，不是爲了歷史學家的方
便，而是爲了行政人員。它們是「政府秘密」的一部分。十
七世紀時「政府秘密」這個用語愈用愈多，表示出官員們擔
心有人侵犯他們對某種政治資訊的壟斷。在政府歷史上，這
是一個重要的時刻。官員逐漸由在家中工作（因而視政府文
件爲其私產），改爲在辦公室中工作，並將公文保存在檔案
保存處。壟斷某些種類的資訊，是壟斷權力的一個手段。[78]
一直到了法國大革命以後，才正式宣布公眾可以用檔案的原
則，而實踐又晚於理論。

---

[77] 波以利索（Boislisle, 1874），頁 iii；巴斯奇特（Baschet, 1875），頁 26-29，
　　 37，93-103；邱奇（Church, 1972）；波米安（1972）；柯瑪（Kolmar,
　　 1979）；桑德斯（Saunders, 1991）。

[78] 金恩（1949），頁 147-153。

檢查制度

到此為止，我們所討論的資訊，大多都是英國陸軍所謂的「最高機密」。為了這類的理由，當時使用一種控制或檢查的制度。譬如，在威尼斯，檔案的使用受到嚴格的控制。甚至威尼斯的總督也不許單獨進入檔案保存處。只有參議員可以進入檔案保存處，只有類似內閣的閣員可以取動文件。為了避免保存檔案的人想看他所保存的檔案，乃用不識字的人為檔案管理員。[79]

這個時期最著名和廣泛使用的檢查制度是天主教會的檢查制度。這個檢查制度乃與「禁書索引」有關。「禁書索引」是一本印刷的目錄（或許最好說是「反目錄」），所列為天主教徒禁看的書。雖然也有許多地方性的索引，但是最重要的乃由教宗授命頒布，而且對整個教會都有其約束力。

這本索引的發明，似乎是為了消解基督新教教義和印刷術的毒害。宗教改革期中，基督新教徒聲稱知識支持其立場。譬如，英國著名「烈士書」的作者弗克斯（John Foxe）曾說：「或是教宗必須廢除知識和印制術，或者印刷術最後必然會把教宗連根拔起。」這本「禁書索引」便是回答這種

---

[79] 巴斯奇特（1875），頁175-176。

說法。它旨在以印刷品抵抗印刷品，以控制看書的人口。一
五六四年所發行的模範本索引，一開始是一組禁止三種主要
種類書籍的一般規則，指出所禁爲異端邪說性質、不道德的
和魔術性質的書。接下來是按字母順序排列的作者和書名清
單。作者分爲「一級」（其全部著作均在禁止之列）和「二
級」（只禁止其某些特定的著作）。這個檢查制度很複雜，在
羅馬城本身便有三種互相競爭的機關競相控制它。它受到印
刷業者、書商和讀者的抗拒，而其抗拒往往成功。或許它的
作用適得其反，反而鼓勵信徒的好奇心理。[80] 儘管如此，它
還是阻止了知識在天主教世界的流通。

　　天主教這張書單上大多數的書都是關於基督新教神學的
著作，但另有一些是由持異端邪說者所寫其他課題的書。譬
如，帕度亞大學一名醫學教授在一五七二年並不容易取得一
本茲文格所著著名的百科全書，因爲茲氏乃一新教徒。而一
六一八年馬德里一個書商因爲他的書店中有一本吉斯納論魚
類的論著，而因類似的原因惹上麻煩。[81] 同樣地，十七世紀
最著名的學報之一，萊比錫的《博學文萃》，也因其編者爲
新教徒而受到猜疑。

　　天主教會並非唯一想要控制看書人口的組織。早在一五

---

[80] 普洛斯百瑞（1997）。

[81] 巴多・托瑪斯（Pardo Tomás, 1991），頁 298；英非里斯（Infelise, 1999b），頁 55。

二〇年代，史特拉斯堡、蘇黎世和薩克遜尼都已開始有了新教的檢查制度。其所禁的書不僅包括天主教的爭論，也包括像再洗禮派教徒這種過激改革者的著作。日內瓦也有檢查制度，其書籍的作者必須由鎮民代表會取得印制許可，後來是由一個監督教育的委員會取得印刷許可。[82] 如果今日大家仍記得天主教的檢查制度而幾乎已忘記基督新教的檢查制度，那麼這或許是由於基督新教徒不集中（再不要說四分五裂），而其想要壓抑某些種類書籍的企圖必然較少效果。

　　近代早期歐洲的各國政府和教會一樣，也學步教會，對印刷品也組成檢查制度。他們害怕叛亂，一如各教會害怕異端邪說。甚至歐洲比較寬容的地方，如威尼斯、荷蘭共和國和英國，也對溝通的自由設限。譬如，一六七四年荷蘭的議會禁止斯賓諾莎（Spinoza）的《神學政治論》（*Theologico-Political Treatise*）。在瑪麗女王一世朝的英國，政府管制圖書業的辦法是成立了一個「書商公司」，所有的印刷業者都屬於這個公司。在接下來的伊莉莎白女王朝，印刷業限制在倫敦、牛津和劍橋作業，以便可以更有效地予以監督。

　　儘管如此，我們還是可以拿荷蘭共和國和英國的比較開放的資訊制度和在西班牙、奧地利和俄國比較封閉的資訊制度作一對比，法國乃介於二者之間。在荷蘭共和國的情形，

---

[82] 森茲奇（1978）。

其在由商人主宰的都市化區域的分散政治結構，使資訊可以透過言辭、文字以及印刷品而相當自由的流通。有人形容荷蘭的好處是「公開到眾人皆知的程度」，機密文件經常賣給外國人。外國的訪客曾經談到他們可以輕易地取得有關荷蘭工藝技術的資訊。[83]

　　十七世紀中葉，在共和政體之下，英國對印刷業的控制崩潰，但是日後的「特許法案」又予以恢復。根據一六六二年的特許法案，法律書籍由法務大臣檢查，歷史書籍由國務大臣檢查，其他大半的書籍由坎特伯里大主教和倫敦的主教檢查。一六九五年的終止特許法案，不僅結束了檢查制度，也結束了透過書商公司而對印刷業的控制；後面這種控制有效的時期有一百四十多年之久。印術業現在不再受出版前的控制。易言之「每一個人都可以想出版什麼便出版什麼，而後對其後果負責。」[84]

　　在路易十四朝的法國，副警察總長拉瑞尼（La Reynie）由一六六七到九七年嚴格控制印刷業。像伊莉莎白朝的英國人一樣，柯柏特想要將巴黎的印刷業集中在少數人之手以便容易控制。一五〇〇年時巴黎有一百八十一家印刷所，一六四四年時有七十五家，到一七〇一年時只有五十一家。十八

---

[83] 達維茲（1995）。

[84] 塞柏特（1965）；蘇澤蘭（Sutherland, 1986），頁25。

世紀時法國仍舊公開焚書，被焚的書中有伏爾泰的《哲學書簡》（*Philosophical Letters,* 1733）、盧梭（Rousseau）的《愛彌兒》（*Emile,* 1762）。但是有的檢查官，如一七五○到六三年間擔任「圖書業主任」一職的馬歇比（Malesherbes），卻認為印刷業應該有自由權。有一次馬歇比事先警告狄德羅說警察要來搜索狄氏的家並沒收《百科全書》的抄本。馬氏甚至告訴狄氏說馬氏可以把這些有連累性的資料藏在自己家中。[85]

　　政府的檢查制度，卻不僅是為了懼怕叛亂。政府也擔心秘密會被公開。譬如，葡萄牙人視有關印度群島和非洲的知識為國家的機密。一五○四年時，葡王曼紐爾（King Manuel）禁止繪製地圖的人繪出超出剛果以外的西非海岸，並規定已有的地圖必須送檢。[86] 當時極有名氣的葡萄牙藥劑師皮爾斯（Tomé Pires）所著的《東方概略》（*Summary of the Orient*），乃記戴皮氏在東方的旅遊。這本書乃題獻給國王曼紐爾，最初曼紐爾予以保密，因為書裡含有關於香料的資訊。一五五○年拉姆修著名的遊記集中，收入了《東方概略》的義大利文譯本，但是其中少了敘述香料的一節，看來《東方概略》的手稿曾被檢查。葡國政府在這方面的焦慮不是沒有道理，因為一五六一年時，法國駐葡萄牙大使受命賄賂一

---

[85] 馬丁（1969）；菲力浦斯（1997）；伯恩（Birn, 1983, 1989）。

[86] 拉其（1965），頁151-153；泰克西拉·德·摩塔（Teixeira de Mota, 1976）。

名葡萄牙製圖人，以便取得一張南非的地圖。[87] 葡萄牙人極端著重資訊秘密的作風爲時很久。義大利一位住在巴西的耶穌會士化名安東尼爾（Antonil）所發表有關巴西經濟的論著《巴西的文化與豐饒》（*Culture and Opulence of Brazil*），一七一一年時立即被查禁，顯然是葡國政府害怕外國人得知前往巴西金礦的路線。[88]

　　葡萄牙對於發表機密資訊的焦慮，只是當時一般趨勢中的一個極端情形。譬如，一五九八年十人會議拘捕一個名叫索倫佐（Lazzaro Soranzo）的人，因爲他在費拉瑞發表了一本反土耳其的著作。威尼斯政府認爲這本書洩露了有關鄂圖曼政權機密的資訊。[89] 地圖和計畫在政治上尤其敏感。我們或許認爲威尼斯貴族巴巴羅對羅馬建築家維楚威烏斯著作的評論（1556）不是在政治上有危險性的著作，但是卻有人反對其出版，因爲它裡面有關碉堡的插圖，可能有助於威尼斯的敵人。法國地理學家塞維（André Thevet）所著《寰宇誌》（*Cosmography*, 1575）一書，前面有一封致法王的信，信中解釋他爲什麼在書中不收法國城市和碉堡的政治原因，說是他「不認爲向外國人揭示法國的機密是一件好事。」[90]

---

[87] 布塞瑞（1992），頁106。

[88] 柯泰騷（Cortesão, 1944），頁lxv-lxviii；拉其（1965），頁151-154。

[89] 普瑞多（1994），頁433。

[90] 布塞瑞（1992），頁111。

　　爲了保守資訊的機密，各國政府常用密碼。在這個時期，密碼和外交活動的興起同時發展。義大利人是這兩方面的先驅，威尼斯和羅馬的密碼秘書，以其高超的技巧知名，又有一名義大利人專門負責將菲利浦二世的信件譯爲密碼。[91] 如果義大利人在散播謠言這種誤傳資訊的藝術上也是先驅，那麼他們也是最早公開討論這個主題的人，如波德羅的《政府採取不能公開宣布行動的動機》(*Reason of State,* 1589)。[92]

資訊的傳播

　　控制資訊誠非易事。常常有人踰越公開資訊和政府機密的疆界，而許多政治資訊或正式或非正式地被傳播了出去。十七世紀早期威尼斯政府的顧問天主教修士薩比，認爲傳播資訊是比壓抑資訊更爲有效的政治武器。[93] 當時持此看法的尚有其他的人。許多政權在這方面尤其開放，如荷蘭共和國、內戰與後來一六八八年以後的英國、在所謂「自由時代」的瑞典，尤其是一七六六到七二年間的六年。

　　雖然檔案不是對任何人都公開，可是爲了特殊的目的，

---

[91] 卡恩（Kahn），頁 106-181。

[92] 杜雷（1999），頁 82-86，117，127。

[93] 杜雷（1999），頁 32。

也不是不能參看。蘭克（Leopold von Ranke）雖然被稱爲現代歷史著作的創始人，但他並非第一位根據檔案資料寫作的歷史學家。在近代早期，官方的史家如佛羅倫斯的亞椎安尼（Gianbattista Adriani）、英國的坎姆登（William Camden）和普魯士與瑞典的普芬多夫都獲准參考官方文件，以便解釋其受僱政府的政策並爲這些政策辯護。托西的政治學院的學生，使用他的新「倉庫」作爲教育的一部分。一七一四年，法國學者達奇（Hyacinthe d'Arche）獲准參考倫敦塔中的檔案。這些檔案英國學者塞爾登等人使用已久。[94]

爲地方性目的使用地方性文件，由來已久，如用來裁決對遺產的爭執。許多人爲了各種不同的理由參考教區的登記簿。譬如，托利多的一位天主教修道院教士蒙卡達（Sancho de Moncada），在撰寫有關西班牙式微和挽救這個情勢的著作時，參考了教區登記簿以說明結婚率已先此下降。一六七七年時，學者希克斯（George Hickes）使用英國教區登記簿攻擊蘇格蘭長老會會友，說在「這些僞善者」的地區，非婚生子率比別處都高。[95]

政府有時爲了其本身的目的，也需要公開資訊。傳播有關法律和其他規則的知識顯然對政府有利。這樣的知識經常

---

[94] 貝利（1990），頁328-329，460。

[95] 湯瑪斯（Thomas, 1971），頁156。

被大聲宣講，並且被印出來張貼在公共場所。[96] 由他們的立場來說，問題的所在，是在給公眾過少和過多的資訊間保持平衡。給得太少，鼓勵謠言滿天散布；給得太多，又鼓勵一般人議論時事。

像巴黎的《官方報紙》（*Gazette*）這樣的官方報紙，由政府的觀點選擇其新聞報導。一六三九年時，一位外國觀察家評說：「法國人非常善於利用這份報紙讓其子民得到他們認為好的各種印象。」譬如，一六五八年時，政府討論確保《官方報紙》的編者說瑞典國王好話的需要，因為那個時候瑞典是法國的盟友。[97] 倫敦等地旋即學步法國。倫敦《官方報紙》的兩位編輯阿靈頓勛爵（Lord Arlington）和威廉森爵士（Sir Joseph Williamon）也都是間諜頭子，因此對他們而言取得機密資訊不成問題。[98] 由於讀者不一定信任官方報紙上的新聞，政府將資訊洩露給非官方的資訊出處有時也是對自己有利的，如十八世紀在法國流傳的手稿書信新聞。[99]

關於外交事務的機密資訊特別容易曝光。因為發現或揭示其競爭對手和敵人的秘密，對任何國家都是有利的。在倫敦、巴黎和維也納等地，打開各國大使所發出或寄給各國大

---

[96] 福吉爾（Fogel, 1989）。

[97] 達爾（Dahl, 1951），頁36。

[98] 馬歇爾（1994），頁28-30。

[99] 茂如（Moureau, 1995）。

使的信件是常事。看完以後又小心把信件封好，以便這件事不被發現。譬如，在布隆斯維克公爵（Duke of Brunswick）領地塞爾（Celle），當地的官員把由法國、丹麥和瑞典急件公文中所收集到的資訊傳報給英王威廉三世。在戰爭的時候，傳遞快信的信差往往遭遇埋伏，其信件被搶走。譬如，在黎希留的時代，法國人在洛奇斯（Loches）附近的森林路劫一名西班牙的傳遞快信郵差。重要的信件通常用密碼寫成，但是各國政府僱用有技巧的解密碼的人員。這些人有時是數學家，如法國亨利四世所任用的維艾特（François Viète）和英國克倫威爾（Cromwell）和威廉三世所任用的華里斯。有的時候，也會將虜獲的急件公文印出來，以揭發敵方的心口不一。在「三十年戰爭」期間，天主教徒和新教徒都乞靈於這個技巧，以便把「戰罪」歸於對方。這些文件的集子，稱為《安豪特檔案處》（*Anhalt Chancery*）和《西班牙檔案處》（*Spanish Chancery*）。[100]

　　機密資訊的非正式公布也常有所聞。馬基維利聲名狼藉的《君王論》一書，或許應該作如是觀。這個文本原來是一本手稿著作，對一個特殊的統治者進言，好像是一篇長的備忘錄。一直到馬氏過世以後才發表出來。有關外交的論著，

---

[100] 可蘭（Koran, 1874）；卡恩（1967），頁106-181；歐克雷（Oakley, 1968）；馬歇爾（1994），頁85-95。

使各位大使及其秘書的工作廣為人知，成為一般性知識的一部分。威克弗特（Abraham Wicquefort）著有《大使》（*The Ambassador*）一書，一六八○年以法文發表。威氏是一名荷蘭外交官。他也是經常寫書信新聞的作家和活躍的英國間諜。這本書是以印刷版本的形式揭露「行業機密」的最著名例子。

　　威尼斯共和國尤其注意保守其政治秘密。但是威尼斯的政府中有二千五百名貴族交替任職，其中難免有間諜。前述駐外大使任期屆滿時形容其所駐國家政治、軍事和經濟優點與缺點的正式報告，往往不該看的人也看。有些報告被抄寫乃至印刷出來。譬如，職業作家森索維諾一五六七年所出版的查理五世傳記，便用了兩位威尼斯駐帝廷大使的報告。[101] 最遲到了十七世紀，令一些威尼斯大使大吃一驚的是，有些這樣的報告在某些歐洲城市公開出售，尤其是在羅馬城。譬如，曾恩大使（Ambassador Renier Zen）一六二三年所撰形容羅馬城的報告，幾年以後便可由羅馬的一家修道院的圖書館借閱。[102] 法國駐威尼斯大使前任秘書拉侯塞，得以使用信件、回憶錄和這些報告撰寫了一本威尼斯歷史（1685），公開了作者在這本書序言中所謂的「權力的秘密」。由過去

---

[101] 摩洛-法提歐（Morel-Fatio, 1913），頁152。

[102] 杜雷（1999），頁32。

一直到現在，在歐洲若干大的公私圖書館中，尚可找到這些報告的抄本。蘭克在威尼斯城進行研究以前，在柏林和維也納都發現一些。[103]

　　可想而知，遲早會有進取和大膽的人印刷這些報告。一五八九年，在巴黎出版（書名頁上有「科隆」字樣）的《政治寶庫》（*Palitical Treasmy*），其印刷者便是這樣的人，這本書是他編輯的一本文選。[104] 日後的版本又在米蘭和維森薩（Vicenza）出現。一六七二年又出版了威尼斯駐羅馬幾位大使的報告，其書名為《羅馬朝廷的寶藏》（*The Treasures of the Court of Rome*）。這本書的出版地點寫明是「布魯塞爾」，書名頁上沒有印刷商的姓名。更不得了的是一五四七年出版了宗教裁判所對一個異端審問的記錄，書名是《向波多修士提議的條款》（*Articles Proposed to Fra Baldo*）。[105] 間諜的歷史漫長。當然洩露秘密的原因很多，有政治的、有理念上的，也有經濟上的。然而，藉由擴大可能的市場，印刷術的發明乃加強了利潤的動機。下一章中我們將談到近代早期知識的市場。

---

[103] 巴斯奇特（1870），頁 348-352；杜西（Tucci, 1990），頁 99-107，在 100；普瑞多（1994），頁 66。

[104] 奚斯（Heath, 1983）；巴薩摩（Balsamo, 1995）。

[105] 普洛斯百瑞（1996），頁 162。

7

銷售知識：市場與出版界

知識乃天主的贈與，因而不能出售。

中古警語

學術本身便是一種商業。

約翰生

宗教解放和良知自由的構想，只表示在知識領域以內
自由競爭的勢力。

馬克思

所以說我們是生活在一個資訊的社會，原因之一是因為
資訊的生產和銷售對於促成經濟的發展有相當的貢獻。三十
年前，有些北美洲的經濟學家已經注意到這一點。在一九六
○年代，有一位北美洲的經濟學家便曾說他的同事忽略了

「知識的商品方面」。他形容機器是「凍結的知識」，並說經濟
的發展基本上是一種知識的過程。幾乎在同時，另外一位經
濟學家發表了一本書，將知識當成一種產物來研究，考慮到
它的固定資本、成本和物價。[1] 較晚近以來，關於資訊業、
資訊推銷、資訊服務和資訊管理的書籍和論文大量湧現。[2]

　　我們在此又值得問一個在本書中一再出現的問題：這裡
面新穎的究竟是什麼？我無意否認最近將知識商品化趨勢的
重要性。[3] 儘管如此，我們還是值得把這些趨勢放到在長期
中比較逐漸的變遷中去看。在這種情形下，我們應該援引一
七〇九年的英國的「出版權法案」。根據這項法案的前言所
述，它的通過，乃是爲「鼓勵有學問的人撰寫有用的書籍。」
易言之，作者心中想的要是知識而非杜撰。但是援引這項法
案還不夠，應該由廣泛的空間和由更古老的時代去看這個問
題。譬如，出售知識的想法，在柏拉圖的時代便已有了，柏
拉圖曾經批評古希臘的修辭學、哲學、雄辯術、倫理學等教
師出售知識。西塞羅曾經簡明陳述以知識爲財產的想法。在
古代的羅馬，原來是指有人偷了一個奴隸的，「plagiarius」

---

[1] 斯拉格勒（Stigler, 1961）；馬奇勒普（1962）；艾羅（Arrow, 1965）；
　波汀（1966）。
[2] 拜爾（1976）；馬奇勒普（1980-1984）；魯賓與胡伯（1986）；富勒
　（Fuller, 1992），等。
[3] 席勒（1996）。

一字，詩人馬修（Martial），用它指文賊。「compilatio」一字也是指剽竊抄襲，被視爲搶劫原作者。[4] 在中世紀，「編輯」（compile）一字成爲可敬的字眼，表示對於知識財產的感覺已不那麼敏銳。但是到了十三世紀，傳統上認爲「知識乃天主的贈與，不可出售」的法律議論，受到質疑。新的原則是教師工作便應該得到酬勞。[5] 十四世紀時，詩人佩脫拉克，在其所著《論財富的補救方法》（On the Remedies of Fortune）一書中，公開指摘視書籍爲商品的人。

在文藝復興時代，雖然不容易說明智慧財產權是什麼，可是對於剽竊抄襲的爭執已愈來愈普遍，也許正由於剽竊抄襲並沒有確切的定義。文藝復興時代的人文學者經常互相指控「偷竊」，而說自己只不過做創造性的「模仿」。到了十七世紀，對這個課題一般性的討論已見於印刷文字中。作者與印刷業者爲一個文本的產權互相爭論。布克哈特（Jacob Burckhardt）有關義大利文藝復興的名著曾經討論到競爭和自覺意識，上述爭論應與這種「個人主義」有關聯。它們與「天才」這個想法的興起、「原創性」的起源、「權威」觀念的式微和「作家的誕生」有關。它們也顯示知識領域中壟斷和競爭之間平衡狀態的改變。二十世紀中葉，曼海姆和艾

---

[4] 麟迪（Lindey, 1952）；海薩威（Hathaway, 1989）。

[5] 波斯特（Post, 1932）；波斯特、玖嘉瑞尼（Giocarini）和凱伊（Kay, 1955）。

尼斯（Harold Innis）都曾討論過這些主題。[6]

十六世紀早期，日耳曼有兩個例子說明時人的日益注意文本和構想的所有權。第一個例子，是一五三三年一名法蘭克福印刷業者和一名史特拉斯堡印刷業者，對於使用剽竊的本刻畫為一本有關香草論著插圖的爭論。被指控剽竊的印刷業者辯稱知識的傳播「造福全人類」。第二個例子是作家間的爭論。好幾名學者（包括本書下頁所談的書目編者吉斯納）指控一名將自然哲學通俗化的人剽竊。[7]

說到智慧財產，今日所謂的「科學革命」運動不但揭示意義的不明確，也揭示矛盾心理。一方面，大家都很尊重公開知識以造福廣大人類的理想。另一方面，我們也不可能忽略個人之間關於發現的先後次序的激烈爭執，由望遠鏡到微積分學。

在望遠鏡的情形，一六〇八年一名荷蘭研磨透鏡的人，申請一項使遠處物體看來像在近處的儀器的專賣權。伽利略的友人薩比是一名威尼斯的修道僧，薩氏有一個國際性的通訊網絡，因而像墨沁一樣，他成為一名知識經紀人。伽利略由薩比處聽到這種儀器，一高興製作了一架他自己的望遠

---

[6] 布克哈特（1860）；尼薩德（Nisard, 1860），尤其卷2，頁12起；齊爾塞（1926）；曼海姆（1929）；艾尼斯（1950）；維亞拉（1985），頁94-103；察提爾（1992）。

[7] 艾蒙（1994），頁110，384。比較譚南特（Tennant, 1996）。

鏡，效能是荷蘭原型的三倍。然而，那不勒斯自然哲學家德拉波塔（Giambattista Della Porta）卻寫信和人說：「那個鏡筒中的目鏡是我的發明，而帕度亞講師伽利略不過是採用它而已。」

在微積分學的情形，爭論的主角是牛頓和萊布尼茲。這兩位學者各自獨立地在研究「無限小」的數學。萊布尼茲由知識經紀人奧登保處聽到牛頓的工作，他給奧登保回信，暗示他自己的發現。一六七六年他又直接給牛頓寫信談這件事。但是這些預防，並未能阻止一六九九年牛頓的一個門生在一本發表出來的書中指控萊布尼茲剽竊。[8]

諷刺的是，在農業這個新技術顯然比在純數學領域更能增加利潤的領域，合作卻歷歷可見。十八世紀時，英國、義大利、法國、俄國等地都成立了許多農業學會，以便傳播新技術的知識。農業的改良說明本書一個主要的主題，也就是各種知識間的交互影響。因為有關這些改良的資訊向上走也向下走。狄德羅對有關技術的事情一向有興趣，他在《百科全書》中寫了一篇有關農業的論文。譬如，他討論了英國農夫杜爾（Jethro Tull）的各種創新，而使很廣大的群眾注意到這些創新。[9]

---

[8] 墨頓（1957）；艾里夫（Iliffe, 1992）；芬德倫（1994），頁324-325。
[9] 康費諾（1962），頁158-159。

　　甚至學術性的知識也可以成為商品。為金錢而教書是在學校和大學的傳統活動。十七和十八世紀時，聽眾收費的公開演講愈來愈普遍。如前所述，瑞瑙多曾在巴黎舉辦這樣的演講。由十七世紀後期起，這個方式的「知識零售」成為倫敦文化的一部分，三十年後又成為英國外郡市鎮文化的一部分。在十八世紀的倫敦，關於天文學和外科手術的演講在報紙上做廣告，有人形容這些演講以「市場為取向」。醫學知識的商品化可以由「庸醫」在報紙上愈登愈大的廣大看出。這些非正式的醫學開業者宣稱有神奇的療效。[10]

　　十七和十八世紀時，大家似乎愈來愈了解知識和市場之間的關係。培根派的杜瑞，形容一個好的圖書館管理員是「協助學習的代理人或商人」。斯普拉特所寫的皇家學會歷史中，充滿經濟的隱喻（譬如，拿知識的「銀行」或「港埠」比況皇家學會）。一七一五年，日耳曼學者孟克發表文章，生動地譴責他所謂的有識之士的「江湖騙術」，也就是用不尋常的衣著、給其本人或其書籍誇大的頭銜或書名、對其他學者的攻擊和把自己的著作題獻給重要人物等手段，自我宣傳的藝術。孟克說這樣的題獻是把銷售品喬裝為禮物。

　　這兩個領域之間的關係是雙向的，如本章的題辭所示，

---

[10] 華克（1973）；波爾特（1989）；孟耐（Money, 1993）；勞倫斯（Lawrence, 1996），頁163，167-169。

馬克斯視對知識的這些新態度，是資本主義的興起對文化上層結構的多種影響。然而，許多學者都認爲新知識對經濟的影響也非常巨大，本章也想談這一點。[11]

智慧財產的興起

自中世紀晚期起，我們看到對於爲牟利而利用知識的日漸受到重視，以及篤保護商業秘密以之爲「貴重智慧財產」的需要。[12] 文藝復興時代的建築師布隆乃斯基曾警告一位同事說，有人以他人的發明爲自己的功勞。而在一四二一年，最早爲人所知的專利權，乃頒發給設計了一艘船的布隆乃斯基本人。一四七四年，威尼斯通過第一條專利權法律。[13] 一四八六年，人文學者薩貝利可（Marcantonio Sabellico）因他所著的威尼斯歷史而獲得第一項有記錄的版權；第一項授予藝術家的版權則於一五六七年時由威尼斯參議院授予提善（Titian），以保護他由繪畫所印出的畫片不受到未經授權的模仿。[14] 法規與管制乃零零碎碎開始。教宗、皇帝和國王頒

---

[11] 蘭德斯（Landes, 1998），頁 276-291。

[12] 艾蒙（1994），頁 75，81。

[13] 艾蒙（1994），頁 88-89。

[14] 吉魯雷提斯（Gerulaitis, 1976），頁 35-36；蘭道（Landau）和帕曉（Parshall, 1994），頁 362。

授臨時或永久的專利權,以保護特殊的文本、印刷商、式樣,乃至新的印刷活字。譬如,皇帝查理五世在他漫長的統治期間頒發了四十一封這種「保護信」。十八世紀的版權法案,是由這種較早的特權制度發展出來的。[15]

　　在分析這些例子時,我們萬不可在當時的類別上強加現代的類別,以今律古。在此處可以區別兩種對文本的概念(或對形象的概念),一種是「利己主義的」,另一種是「集產主義的」。在第一種情形,文本被視為一個人個人的財產,因為它是一個人頭腦的產品。我們是生活在就這一點而言非常個人利己主義的文化。在第二種情形,文本被視為共同財產,因為每一個新產品都援引一個共同的傳統,如抄襲的傳統所示,這個看法在中古時代具有支配性。那個時候,抄寫手稿的人,顯然自以為可以隨便加添更改。相反地,撰寫「新」著的學者,也自以為可以隨便納入以往學者的章節。助長比較個人主義態度趨勢的是印刷術的興起。印刷術有助於使文本固定,也有助於其傳播。儘管如此,改變的過程卻不是突然或順利的。集產主義態度存活到十六和十七世紀的例子不難找到,與特權的興起和專利權共存。

　　當然,「共同財產」的想法是一種模糊的想法。需要問

---

[15] 夏騰洛荷(1933);阿姆斯壯(Armstrong, 1990);費澤(Feather, 1994);譚南特(1996);強斯(1998),頁326-379。

的問題是「什麼人的共同財產？」而答案往往是：「一個社會群體的共同財產。」這個社會群體是一個基爾特或一個政府，而非「每一個人」。把資訊傳播到更廣的地方可以被視為一種奸詐行為。在近代早期，對於保守和洩露秘密的互補而又互相抵觸的注意，可以由若干領域看出。

　　在上一章中已經討論過當作各國政府收集知識活動一部分的間諜行為，也可視為出售資訊的一個例子。荷蘭政府經常報償外國的大使，如威尼斯人，因為他們傳遞機密的資訊。[16] 如前所示，官方的文件可以被抄襲和出售。法國作家拉侯塞被控出售他在擔任法國特使的秘書任內所偷竊的文件。十七世紀時書信新聞的興起，將政治資訊變為一種商品，「初次可以大量買賣。」[17] 追求新科技的競爭，導致工業上的間諜活動。

工業上的間諜活動

　　支持學術的進展，不僅是為了學術的本身，也是為了其經濟的效應。培根和他的門生為染色和製玻璃等工業過程的

---

[16] 饒文（Rowen, 1987）；貝利（1990），頁230起。

[17] 卡布（1970）；杜西（1990）；英非里斯（1997, 1999a）；杜雷（1999），頁9。

改良很有興趣。[18] 由於工業上的間諜活動，這些改良乃得傳遍歐洲。像在本書中討論的許多其他例子一樣，在分析這種間諜活動時，要避免以今律古。在一個企業家可能驕傲地向外國訪客炫示其科技時，很難給工業間諜活動一個明確的定義。在荷蘭共和國，外國人尤其容易發現新機器如何操作。因此，謹慎的辦法是聽一位這方面傑出學者的話，談「資訊範圍間諜活動的一端」，把它繫聯到各國政府或個別企業家想要由國外誘使技術工人加入自己的一方。這個繫聯的原因，是由於技巧知識在過去和現在都很難寫下來，因而技術的遷移和工人的遷移發生繫聯。[19]

　　十七世紀晚期的時候，各國政府都對工商業愈來愈有興趣。這種引誘的一個著名例子，是柯柏特想要吸引威尼斯的工匠到法國，以便從他們身上發現製玻璃業的秘密技術。據說威尼斯駐法國的大使在他們能洩密以前殺死了一些工匠。有許多外國人到威尼斯去發掘技術。十八世紀早期，綽號「威尼斯人」的法國數學家斯特林（James Stirling），在威尼斯住了十來年。一般人以為他已發現威尼斯製造玻璃的藝術，而後為了怕遭暗殺而離開威尼斯。

　　威尼斯人並非這種注意力的唯一目標。十八世紀時，羅

---

[18] 韋布斯特（1975），頁388-396。

[19] 哈里斯（1985）；比較西波拉（1972）。

馬政府由里昂請來工匠想讓他們介紹法國染絲的方法，又派
六名織工去都林去學荷蘭人的方法。到了這個時候，法國
人、瑞典人、俄國人和奧地利人，都想取得英國人的工藝技
術和工人。一七一九年時，英國有人抗議技術工人外移到法
國和俄國。一七二〇年代早期奧地利政府資助奧人馮厄拉奇
（Joseph Emmanuel Fischer von Erlach，著名建築師之子）去英
國旅行。據說馮厄拉奇曾經刺探英國蒸汽力的秘密。瑞典到
英國的訪客回報其本國的礦務局或鐵局在英國所觀察到和簡
略畫下來的機器。一七八〇年代，一名法國工程師去英國旅
行，收集關於威基伍瓷器、織襪機和其他機器的資訊，並且
將三名工人帶回法國，「因爲沒有這些工人，機器的本身將
一無所用。」[20]

商業與資訊

　　和工業一樣，商業有賴於所謂的「找尋自己所缺乏的資
訊並保護自己已有的資訊。」[21] 在貝參松（Besançon）、皮亞
森薩（Piacenza）、法蘭克福等地的國際性市集，是交換資訊

[20] 札恰瑞斯（Zacharias, 1960）；羅賓森（1975）；林克維斯特（Lindqvist, 1984），頁95-178；哈里斯（1985, 1992, 1996a, 1996b）；達維茲（1995）。
[21] 紀爾茲（1979）。

和商品的中心。中世紀時，商業文化已經是文字書寫的文化。十五世紀時佛羅倫斯商人如塞雷（Giovanni Rucellai）說一個好商人手指上永遠染有墨水；這話並不誇張。[22] 商業的路線是文件的路線，而商業的流動有賴資訊的流動。

十六世紀時，熱那亞、威尼斯、佛羅倫斯等地商業家族成員由主要歐洲和亞洲商業城市寫回來的家信，幾乎等於「資料庫」。譬如，在安特衛普、塞維爾、里斯本、倫敦、科隆、奇奧斯（Chios）、奧藍（Oran）、阿勒波（Aleppo）等地，都有許多熱那亞商人。福格（Fugger）家族的成員在一五六八到一六〇五年間寄回其家族在奧格斯堡（Augsburg）總部的書信新聞，進一步證實資訊在國際貿易中的重要性，也證實大家也已覺察到這一點。[23] 猶太人、祆教徒、貴格派信徒、老信徒等這些少數宗教信徒和少數民族，眾人皆知他們在商業上的成功；他們成功的原因有一部分可能是由於他們創設了外人不易接觸到和利用的資訊網絡。

政治和工業間諜活動已見前述，商業間諜活動也活躍。譬如，威尼斯人和西班牙人都想發現葡萄牙人與東方貿易的秘密。當一五〇一年威尼斯人聽到香料由印度運抵里斯本的謠傳時，威尼斯政府的反應是派遣一名間諜到葡萄牙打聽這

---

[22] 拜刻（Bec, 1967）；希爾斯（Heers, 1976）。

[23] 多瑞亞（1986）。

件事然後回報。這名間諜的報告流傳至今。一五〇六年，西班牙的駕船員德拉柯薩（Juan de la Cosa）為了同樣的理由奉派去里斯本。在激烈競爭的情勢下，在市場資訊方面些微地佔一點優勢便可能極端重要。難怪一四七八年時有些威尼斯人在威尼斯總督的華廈屋頂開了一個洞，以便取得由伊斯坦堡來的最新新聞。十五世紀的大商人柯爾（Jacques Coeur）使用傳信鴿。十七世紀時，大阪的日本經紀人使用火焰、旗號和傳信鴿傳送市場物價的資訊。[24] 有關商品的資訊，其本身便是一種商品。當時有關市場的資訊，已有現成的市場。

　　難怪一六六一年時英國東印度公司的副總裁謙伯瑞藍爵士（Sir Thomas Chambrelan），叫在班潭（Bantam）的一名間諜寄給他一份關於高棉、暹羅、中國和日本貿易的報告。[25] 有關以往交易的資訊指引未來的策略。因而商業公司和私人商店逐漸保存登記簿乃至檔案。由於有關最好的貿易路線的資訊具有極大的商業價值，因此如本書第四章所述，商業公司都對地理和航海的知識感到興趣。譬如，一五六一年，在倫敦的俄國公司花錢讓人把柯泰斯（Martín Cortés）所著有關航海藝術的論著譯為英文。東印度公司任命胡德（Thomas Hood）和萊特（Edward Wright）為其職員演講數

---

[24] 矢崎（1968），頁235。
[25] 巴塞特（Bassett, 1960），頁225。

學和航海，又任命哈克路伊撰寫其歷史。在法國，是印度群島公司委託丹維爾畫出其著名的印度地圖（1752）。我們可以說近代早期的許多公司已在資助研究，而這樣的說法並不誇大近代早期與二十世紀的相似之點。

資訊與荷蘭東印度公司

荷蘭聯合東印度公司的歷史，清楚說明在這個時期大家已了解到資訊的商業價值。有人說荷蘭東印度公司是一家「多國」公司，它所需要的資訊，不亞於一個大帝國所需要的資訊。[26] 這家公司的成功，部分是由於其「有效的溝通網絡」，在這方面當時它遠超過它的競爭對手。[27] 荷蘭東印度公司喜歡把它的領域畫成地圖，並且經常以最新的資訊修正其地圖與航海圖。一六三三到一七○五年間，它僱用著名的柏婁印刷業家族為它繪製地圖。易言之，柏婁家族給它畫的手稿地圖上，包括其著名地圖集中所沒有的秘密資訊。這些繪製航海圖的人，必須在阿姆斯特丹的市長面前發誓，答應不把航海圖上的資訊印刷出來，並且不把這些資訊告訴荷蘭東印度公司以外的人。公司把航海圖出借給航海者使用，但

---

[26] 古迪（1996），頁116。

[27] 斯汀斯嘉（Steensgaard, 1982），頁238。

後者在出航回來以後需要把航海圖歸還給公司。儘管如此，外國人花一些錢也可以用到這些航海圖。今日在一個法國檔案保存處中的一張荷蘭航海圖，上有「購自一名荷蘭駕船員」的字樣。類似地，荷蘭東印度公司使用它委婉稱爲「酬金」的辦法，得以使用由荷蘭和外國外交官員所得到的資訊。[28] 政治資訊對這家公司顯然非常重要。當義大利耶穌會士衛匡國在由中國回家的途中被荷蘭人擄獲時，他在巴達維亞受到詰問。荷蘭東印度公司對他關於明朝滅亡的消息極端感到興趣。

定期文字報告對荷蘭東印度公司的重要性，是這家公司資訊系統中最顯著的地方。近代早期歐洲別的地方也重視定期的報告，不過是在許多不同的領域，如威尼斯政府的重視其外交正式報告，耶穌會的重視其「每年書簡」制度。荷蘭東印度公司當然是重視商業的資訊，尤其是統計數字形式的商業資訊。譬如，其總裁和理事會由巴達維亞（今日印尼的雅加達〔Jakarta〕）給公司的主任寄年報，稱爲「一般書簡」。今日在海牙檔案保存處尚可見到的特定信件，包括由各區域和代理處（如蘇拉特〔Surat〕來的報告，其中寫有統計資料。

---

[28] 柯曼（1970）；奚爾德（Schilder, 1976），頁62-63；史密斯（1984），頁994。

　　丹姆（Pieter van Dam）曾經綜述這些報告。丹姆乃是一
名辯護士，曾在荷蘭東印度公司工作達五十餘年之久。公司
的主任請他撰寫一份有關公司事務的機密文件，爲主任們自
己所用。荷蘭東印度公司似乎很快便認識到這種系統化收集
資訊（尤其是統計數字的資訊），對於銷售策略的重要性。
在這方面，赫德（Johannes Hudde）是一位關鍵性的人物。
赫德是一位傑出的數學家、阿姆斯特丹市長和荷蘭東印度公
司的主任。多拜赫氏之賜，一六九二年公司已在分析銷售的
數字，以便決定有關定價和由亞洲訂購胡椒等商品的未來政
策。[29] 和各種報告的情形一樣，與荷蘭東印度公司有對統計
數字最相似興趣的不是其敵對的各家公司，而是天主教會和
日益中央集權的國家（參見第六章）。

　　而和這個教會與這些國家一樣，荷蘭東印度公司也不能
完全保密。譬如，英國東印度公司便經常能取得有關荷蘭東
印度公司船貨由亞洲到達日期和內容的機密資訊。荷蘭歷史
學家（前書信新聞作家）艾特濟瑪（Lieuwe van Aitzema），
在他所著的荷蘭歷史（一六五七至五八年初版）第五冊中，
更得以放入對於荷蘭東印度公司所作有關亞洲情勢機密報告
的謄本。[30]

---

[29] 史密斯（1984），頁1001-1003。

[30] 波海克（Poelhekke, 1960）；史密斯（1984），頁996；饒文（1987）。

證券交易所的興起

布魯日（1409）、安特衛普（1460）、里昂（1462）、阿姆斯特丹（1530）、倫敦（1554）、漢堡（1558）和哥本哈根（1624）先後成立了商業交易中心（Bourses），其作用之一是交換資訊。這些商業交易中心原先是商品市場，後來成為股票和股份的市場。西班牙的猶太商人維嘉（Joseph Penso de la Vega），在有討人喜歡書名的《混亂中的混亂》（*The Confusion of Confusions*）一書（1688）的西班牙文會話中，曾生動地描寫阿姆斯特丹的證券交易所。這段會話表示在這個時期，投機買賣公司股份，甚至「牛市」與「熊市」的區分，已是標準的作法（在英國，到一七一九年時，「熊皮買者」一詞已用來指在熊被殺死以前已購買其皮的人）。[31] 在倫敦，十七世紀發明的名詞「股票經紀人」這種人，在「南海公司騙局」於一七二〇年爆發以前的許多年，已經是交易巷（Exchange Alley）中強那森咖啡館（Jonathan's Coffee-House）的常客，在那兒交易新聞，尤其是關於「大南海」（太平洋，因而指南美洲）的新聞。

證券交易所對於任何影響供求的新聞尤其敏感。譬如，

---

[31] 以色列（Isreal, 1990b）。

維嘉曾經討論由西印度群島來的新聞和歐洲的戰爭與和平新聞對市場的影響。難怪當時有人故意散布謠言以抬高或壓低物價。一八一四年，關於拿破崙死亡的謠言傳到倫敦。這是後來一個比較彰著的例子。[32]

　　和在股票市場上投機買賣一樣，海上保險也是對資訊相當敏感的一個例子。保險業乃在好幾個中心發展出來，如熱那亞、威尼斯和阿姆斯特丹。到十七世紀末葉起，倫敦便是其中最重要的一個中心。保險業者和股票經紀人一樣，在特定的咖啡館中會面交換新聞。十七世紀末葉，艾德華・勞埃（Edward Lloyd）是倫敦老商業區倫巴底街（Lombard Street）一家咖啡館的業主。光顧他這家咖啡館的商人自然很多，其中許多對於船舶到達與啓航的資訊非常感興趣。由此開始，勞埃自然地創辦了一份專門報導船運消息的雜誌，並在倫敦城發展海上保險業。爲了這個原因，今日的勞埃船舶協會仍然用他的名字。[33]

印刷與知識的銷售

　　印刷當然逐漸有助於有關商務知識的取得。關於如何做

---

[32] 巴布（1950）；萊因哈茲（1987）；以色列（1990a）。

[33] 巴布（1928-1929）；道森（Dawson, 1932）。

一名商人的論著大量產生。關於商業市集、船舶的抵達以及各種商品價格的商業資訊，逐漸有了印刷文件。一五四○年代，已經常出版安特衛普市場上商品物價的清單。法蘭克福一五八八年起出版的《債務登記簿》（*Calendarium*）或《市集消息》（*Messrelationen*），提供該城商業市集的資訊。由一六一八年起，荷蘭的報紙提供經濟資訊，包括由新世界來的西班牙白銀船抵達的細節。《勞埃新聞》（*Lloyd's News*）（倫敦，一六九六年起）集中報導船舶的新聞。如《世界商業新聞》（*Gazette Universelle de Commerce*）（一七五七年在哥本哈根創辦）這樣的專門報紙，提供關於某些商品物價和有關船舶抵達和啓程的消息。[34] 由十世紀後期起，商業字典愈來愈成爲普通形式的參考書。最初的一本是薩華瑞（Jacques Savary）所著的《最佳商人》（*Parfait negociant*, 1675）。這本書乃題獻給柯柏特。

　　比較機密的商業資訊也在經過許可或未經許可的情形下印了出來。前面已經提到荷蘭歷史家艾特濟瑪的例子。商業文件也印入其他十七世紀荷蘭論著，如柯麥林的荷蘭東印度公司歷史（1646）和巴婁斯所撰荷蘭人在巴西的歷史（1647）。巴氏的書乃援引西印度公司的檔案寫成。[35]

---

[34] 摩瑞瑙（Morineau, 1985），頁42-55；巴布京（Popkin, 1990），頁205；斯嘉（1991）。

[35] 哈姆森（Harmsen, 1994），頁164。

　　書籍的出版本身便是一種貿易，並且吸引了商人的興趣。十五世紀時，商人已在出力資助印刷業者。[36] 不過至少由本書的研究來說，更重要的一件事，卻是印刷鼓勵了各種知識的商業化。印刷術的發明，一個明顯然而重要的後果，是將企業家更密切地牽涉進傳播知識的過程，牽涉進「啟蒙運動的企業」。[37] 印刷商常常委託學者編輯古典文本的新版本、翻譯和編寫參考書。

　　有關同一主題的不同著作，經常在幾乎一個時候出版，顯示出印刷商人之間競爭的激烈。有些書名頁上還聲明這個新版比以前的版本更正確或收的資訊更多，或備有其競爭對手所缺的內容目次或索引。一五七〇年在魯汶出版的一冊傳教士由日本的來信，宣稱它是第三版，比較正確，比較詳盡，並附有索引。[38] 商業競爭，又驅使出版愈來愈大、愈來愈詳盡的地圖集和百科全書等。

　　要說明這一點，可以看一看若干傑出參考書的年代次序。柏婁的《地圖集》（*Atlas*）在一六三五年出版以後，一六三八年很快便有與之競美的簡森（Jansson）的《新地圖集》（*Atlas novus*）的出版。一六七九年利本（Martin Lipen）所編的法律和醫學傳記出版以後，一六八〇至八一年又有布翰

---

[36] 巴薩摩（1973）。

[37] 達騰（1979）。

[38] 李察遜（Richardson, 1994）。

印刷與知識的銷售

（Cornelis de Beughem）所編的類似傳記出版。接在邱吉斯
（Churchills）（由一七〇四年起）所編輯的遊記集以後的，是
哈里斯（Harris, 1705）和史蒂芬斯（Stevens, 1711）所編輯
的遊記集。接在巴斯托維（Postlethwayt）的《一般貿易辭典》
（*Universal Dictionary of Nade, 1751-1755*）以後的，是洛特
（Rolt）的《新貿易辭典》（*A New Dictionary of Trade, 1756*）；
而接在《大英百科全書》修訂本（一七七七年起）以後的，
是謙伯思百科全書的修訂本（1778－）。

　　有的印刷商親自致力於思想上的運動，如人文主義、基
督新教改革或啓蒙運動。又有一些最好稱之爲爲金錢而工作
的人，他們在宗教戰爭中同樣地爲天主教徒和新教徒效力。
有些印刷商已經很明白做廣告的重要性，也就是爲了出售貨
物和服務而印出有關這些貨物與服務的資訊；這個辦法十七
世紀時已經在發展。十七世紀的荷蘭報紙刊登書籍和私人教
師服務的廣告。一六五〇年前後，倫敦的一份報紙平均刊登
六個廣告，一百年後平均刊登五十個左右的廣告。[39] 十七世
紀後半在英國做這種廣告的，有戲劇、賽馬會、庸醫和「荷
曼墨粉」（Holman's Ink Powder）。「荷曼墨粉」或許是有史
以來第一個商標；這個產品在一六八八年獲得專利。擁有特
別廣大讀者群的曆書，經常刊登廣告。在英國，嘉德百利

---

[39] 達爾（1939）；蘇澤蘭（1986）。

（Gadbury）的一六九九年曆書，宣傳安德森醫師（Dr Anderson）的蘇格蘭丸（Scotch Pills）的好處，而其對手柯雷（Coley）的曆書，則支持「百克威斯喉片」（Buckworth's lozenges）。[40]

書籍和雜誌往往替其他的書籍和雜誌登廣告。其最前面和最後面幾頁刊登同一印刷商出售的其他著作的廣告（這個時候，還沒有像現代這樣區別印刷商和出版商）。當孟克所著的《學者的詐騙行爲》（*The Charlatanry of the Learned*）的法文譯本於一七二一年在海牙出版時，印刷商在它上面附了一個二十九頁長的書單，列出他的存書。在義大利，早在一五四一年便有單獨印出的圖書目錄，並列有價錢。由十六世紀起，法蘭克福書展（Frankfurt Book Fair）便已像今天一樣使某些書籍國際聞名。十七世紀到了後來，各種學報提供有關最晚近出版品的消息。把書商的目錄郵寄給顧客，這個辦法是在十八世紀創立的。[41] 到了我們所討論的這個時期結束的時候，法國每週出版一本新書目錄。

由於可以預期的利潤上升，保護圖書或智慧財產便愈形迫切。譬如，英國在一七〇九年通過出版權法案。我們可以說這個法案的通過，旨在解決以爲知識是私有或以爲知識是公有這兩個相持不下觀念的問題。接下來是一七三五年通過

---

[40] 華克（1973）。

[41] 瑞文（1993）。

雕刻師版權法案（Engraver's Copyright Act）。後面這項法案
的通過多靠侯加斯（William Hogarth）的力量；侯氏比大多
數藝術家都飽受作品被人剽竊之害。法國在大革命以後，一
七九一和九三年也通過類似的版權法。

　　然而，剽竊行為仍舊，非法競爭安然。在那個時候非法
競爭稱為「假冒」，或者更生動地說是「盜印著作物」，也就
是出版別人持有版權的書。為了對知識的商業化（包括盜印
在內）做個案研究，我們可以細查三個重要出版中心的城
市：十六世紀的威尼斯、十七世紀的阿姆斯特丹和十八世紀
的倫敦。

十六世紀的威尼斯

　　十五世紀時，在威尼斯所印的書，比在歐洲其他任何一
個城市所印的都要多（大約是四千五百版，也就是二百萬本
的樣子）。競爭非常激烈，有的印刷商據說進行行業間諜活
動，在印製的時候拿到一本書尚未裝訂的張頁，以便幾乎立
刻就推出盜印本與原書競銷。難怪這個時候威尼斯頒發給原
著者版權。[42]

　　十六世紀時，威尼斯仍是歐洲首要的出版中心，有五百

---

[42] 李察遜（1999），頁42，67。

來家印刷廠，出版一千八百萬冊書。出版商吉奧里多
（Gabriel Giolito）一個人便出版了八百五十版。吉氏在波隆
那、費拉瑞和那不勒斯開了他書店的分店，或許是第一個用
這個辦法擴張營業的書商。他也是首先出版叢書的人，稱叢
書為項鍊。[43]

　　威尼斯因為印刷商多，也吸引了許多文人，因為這兒的
市場可以使他們不依靠贊助人。艾瑞提諾（Pietro Aretino）
是威城當時最富盛名的文人。這些文人綽號是「多產作
家」，因為他們為了生存，大量寫作，作品的形式和課題也
各式各樣——散文和詩、翻譯、其他作家作品的改編，尤其
是提供實際資訊的作品，如為訪客寫的威尼斯城指南、行為
書，和說明如何寫有關愛與金錢等各種課題信件的論著。有
些多產作家為特殊的出版商（如吉奧里多）工作，充當編輯
和校對——這些新的職業隨印刷術而產生。巴黎和倫敦也有
這樣的人，但是十六世紀時威尼斯是職業作家的主要中心。

　　出版的書籍也不僅是商品。有時書是出售的，有時又是
贈與的。作者往往把書題獻給其友人或資助人，此舉有助於
維持其社會關係。[44]不過當時也不止有一個人提到（如撰寫
一五九〇年威尼斯所發表關於這件事論著的作者），題獻有

---

[43] 李察遜（1999），頁133。

[44] 戴威斯（Davis, 1983）。

時被商業化。為金錢而工作的作家模仿為金錢而工作的出版商。[45]

十七世紀的阿姆斯特丹

十七世紀時，荷蘭共和國已取代威尼斯而成為一個比較寬容多種宗教的島嶼以及資訊的主要中心和市場──一六八六年時貝雷稱之為「總百貨店」。[46] 拉丁文、法文、英文、德文和其他文字印刷品的外銷，對這個新國家的財富很有貢獻。譬如，第一部匈牙利文的百科全書（嘉諾斯所編的《馬札爾人百科全書》〔*Magyar encyclopaedia*〕）乃於一六五三年在烏特勒支出版。

這個中心的中心是阿姆斯特丹城。到了十七世紀下半葉，阿姆斯特丹已經成為歐洲最重要的書籍出版中心，一如以往的威尼斯。由一六七五到九九的二十五年間，有二百七十家以上的書商在此積極營業。由一六三三年起，單是柏婁家族便出版了七本目錄。和威尼斯的情形一樣，地圖和遊記構成印刷商全部產品中重要的一部分。譬如，一六九九年時泰辛（Jan Tessing）在阿姆斯特丹出版了一本南俄的地圖。

---

[45] 路卡斯（Lucas, 1989）。

[46] 嘉代爾（1984），頁10。

當克（Hendrick Doncker）的出版公司集中於出版有關旅遊的
書和地圖。阿姆斯特丹最大的印製廠是威倫‧柏婁（Willem
Blaeu）之子揚‧柏婁（Jan Blaeu）在花卉運河（Bloemgracht）
上的印製廠，它專門出版地圖集。他的競爭對手簡森也專門
出版地圖集。簡森也像吉奧里多一樣開分店，他是開在萊比
錫等地。[47] 前面已經提到，義大利耶穌會士衛匡國一六五三
年造訪阿姆斯特丹，以便請柏婁印製他所繪的中國地圖集。

　　和從前的威尼斯人一樣，阿姆斯特丹的印刷業者專精於
印製不同語文的出版品。他們印出來的英文聖經行銷英國，
比英國當地印出來的還便宜。[48] 一直到十七世紀末葉，英國
水手都還依靠荷蘭出版商的航海圖和航行指南，甚至在英國
本身的海岸航行也不例外。[49] 這些荷蘭印刷業者，不但是用
荷蘭文、拉丁文、法文、英文和德文印，也用俄文、歐洲猶
太人所用的猶太文、亞美尼亞文和喬治亞文印。

　　在這方面的阿姆斯特丹的少數民族對該城市經濟成功的
貢獻無人可頂替。[50] 德斯波德（Henri Desbordes）一六八一
年由騷穆搬到荷蘭共和國，一年後在凱福街（Kalverstraat）

---

[47] 柯曼（1970）。

[48] 霍夫提澤（Hoftijzer, 1987）。

[49] 維納（Verner, 1978）。

[50] 達爾（1939）；戴維斯（1952）；吉布斯（Gibbs, 1971）；保茲
　　（1983）；柏克文斯–斯提夫林克（Berkvens-Stevelinck）等（1992）。

開店。他是由路易十四治下法國逃亡的喀爾文信徒，對阿姆斯特丹有重大貢獻的一個好例子。一六九八年，當彼得大帝想把科學和工藝技術的知識引進俄國時，他僱用柯比斯基（Ilia Kopievski）等由俄國移居阿姆斯特丹的人，印製技術性的書籍、地圖和航海圖，供應俄國的市場。[51]

有人說在一六五〇年代和一六六〇年代時，荷蘭共和國是有關東亞資訊的主要歐洲倉庫。但是她也沒有不顧世界上的其他地方。傑出的荷蘭印刷商艾斯維爾（Elsevier）創始一套由一位學者編輯的叢書。雷特是一位學者也是一位西印度公司的主任，他主編一個有關世界各國組織與資源資訊概要的叢書。他親力編輯了法國、西班牙、荷蘭、鄂圖曼帝國、印度、葡萄牙和波蘭的部分，其他的部分包給別人做。[52]

雷特是相當於威尼斯多產作家的荷蘭多產作家。其他在荷蘭的多產作家尚有許多到荷蘭共和國來的法國喀爾文派信徒。他們是在路易十四廢除南特敕令，並於一六八五年強迫他們或是皈依天主教或是離開法國以後，來到荷蘭的。譬如，由法國南部遷到鹿特丹的貝雷，主編了一份文學雜誌《文壇新聞》（*News of the Republic of Letters*）。由一六八四年起，這份雜誌在阿姆斯特丹每月出一期。巴納（Jacques

---

[51] 蕭（1996），頁164。

[52] 戴維斯（1952）；戴維斯（1954），頁61起；克雷（1971），頁31。

Bernard）一六八八年來到荷蘭，與雷克來克（Leclerc）合作
寫書。雷氏本人則來自瑞士，不過他是在一六八三年到達阿
姆斯特丹，和巴納差不多同時。前已提及，喀爾文派的信徒
與其他宗教信徒雜處，而對報章雜誌的興起很有貢獻。

　　和威尼斯、倫敦或巴黎的知識推廣者不一樣，至今尚未
有人研究荷蘭知識推廣者這個群體。[53] 雷特不是唯一一面寫
作一面從事其他職業的人。譬如，巴婁斯有一份學術性的工
作，但是他也翻譯了一本有關西班牙人在新世界的書。他本
人並且匿名寫了一本對義大利的描述和那驍的毛瑞茲遠征柏
南布柯（Pernambuco）的歷史。柯麥林寫了一本阿姆斯特丹
指南和一部荷蘭東印度公司多次航海的歷史。達帕醫師曾著
有關於非洲和亞洲的書。蒙坦好斯（Arnoldus Montanus）是
一名牧師和教師，並著有許多通俗傳記和像《東方奇觀》
（*The Wonders of the East*）這樣的遊記。

十八世紀的倫敦

　　有人說十六和十七世紀英國的圖書市場與歐洲大陸的圖
書市場相較，基本上是狹窄粗俗的。一直到一七三〇年代，
英國還是在進口而非出口書。在十八世紀中葉以前，英國還

---

[53] 達騰（1982）。

沒有大的出版商。[54] 可是在我們這個時期之末，情況有了改變，並且改變迅速。到了一七七七年，倫敦已有了七十二家書商，一般以為比當時任何其他的歐洲城市都多（不過一七三六年時威尼斯有九十六家書商和印刷商）。[55] 時人稱書商為「那個貿易」，好像書商已成為最出類拔萃的貿易。一七二五年時，狄福（Daniel Defoe）宣稱：「寫作已成為英國商業非常重要的一支。」他說書商像是大製造業者，而作家像是「工人」。值得說明的是，這些工人中待遇好的寥寥無幾。有史以來第一次，有少數幾個作者（尤其是非小說類書籍的作者）可以由出版商預支稿費，足以使他們想要放棄資助人而靠自己寫作的收益維持生活。譬如，以憤恨資助人著稱的約翰生博士，一七四六年時因他所編的《辭典》（*Dictionary*）而得到預付的一千五百七十五英鎊稿費。[56] 休姆（David Hume）因他的《英國史》（*History of Britain*）而預支一千四百英鎊。羅勃森（William Robertson）因他的《查理五世史》（*History of Charles V*）預支三千四百英鎊。書商米拉（Millar）的後繼人為股東斯垂漢（William Strahan）和卡戴（Thomas Cadell），預支給郝克斯渥博士（Dr John

Hawkesworth）六千英鎊，買下他有關庫克船長各種發現的記載的版權。[57] 這似乎是十八世紀最大的一筆預支稿費。約翰生博士曾經對鮑斯威爾（Boswell）尖刻地評論這件事，他說：「先生，如果你認為這個出版品是一種商業物件，那它會是個賺錢貨。如果你把它當作一本增加人類知識的書來考慮，那麼它增加不了什麼人類知識。」

但是我們不能匆匆地便把十八世紀作家的處境理想化。如在十六世紀的威尼斯和十七世紀的阿姆斯特丹一樣，英國每有一個成功的文人，便有成十成百的貧苦文學工作男女，也便是當日所謂的「文丐」。[58] 他們為金錢而寫作，稱為「受僱傭的文人」（'hack' writers），好比十八和十九世紀的出租馬車（hackney carriages）。

甚至對成功的文人來說，新得到的自由不是沒有代價。約翰生或許寧可寫他自己的書而不編字典；波普或許寧可寫自己的詩而非翻譯荷馬（Homer）的詩；休姆所以寫歷史書，是因為歷史書比哲學著作賣錢，而休姆如果能死而復生看一看大英文庫的目錄，他極不可能喜歡被列為「大衛・休姆，歷史學家」。儘管如此，有些十八世紀的文人比十六世紀的多產文人享有更大程度的獨立。後者乃靠校訂和校樣維

---

[57] 柯志蘭（Cochrane, 1964），頁 22-23，40-45。比較協爾（Sher, 1997）。
[58] 羅傑斯（Rogers, 1972）。

持生活。

　　我們現在由印刷商的觀點來看這些變化。由於有這些開銷，印刷商需要相當大的資本。尤其是在預付作者和印出書來以後，印刷商在學術的公海上又可能遭到剽竊和盜印。侵犯版權的剽竊者往往在各中央集權國家的疆界以外做案，因為在這樣的地區，印刷商的特權得不到保護。都柏林在十八世紀中葉是盜印英文出版品的聲名狼藉的中心，日內瓦等瑞士城市是盜印法文出版品的中心，阿姆斯特丹是盜印英文與法文出版品的中心。為了在這個競爭日益激烈的世界存活，印刷商和書商往往聯合起來，尤以在英國為甚。十七世紀時，「書商出版商公司」（Stationers Company）已有其「合股」。十八世紀中發明了商行的組合管理制度，幾個商行分擔風險，分享利潤。因此，資助約翰生《辭典》的有一群五個「擔保人」，其中包括三個著名的姓名：朗文（Thomas Longman）、米拉和斯垂漢。[59]

　　事先籌錢的一個辦法，是以預約的辦法出版。現在已經發現一七○○年前英國預約出版的實例已有八十七宗。譬如，奧吉比（John Ogilby）便是用這個辦法出版維吉爾（Virgil）和荷馬的英譯本，並用發行樂透券的方式處理未售出的書。他也用發行樂透券的辦法資助一本描寫中國的書

---

[59] 達騰（1979），頁131-176；費澤（1994）；強斯（1998）。

——《東印度公司的正式文告》(*Embassy from the East India Company*, 1669)。[60] 十八世紀中預約的辦法更爲普遍，尤其是用於昂貴的圖書，書上往往印出預約者的名單以鼓勵其他的人預約。現在已經發現的預約者名單已有二千餘個。據估計在十八世紀的英國至少有十萬人預約圖書。[61]

歐洲大陸有時也仿效這些辦法。譬如，十八世紀上半葉已知在義大利以預約辦法出版的實例有二百多宗；此後，預約辦法的採用更爲普遍。在荷蘭共和國，早在一六六一年已有預約的記錄；但在日耳曼卻開始得較遲，克勞斯托（F. G. Klopstock）一七七三年問世的關於文壇的描寫，是一本最初以這種方式出版的德文書。[62]

在法國，蒙福康所編多冊的古代圖像集《古物說明》（1716），是利用廣告中所謂「英國模式」的辦法出版的第一個實例，也就是用預約的辦法出版。一七五○年代所成立的股份公司，是爲印行一部多頁的法國地圖，這部地圖吸引了六百五十多個預約者。《百科全書》雖然訂價近一千里佛幣，但其第一版吸引了近四千名預約者。[63] 至於商行組合管

---

[60] 克拉普（Clapp, 1931, 1933）。
[61] 華里斯（1974），頁273。
[62] 蘭克霍斯（Lankhorst, 1990）；華凱（1993a）。
[63] 華里斯（1974）；達騰（1979），頁254-263，287-294；派德雷（Pedley, 1979）；派勒提爾（1990），頁117-126。

理制度，承擔出版蒙福康《古物說明》費用的有八個巴黎印刷商，承擔《百科全書》（*Bibliothèque Universelle*）出版費用的有四個，承擔《普遍圖書》的有三個。[64]

報紙和雜誌

像在《外國雜誌》（*Journal Etranger*）的情形，雜誌尤其依靠預約，雖然有關當前事件的小冊子在十六世紀時已經普遍，可是在一六〇〇年以後開始發行的報紙和雜誌，是最足以說明資訊商業化的文學式樣。十七世紀的人已經視新聞爲商品。強森（Ben Jonson）在其戲劇《新聞的主要部分》（*The Staple of News*, 1626）中，嘲弄壟斷的興起。他想像開設一個新營業所──「一個巨大的商業處所」，「各種新聞都引進這裡，在這裡檢查登記，在營業所的批准下發行，說這是最重要的新聞，其他的新聞都已過時。」（第一幕，第二景）。一位威尼斯的通報者或「記者」也和強森持同樣的態度。他在十八世紀末葉寫道：「新聞是一種商品，並且像其他貨物一樣，是用金錢或交易獲得。」手稿「書信新聞」含有所有不宜於印刷出來的新聞，在這整個時期中都是商業性的企業。它們使作家或「記者」可以謀求生計。有時也有人

---

[64] 馬丁（1957），頁285；馬丁和察提爾（1983-1984），卷2，頁30-33。

把這個營業出售給別人繼續經營。[65]

以印刷的方式呈現世人眼前的報紙，於一六○九年時首次出現在日耳曼。十七世紀早期報紙在荷蘭共和國發展，到了十八世紀已傳布到歐洲大半的地方。[66] 一六二○年最初出現的英文和法文版的報紙，是在阿姆斯特丹印製，報名是《由義大利、日耳曼等地來的新聞》(*The Corrant out of Italy, Germany etc.*) 和《義大利、瑞士—日耳曼等地新聞》(*Courant d'Italie, Alemaigne, etc.*)。這種新文學立即成功，尤其是由於一六一八年「三十年戰爭」在中歐爆發、一六四○年代英國又發生內戰。荷蘭報紙充分報導這兩處的戰事。[67] 由一六六○年代起，法文版的週刊《阿姆斯特丹報》(*Gazette d'Amsterdam*)，不但向讀者報導有關歐洲事務的新聞，也坦白地批評天主教會和法國政府的政策。其競爭對手《雷德報》(*Gazette de Leyde*) 不坐著等消息到來而四處打聽消息。一六九九年該報派遣一名記者前往巴黎報導路易十四新塑像的開幕式。

英國在荷蘭共和國以後的八十來年，也成為一個有許多家報紙的地方。一六九五年執照法案失效以後，出版品驟增，到了一七○四年，倫敦有九種報紙；到了一七○九年這

個數目上升到十九。重要的外郡城市如布里斯托（Bristol）和諾維其也有其報紙，如《布里斯托郵差報》（*Bristol Postboy*, 1702）。[68]

學術性的雜誌每月或每兩個月出刊一份，傳播更多的學術知識。這一種文學始於一六六〇年代，最初出版的是巴黎的《學者雜誌》（*Journal des Savants*）和倫敦皇家學會的《哲學論文集》。十七世紀後半，阿姆斯特丹同時是德斯波德發行的《文壇新聞》（*Nouvelles de la République de Lettres*）和雷克來克所主編的《一般和歷史性圖書》（*Bibliothèque Universelle et Historique*）這兩種互相競爭刊物的出版地。德斯波德的《文壇新聞》這個名稱尤其選得好。它以期刊的形式出版，其目的正是為了提供「文壇」的新聞，首次包括著名學者的訃聞（附死者簡略傳記）和對新書的評論。學術性雜誌可以是一種好生意。譬如《學者雜誌》在阿姆斯特丹和科隆被盜印。而在羅馬、威尼斯、萊比錫等地也仿效發行學報。

參考書的興起

在需要資訊的時候找資訊的問題（今日所謂的「檢索資訊」），是一個古老的問題。印刷術發明以後，它有了新的形

---

[68] 哈里斯（1987）。

式。印刷術可以說簡化了這個問題，也可以說使它更為複雜。書籍使許多項資訊容易找到，但一個人得先找對書。由於一五○○年以後書籍繁增，這是一個必須認真考慮的條件。十七世紀後期書評的興起，是在於回應一個愈來愈嚴重的問題。

　　另一個解決的辦法，是參考書的發明。近代早期這種書籍形形色色，令人為之眩目，尤以十八世紀為甚。百科全書、辭典、地圖集和參考書目，只是其中較為顯著的幾種。一五○○年時辭典還很少，但是到了十七和十八世紀，辭典大量產生，並且延伸到包括非歐洲的語言。這個時期的參考書也包括曆書、植物誌、年代紀和記載規則或指令的指南。有一些是為懺悔者和悔罪苦修者所預備的有關良心問題的手冊。又有圖書館、博物館、書商的目錄，當然還有「禁書索引」。有的讀者把「禁書索引」當做有趣書籍的目錄，因為不許看的書必然很有趣。

　　地理參考書也大量生產。有一些是有關地名的辭典。這些自十八世紀早期以後稱為「gazetteers」，因為它們協助讀者了解報紙上的故事。也有城市、區域、國家或世界的旅行指南（尤其值得注意的是艾斯維爾的叢書），如一五九○年代出版的義大利神職人員波德羅的《世界報導》（*Relationi universali*），或達維提（Pierre d'Avity）的《描寫》（*Description*, 1643）。達維提的書共分四卷，每一卷描寫當時已知的一個

大陸。還有郵遞時間表和店主或手藝人的地址簿，也就是日後電話簿的前身。[69]

　　此外，還有軼事選輯和較長的文集（旅遊、法律、條約或教會會議的法令）。還有各式各樣「如何做」的書籍，教人書法、雕刻、烹飪、跳舞、鑽孔、耕作和寫作等技巧。我們現在已經找出一四七〇到一五九九年間為商人所印行的一千六百種指南。十七世紀時，印的比這個多過一倍。十八世紀又有多冊的工商業百科全書興起。[70]

　　十八世紀中葉，文人格林姆（Melchior Grimm）已經在嘲弄參考書的大量生產。他說：「對於辭典的熱狂在我們中間異常流行，以致有人剛印了一本《辭典的辭典》（Dictionary of Dictionaries）。」他並沒有誇大其辭。一七五八年真有一個名叫諾因維（Durey de Noinville）的人在巴黎出版這樣一本辭典。

　　這些參考書的書名，有「地圖集」、「箴言」、「摘要」、「城堡」、「目錄」、「老生常談」、「概略」、「匯編」、「辭典」、「人名住址簿」、「百科全書」、「大要」、「花卉」、「森林」、「花園菜圃」、「專門辭典」、「金礦」（錐克索〔Drexel〕，1638）、「指南」、「手冊」（依古典的

---

[69] 高斯（Goss, 1932）。

[70] 裴洛（Perrot, 1981）；胡克和京寧（Jeannin, 1991-1993）；艾爾卡（Elkar, 1995）。

傳統）、「詳細目錄」、「旅行日誌」、「題解」、「圖書館」、「精華」、「鏡子」、「隨手參考書」、「戲目」、「節要」、「戲院」、「寶庫」、「樹木」和「隨身攜帶便覽」。我們可以看到由具體（花朵、花園菜圃和樹木）到比較抽象事物的逐漸移動。

　　最成功的圖書中，有教士摩芮瑞（Louis Moréri）的歷史辭典（一六七四到一七五九年間出了二十四個法文版和十六個翻譯版）和劍橋大學教師伊察（John Eachard）的地理辭典《地名辭典詮釋》（*The Gazetteer's Interpreter*）。後者在一七五一年已出了第十七版，並於一八○○年以前譯為法文、西班牙文、義大利文和波蘭文。有些德文學術界指南也是成功的出版品。其中最值得注意的是摩荷夫的《博學者》（1688）。這是一本圖書館、會話和「各學科」的指南，一七四七年已出版了第五版（增訂版）。另一本值得注意的是司楚浮有關學術和使用圖書館的介紹，一七○四年初版，一七六八年為第六版（擴充版）。

　　大量生產也造成專門化。譬如，參考書目最初的目的是具普遍性，至少在學術的領域和在拉丁文上是如此。不過國別參考書目隨即出現，如梅因（La Croix du Maine）的《法國圖書館》（*Bibliothèque Française*, 1584）。稍後，十七世紀早期，又出現按主題分類的參考書目，分神學、法律、醫學、歷史和政治（一七三四年，法國學者藍勒〔Nicolas Lenglet〕

出版第一部小說參考書目選）。給特殊人群（如教士、商人、醫師、律師、婦女）等所出版的參考書愈來愈多。譬如，傳教士可以參考拉巴達的《宣道者的工具》或法國耶穌會士豪德瑞（Vincent Houdry）的《傳教士圖書》（*Bibliothèque des Prédicateurs*, 1712）。這兩部書都多次再版。《傳教士圖書》譯為義大利文和拉丁文，以便有更國際性的市場。

百科全書

　　在這個時期，各種百科全書數目增加、部頭更大更重，也更昂貴。摩芮瑞的歷史辭典最初是一卷，在近一個世紀內增加到十卷。日耳曼新聞記者克呂尼茲（Johann Georg Krünitz）編了一本長十六卷的經濟百科全書（1771-1772）。濟德勒（Zedler）的《專門字典》（*Lexikon*）有三十二卷。法國的《百科全書》有三十五卷。《百科全書》的競爭對手瑞士的《人類知識推論與解釋辭典》（*Dictionnaire raisonné des connaissances humaines*）有五十八卷（1770-1780）。克呂尼茲的經濟百科全書定期訂正，加入最新材料，到一八五八年已達到二百四十二卷之巨。

　　可是這樣的擴張正引起對於小型參考書的需要。小型「可隨身攜帶」的參考書，與大型參考書相輔相成，如《輕

便譜系辭典》（ *Lexicon genealogicum portatile,* 1727），《傳教士
輕便型辭典》（ *Dictionnaire portatif des prédicateurs,* 1757），
《輕便型家事辭典》（ *Dictionnaire domestique portatif,* 1762），
《義大利輕便型辭典》（ *Dictionnaire portatif d'Italie,* 1777），
《婦女輕便型辭典》（ *Dictionnaire portatif des femmes,* 1788），和
《輕便型地理辭典》（ *Dictionnaire géographique portatif,* 1790）。
出版商設法投一般讀者的所好，並且設法向他們銷售百科全
書，說不藉百科全書之助便不能看報，乃至不能與人明智地
交談（因而有「會話百科全書」的想法）。

　　有些進取心強的出版商試用新的生產方法。編百科全書
已經成為一種專門的職業。鹿特丹的利爾斯（Reynier Leers）
曾於一六八九年出版福瑞提爾（Furetière）的《辭典》
（ *Dictionary* ）；這部一個人的著作，曾與法國學會（Académie
Française）所主編的官方法文辭典競爭。利爾斯支付難民學
者貝雷薪水，使他可以安心編著《歷史性和批評性辭典》
（ *Historical and Critical Dictionany,* 1697）。[71] 類似地，日耳曼
大學問家魯多維奇專門替濟德勒工作。一七四七年時狄德羅
的契約，言明他編《百科全書》的報酬是七千二百英鎊，而
工作較輕的達倫伯，報酬是二千四百英鎊。

　　另外一個新趨勢是集體研究和寫作的興起（比較本書第

---

[71] 蘭克霍斯（1983）。

三章）。雷克來克提議組成一個國際專家委員會，以便糾正和擴大摩芮瑞的歷史辭典。企業家實踐學者的建議。濟德勒的《辭典》和狄德羅的《百科全書》，撰稿的人成群結隊（《百科全書》的撰稿人至少有一百三十五個）。[72] 多卷百科全書，尤其清楚說明知識的商業化，因爲大規模的事業需要同樣大量的投資。許多著名的十八世紀百科全書，都是用預約的辦法出版，如在威尼斯的皮瓦提（Pivati）的《新科學辭典》（*Nuovo dizionario scientifico*）、在萊比錫的濟德勒的《辭典》，以及法國的《百科全書》。哈里斯的《技術辭典》，以及法國的《百科全書》。哈里斯的《技術辭典》（1704），乃由十位書商或承攬人的企業組合所出版，上面所列的預約者近九百人。[73]

　　當時英國的兩部最著名百科全書是謙伯思的《百科全書》和《大英百科全書》。這兩部書都起源於蘇格蘭。它們都有預約的基礎，也有書商的組合分擔開支和分享利潤。有人說這種股東的制度類似股份公司（事實上其股份有時也買賣）。

　　謙伯思的第一版《百科全書》乃於一七二八年完成，共對摺本二冊，訂價四個基尼阿金幣。到了一七四〇年，已出

---

[72] 普魯斯特（1962）；婁福（Lough, 1968），頁 466-473；魁登保（Quedenbaum, 1977）；凱若斯（Carels）和福洛瑞（Flory, 1981）。

[73] 嘉若法羅（Garofalo, 1980）；布來紹（Bradshaw, 1981a）。

了第五版。包括朗曼在內的若干股東分擔其成本。朗曼又由其合夥人購買股份，到一七四〇年已擁有這項計畫的六十四分之十一股權。類似地，也擁有約翰生《辭典》的斯垂漢，到一七六〇年時已取得謙伯思百科全書六十四單位中的五單位。[74]《大英百科全書》原是雕刻師拜爾（Andrew Bell）和印刷商麥法古哈（Colin McFarquhar）的聯合計畫。第三版的銷售，使唯一活著的拜爾賺入四萬二千英鎊。然而，最成功的或許是《百科全書》。如果我們把最初在巴黎出版的對摺本和在日內瓦、盧卡（Lucca）和里佛諾（Livorno）出版的再版本、日內瓦和紐恰托（Neuchâtel）出版的四開本，以及在洛桑（Lausanne）和伯恩（Berne）印的八開本都算在內，到一七八九年一共已有二萬五千來部。[75]

　　本章前面所舉的細節，說明知識的貿易，不是十八世紀新出現的事。在十八世紀新出現的事是知識已成為一大企業。《百科全書》的一位出版商潘庫克（Charles Joseph Pancoucke）曾經形容它是「一椿生意」，簡潔地說明這個情形。潘氏擁有十七種雜誌，比大多數的人更明白出售知識的過程。[76]

---

[74] 布來紹（1981b）。

[75] 達騰（1979），頁33-37。

[76] 達騰（1979），頁26；艾森斯坦（1992），頁132。

比較和結論

上面所形容出版業的發展，可以簡略說成「圖書的商業
化」。這種發展的較廣大環境，歷史家稱爲十八世紀中的
「消費者革命」或「消費者社會的產生」。這一種轉變在英國
尤其顯而易見，但也延伸到歐洲其他部分乃至歐洲以外的地
區。譬如預約或預訂在這個時期是一個用於各種目的的辦
法，如付錢加入各種俱樂部、看戲、聽演講等。「休閒的商
業化」和「文化的消費」是這個革命的一個重要部分，包括
戲院、歌劇院、畫展的興起。任何花錢買票的人都可以進入
觀賞。[77] 敏感的當代人，又比歷史學家老早注意到這個趨
勢。亞當・史密斯有一次說：「在一個商業社會，一般人大
半的知識都是買來的。」

　　把本章所形容和分析的這些歐洲趨勢，放在一個較廣大
的脈絡中去看，便更具啓示性。在這個時期，回教世界抗拒
印刷術。十八世紀早期在伊斯坦堡開設的印刷所是少數例外
情形之一。但這家印刷所也只維持了幾年，並只生產了一小

---

[77] 普倫布（Plumb, 1973）；麥克肯錐（McKendrick）、布汝爾和普倫布
（1982）；布汝爾和波爾特（1993）；伯明罕（Bermingham）和布汝爾
（1995）。

撮的書。[78] 與東亞尤其是與日本相較，最具啟示性。這個時期雖然洲際貿易日益成長，可是德川幕府時代日本圖書的商業化，可能是與休閒的都市化學同業化有關。它與西方的趨勢平行發展，但與西方的趨勢沒有關係。[79]

日本自十七世紀起，已經有印刷術發達和書店興起的跡象。圖書貿易的擴張，與一種新書——廉價小冊子——的興起有關。這些小冊子，不論是小說還是指南，不是以習用的漢字寫成，而是以比較簡單的假名寫成，使這些比較廉價的出版品可以接觸到一種不識漢字的新的讀者，尤其是婦女。[80] 到了一六五九年，京都書商的目錄中，已包括關於作者、書名、出版公司和價格的資料。到了一六九六年，近八千種書已在流通。

利瑪竇這位十六世紀義大利耶穌會傳教士，最有資格拿中國和西方做比較。他曾說：中國書比義大利書價廉。中國當時有一千多萬人口（譯註：當時中國人口早已破億），而又使用同一文學語文，其圖書的市場因而相當大。薄利多銷，利氏的評語是很有道理的。閱讀書寫能力在近代早期的中國，比以往歷史學家所認為的更普遍。誠然，一個人要認識三萬個表意文字才算得上有學問，這樣的成就需要花多年

---

[78] 羅賓森（1993）。

[79] 協福利（Shively, 1991），頁731。

[80] 孔尼奇（Kornicki, 1998），頁172。

的苦工。然而認得二千個字也就可以過日子了，而我們有證據說明當時一般男女市民往往能到達這個水準。[81] 廉價出版品如曆書和小百科全書多得很。福建省的印刷業尤其專精這一部分的市場。易言之，中國和歐洲一樣也有資訊商品化的趨勢，不過其百科全書卻沒有商品化。

　　中國的百科全書傳統溯源於西元第三世紀，可是它和西方古典傳統不一樣的是，它始終沒有間斷。單以明朝爲例（1368-1644），今日所知其百科全書有一百三十九種。中國的百科全書早在西方百科全書擴大以前便已卷帙浩繁。十五世紀早期的《永樂大典》有二千來人撰稿，並多達一萬卷，因爲印刷太過昂貴而不能印刷，因而很難保存（流傳至今的只有百分之四）。清朝早期，一七二六年在皇家的贊助下出版《欽定古今圖書集成》。這部百科全書規模更大，而且是印出來的。它有七十五萬多頁，大概是世界上印出來的最長的書。這個計畫的目的是收集傳統的知識。《四庫全書》可以例示這一點。《四庫全書》選輯了三千五百來部書，以手稿形式存放在七個不同的地點。這個計畫乃於一七七二年到一七八〇年代後期進行。[82]

　　我們應當強調中國百科全書與西方百科全書間組織、功

---

[81] 饒斯基（Rawski, 1979）；饒斯基（1985），頁17-28。

[82] 包爾（Bauer, 1966）；蒙耐特（Monnet, 1996）。

能和讀者的差異。早在唐代，中國便已生產百科全書，其主
要的目的在於因應科舉考試應考生的需要。科舉考試的考生
在答考卷時要寫好些文章。這些參考書的內容主要是按課題
排的古書引句，以便記憶力好的考生在答考卷時可以引經據
典。至於《圖書集成》，由於它乃由帝王贊助，印出來也沒
有幾部，可以想見它主要的目的是協助官吏工作。它與謙伯
思和濟德勒的百科全書以及《百科全書》的差別顯而易見。
高麗政府對印刷業的控制比中國政府更徹底，有時也禁止私
人生產和銷售圖書。[83]

　　這種對比，其意義當然是出於臆測，但是我認為它可以
視為兩個知識系統間較大差異的徵候或指標，中國可謂官僚
性知識組織與歐洲比較企業化知識組織（有時稱為「印刷資
本主義」）間較大差異的徵候或指標。[84] 回到蓋爾納的說
法，我們可以說在近代早期，中國的知識乃與高壓政治有關
聯，在這種情形下是與官吏而非士兵、與筆而非劍有關聯。

　　然而在近代早期的歐洲，知識乃與透過印刷術的生產有
很密切的關係，而這種情形導致較開放的知識系統。印刷術
的發明有效地創造了一個新的社會群體，這個群體希望將知
識公開。這並不是說資訊只是為了經濟的理由公開。如上一

---

[83] 吉塞克（1991），頁124-129。

[84] 安德森（1983）。

章所述，政治上的敵對與競爭有時使一個政府揭露另一個政府的秘密。儘管如此，在整個近代早期，資訊的市場都日益重要。我們在前面已經看到，即使「純粹」或學術知識也受到這個趨勢的影響。

　　維布倫也以典型生動的方式指出這一點。他認爲在他那個時候的美國，「高級學術」是「實際的」與當時的企業和工藝技術一樣是「機械論性質的」。他說那是一個「高度消毒和無菌的知識系統」。[85] 知識的選擇、組織和陳述不是中立和無價值觀念的過程。相反地，它是由經濟和社會及政治制度所支持的一個世界觀的表現。

比
較
和
結
論

---

[85] 維布倫（1918），頁7。

獲得知識：讀者的部分

　　由大門走進學術的殿堂，必須付出時間遵守禮節。匆
匆忙忙不拘禮節的人，只能由後門進去。

斯維佛特（Swift）

　　知識有兩種。我們自己懂得一個主題，或我們知道如
何去找關於這個主題的資訊。

約翰生

　　上一章所談，是爲牟利而生產知識以及知識與十八世紀
「消費者社會」興起之間的關係。現在應該看一看消費者本
人，他們取得或將知識據爲己有的方式以及他們對知識的使
用。

　　關於個人對知識的消費，記錄相當完整。貨物的清單
上，常載有一本一本的藏書的書名。第七章中所述以預約方

式出版的方法，也出版預約者的芳名錄。這份名錄使歷史學家多少知道一點不同地點和時間，以及看不同種類書籍的讀者群是些什麼樣的人。我們可以發現一些有趣的事。譬如哈里斯所編《技術字典》的預約者，由牛頓和古典學者班特雷（Richard Bentley），一直到一名造船者和鐘錶匠。又，雖然一般以爲《百科全書》反對教士，可是它的預約者中有很多竟是法國教士。[1]

可是預約名單也清楚提醒我們當時個人想接觸知識也會受到種種限制，只有極少數的人預約得起最大開本的百科全書，甚至一份雜誌。公立或半公立的圖書館不是沒有（第四章），但是受到個人住所的明顯限制，很少的人能用到這些圖書館。在羅馬和巴黎的人較其他處的人佔優勢。法國法律作家巴伯瑞克（Jean Barbeyrac），一七一六年時曾說他希望自己是住在柏林而非洛桑，因爲在柏林比較容易使用到圖書館。英國歷史學家吉朋（Edward Gibbon）一七六三年時在洛桑和日內瓦的公立圖書館中工作，並且哀嘆倫敦沒有公立圖書館（一七七○年，在大英博物館開放以後不久，他便取得讀者的資格）。[2]

圖書館的社會學，與其地理學一樣與取得知識的歷史有

---

[1] 錐納（Trenard, 1965-1966）；協克頓（Shackleton, 1970）。

[2] 凱因斯（Keynes, 1940），頁18-19；戈德嘉（1995），頁13。

關。使用近代早期的圖書館，要看館長和其工作人員的態度
而定。譬如，外國學者的通信中，充滿對於不容易使用威尼
斯瑪西安那（Marciana）圖書館的抱怨。瑙德曾經著文討論
圖書館。他說只有牛津的鮑德聯圖書館、米蘭的安布羅西安
那圖書館和羅馬的奧古斯汀圖書館允許學者自由進入（據悉
在一六二〇到四〇年間，曾有三百五十名左右的外國學者使
用鮑德聯圖書館）。十七世紀英國的旅行家雷索（Richard
Lassels），也曾高興地說：「安布羅西安那大門為任何人敞
開，由人隨意看書，而羅馬的大學圖書館和奧古斯汀圖書館
每天對公眾開放，並有一個殷勤的人士替你找任何你想看的
書。」

　　在這個時期，公共圖書館繁增，其書架上的書也繁增。
譬如一六四八年時，在巴黎的瑪札林圖書館開放的日子，經
常有八十到一百個學者使用其圖書。一七二六年，維也納的
帝國圖書館正式對讀者開放，十年以後巴黎的皇家圖書館也
正式對讀者開放。到了十八世紀後期，訂書已有印就的表
格，不過新聞記者梅西爾（Sébastien Mercier）曾經抱怨說：
「這個龐大庫房每週只開放兩次，每次兩個半小時……對公
眾的服務欠佳，態度倨傲。」[3]

　　在倫敦、巴黎等地，給比大學生更廣泛的公眾所舉行的

---

[3] 克拉格（Clarke, 1970），頁83。

演講也更頻繁。大半是收藏私人藏品的博物館，在這個時期也逐漸開放；由流傳下來的訪客登記簿可知，至少對上流社會的訪客更爲開放。[4]

　　儘管如此，本章最好還是將焦點集中在透過閱讀書籍和期刊的知識獲取上。期刊所以值得一提，是因爲它們使學習更爲容易。義大利思想家貝加利亞（Cesare Beccaria）有一次在《咖啡館雜誌》（*Il Caffè*）上寫道：期刊比書籍更能將知識傳布廣遠，正如書籍比手稿更能將知識傳布廣遠。有的讀者因爲敬畏書籍而家中不藏書。然而期刊與讀者比較親近，「它就像一位朋友，只想在你耳邊說句話。」

閱讀與接受

　　知識的取得當然不只是靠資訊的貯存，也要靠一個人的智慧、設想和作法。有關聆聽乃至觀看方式的歷史，至今尚未有深入的研究。但是在過去幾十年間，閱讀的歷史卻吸引了極大的注意，並且導致一種新的撰述科學歷史的方法。[5]

　　這種新的研究方法也造成了若干辯論，尤其是對於今日所謂「廣泛閱讀」（也就是瀏覽、略讀和參考）興起的辯

---

[4] 芬德倫（1994），頁129-146。

[5] 協曼（Sherman, 1995）；布來爾（1997）；強斯（1998）。

論。有一位歷史家說十八世紀後期日耳曼曾發生了一次「閱讀革命」，也就是由精讀轉爲略讀。另一位歷史學家描述「由密集和虔敬閱讀到比較廣泛和滿不在乎閱讀方式」的比較逐漸和一般性的轉變；後者乃是由於書籍的激增所造成的書籍不再被視爲神聖。十八世紀中葉，約翰生博士以他慣常的說服力問他的對話人：「先生，你會把書看完嗎？」[6]

　　然而，略讀的方法並非一個新發現。古羅馬的哲學家西尼加（Seneca）在致盧西里烏斯（Lucilius）的第二封信中，已經勸他這位學生不要只瀏覽圖書，說瀏覽圖書像是不好好吃飯。法蘭西斯‧培根在其〈論學習〉（"Of Studies"）一文中，也同樣比較閱讀和吃東西。他說使用圖書有三種方法：「有的書是只要嚐一嚐，有的書是要嚥下去的，少數的書是要細嚼慢嚥並且消化的。」培根的話使我們想到：和我們今天的許多人一樣，十七世紀時，同一個人可以有各種不同的閱讀方法。哈里斯技術辭典的序言中說：「精讀書籍很有用，偶爾當字典參考參考也很有用。」

　　學校和大學鼓勵精讀，往往要求學生熟習亞里斯多德、西塞羅、聖經和羅馬法匯編的文本。爲了熟習這些文本，學生必須使用「人工記憶」的古典技巧，努力把他們想要記得的事情和放在教堂或戲院這些想像中「地方」的生動和戲劇

---

[6] 安吉星（Engelsing, 1969, 1974）；察提爾（1987）。

性形象，繫聯在一起。[7]

　　在普魯斯特（Marcel Proust）和與他同時的社會學家阿布瓦克斯（Maurice Halbwachs）以前好幾個世紀，便有人清楚認識到對記憶來說聯想的力量和地點的重要性。或許為了這個原因，卡騰爵士（Sir Robert Cotton）用羅馬帝國皇帝的名字形容其圖書館的主要區域；他把這些皇帝的半身雕像放在書架上。查理二世朝的國務大臣威廉森，也以類似的方法排列他的文件。[8]

　　另外，學生可以在看書的時候記筆記。這個方法今日還在用，不過這並不表示我們可以視它為理所當然或假定它一成不變。如果有人寫，則一部記筆記的歷史將對知識的歷史有極大的貢獻。這個歷史可以包括記演講的筆記（十六和十七世紀的若干演講筆記流傳至今）和記旅遊的筆記，後者往往是為了教育的理由，由遍遊歐洲大陸的年輕貴族所記。[9]

　　書本上面也可以記筆記。讀者可以在某些文句下面畫線或在書頁的空白處寫上標題或「注意」二字，後者有時也用一個手指的指點表示。有時印刷商也插入一些這種旁註，使學生讀書比較容易。另外，可以用特殊的筆記本記筆記。有

---

[7] 羅西（1960）；葉特斯（1966）。

[8] 馬歇爾（1994），頁42-43。

[9] 基爾尼（Kearney, 1970），頁60-63，頁137，151；格拉夫頓（Grafton）和賈汀（1986），頁15，18-20，85註，164-166，170-173；斯泰格（1980）。

良好組織能力的學者可以給不同的科目不同的筆記本。譬如孟德斯鳩有歷史學、地理學、法律、政治學、神話等分門別類的筆記本。最遲到十八世紀，已用狹長紙片記筆記（否則像吉斯納這樣的書目編者如何工作？）。這種紙片的好處是如有需要可以重新排列組合。由於狹長紙片容易破損，有的學者便喜歡把筆記記在紙牌的背面。這便是日後在知識生活上異常重要的索引制度的原型，一直到個人電腦最近來臨以前，索引制度的重要性無與倫比。[10]

　　最遲到十六世紀，學校已經教導學生記筆記。一直到十六世紀，英文中的「notes」一字才做「筆記」解，而「digest」一字也才作「摘要」解。這一點可能是有重要意義的。這個時候，經常有人勸大家保存以系統化方式組織的筆記本，往往按課題的字母的順序排列。如第五章所示，這是一個排列知識次序的普通辦法。課題與人工記憶的「地點」繫聯以後，便有助於作者生產新的文本，讀者不費什麼事便可加以消化，不論這些讀者是學生、撰寫講詞的律師，或講道的傳教士。

　　譬如，講道的傳教士可以用的書有：十五世紀時已有印刷本流通市面的綽號「安眠」的講道集大綱，所以稱為「安眠」，是因為它可以緩和對下一個禮拜天講道所感到的焦

---

[10] 協克頓（1961），頁229-238。

慮。拉巴達的《宣道者的工具》；或杜赫德瑞的八卷長《傳教士圖書館》。豪氏的這部書到出第四版時已擴大到二十三冊。它按字母的次序羅列各種講道的課題，主要是像「痛苦」或「野心」這樣的道德主題，還適切地提到聖經、初代教會的創建者、神學家、傳教士等。它乃出於主題的傳統。這種情形可以由豪氏並列考慮一對對相反性質的習慣看出，如把謙恭和驕傲放在一起考慮。

　　人工記憶的「地點」包括各種抽象的概念如各種比較和對比，幫助讀者組織資訊，在需要時容易找回。一如教育作家伊拉斯摩斯和維弗斯所建議的，主題也包括謹慎、公正、剛毅和節制等道德品格，有時還搭配上與其相對的惡行。學者可以在這些標題下記下由荷馬、維吉爾及其他古典作家作品徵引的引人例子，以便在提出支持或反對某一特殊行為的議論時，可以使用。由於同樣的例子往往重現，「主題」的想法逐漸由主動變為被動，由一個組織資訊的設計變成我們所謂的陳腔濫調。[11]

　　由主題書所具體表現的，以及在學校和大學中教授的道德辭令方法，影響到近代早期歐洲的閱讀模式，因此學者可以利用它來重建這些模式。以歷史為例，當時有若干論著是專談閱讀歷史書的藝術。這一類中最著名的例子是波丹

---

[11] 施密德－比格曼（1983）；布來爾（1992, 1996）；摩斯（1996）。

（Jean Bodin）的《輕易理解歷史的方法》（*Method for the Easy Comprehension of History,* 1566）；其中有一章是〈閱讀歷史論著的次序〉。在其第三章〈歷史材料的正當排列〉中，波丹勸告讀者保存一個包括他們閱讀過去歷史時所見例子的主題書，他將這些例子分爲四類——「低下的、榮耀的、有用的和無用的」。

　　由於道德上的理由，學習研究歷史被視爲正當。讀李維（Livy）、塔西陀（Tacitus）或奎齊亞迪尼（Guicciardini）著作的人應該仔細在裡面找道德的例子——供人遵循的好例子，以及需要避免的壞例子。古今歷史學家經常的道德感想，有助於讀者做這一件事。書頁上印出的旁註，使讀者注意這些感想。有時感想也印爲一個單獨的格言索引。因此，看上去十六世紀公眾閱讀歷史的方式與今日的讀者很不一樣。他們注意教訓和寓意而不注意事實，注意一個情勢的一般要點，而忽略特殊的細節。

　　讀歷史時，也十分注意箴言。像古希臘和羅馬的歷史學家一樣，十六世紀的歷史學家也把許多話放在顧問、將軍或大使的口中，以爲自己的解釋，主張或反對一個特殊的做法，或勸告軍隊作戰。貝勒佛瑞斯（François Belleforest）是法國一位專業作家，很像威尼斯的多產作家。他曾發表一部稱爲《演講集》（*Haranguos,* 1573）的書，收錄了古今傑出歷史學家所輯的演講，每一篇演講的前面是議論節要，最後面

記其效果。書中包括格言和主題的複雜索引，增加了這部書所謂的參考價值。

參考書

主題書籍鼓勵精讀，而參考書的興起卻鼓勵與之相反但相輔的博覽略讀。在第七章中，我們已經由生產者的觀點討論過這個文學的類別或類別簇。現在應該由需求的方面看參考書，問一問它們替什麼人提供了些什麼，又如何使用它們。

參考書的定義，可以說它是一本不是爲「從頭到尾」閱讀而設計的書；相反地，它供人參考，供人在書中找一個特殊資訊項目，走知識的捷徑。本章題辭所引斯維佛特的句子，巧妙地表示這一點。斯氏說這是進入「學術殿堂」的「後門」。

我們可以說，由讀者的觀點來說，無所謂參考書。因爲任何書都可供參考，即使小說也不例外；而且任何書都可以閱讀，即使百科全書也不例外。書的篇幅愈大，便愈不可能由頭讀到尾。我們不應以爲參考書是一個固定的事物匯編，而應透過讀者的作法爲它下定義。

且以卡斯提里昂（Baldassare Castiglione）所著《朝臣書》（*Book of the Courtier*，一五二八年初版）爲例。很可能這本對

話集的作者旨在探討有關教育和朝廷生活的一系列問題，而非提供清楚明確的答案。無論如何，最初的對開本甚至不分章，很難快速找到任何資訊。然而，這本書成爲一本暢銷書，出了一百二十五版，包括各種文字。由流傳下來的文本來看，可知當時有些讀者把這本書當作有關良好行爲的資訊出處，甚至當作在交際時所講軼事趣聞的出處看。有的印刷商利用機會，爲了便利尋找資訊，將這本書分成許多章，並且給它全套的旁註、索引和仔細的內容目次，因而將它轉化爲一種參考書。[12]

　　近代早期書籍版式的改變，更清楚說明許多書不是爲精讀設計的。索引和內容目次愈用愈多。「內容表」（即「內容目次」）往往照字面解，因爲一張包括各章書標題的單子，有時可以用本書第五章中所討論的「有括弧的表」形式的綱領所取代或補充。這種表使讀者可以幾乎一眼便可看出一本論著的結構。譬如，波頓的《憂鬱的剖析》一書，用這個技巧展示憂鬱的定義、種類、原因和徵候。徵候分爲精神上和體質上的，原因分爲一般或特殊的、自然或超自然的等。

　　再者，紀年表中平行縱列的使用，使讀便於將各種不同的記時系統（猶太、基督教、回教等）並列對照，而因此揭

---

[12] 柏克（1995c）。

露「時代錯誤」。數目字的表格日益重要，其發展與統計學的興起平行，不論一本書的主題是天文、歷史或政治經濟。表格使做比較和對比更為便利。圖表和其他插圖常出現在各種論著中，由植物誌到鑽孔手冊。它們使讀者不多花精力看其文字也可以使用一本書。為了了解地圖、數字表格等的意義，新的閱讀技巧和閱讀書寫方式需要日增。

書籍的繁增，引起如何在不浪費時間的情形下，比較對同一現象不同記載的問題。為放置一系列打開的書而設計的書輪，使整理和校勘的工作較為容易。今日渥芬布托的赫佐——奧古斯特（Herzog-August）圖書館中，尚存有一個十六世紀後期的這樣一個書輪。

有些種類的書，其內容安排組織的方式，足以使人不想從頭到尾去閱讀。譬如，辭典或地圖集和地名辭典、（星辰、植物或圖書）目錄、格言文選（如伊拉斯摩斯的成名作《格言集》〔*Adagia*〕）、或百科全書，都是這種書。這種書如果內容按照字母的順序安排，就更沒有人從頭到尾去看了。

按字母的順序

如達倫伯在其為《百科全書》所寫的序言中指出，在百科全書中排列資訊基本上有兩種方法（至少就西方而言是如此）。第一種方法是他所謂的「百科全書原則」，也就是按主

題組織，如傳統的知識樹。第二種方法是他所謂的「字典原則」，也就是將課題按照字母的次序排列。

　　十一世紀的拜占庭帝國百科全書（Suidas），傳入照字母排列的順序。十三世紀時，西斯特行（Cistercian）修道會的修士等人，已經使用這種索引。[13] 巴黎聖維克多大修道院的著名圖書館，十三世紀早期已用字母的順序編目。上述伊拉斯摩斯著名的《格言集》（1500）也是如此組織。吉斯納的《圖書館》（*Library,* 1545）一書，將書籍照字母順序排列，他的《動物歷史》（*History of Animals,* 1551－）也將各種動物按照字母的順序排列。天主教的「禁書索引」，也遵循同樣的原則。[14] 甚至有一些博物館也採用這個辦法。譬如，法乃斯（Farnese）家族在其卡帕拉若拉（Caprarola）的豪宅中的收藏品，也是放在標號A到N的抽屜中。

　　到了十七世紀中，照字母順序排列的方法已愈來愈普遍。[15] 牛津鮑德聯圖書館的館長詹姆斯（Thomas James）曾經希望其一六〇五年出版的圖書目錄用字母順序排列，但是這個圖書館的創辦人鮑德雷爵士堅持用傳統的按學科排列法。於是詹姆斯只好聽他的話，然而做了一個照字母順序排

---

[13] 惠提（Witty, 1965）；達理（Daly, 1967）；布林肯（Brincken, 1972）；饒斯氏（Rouse and Rouse, 1982, 1983）。

[14] 泰勒（Taylor, 1945），頁89-189；霍普金斯（Hopkins, 1992）。

[15] 塞瑞（1988-1992）。

列的索引。然而鮑德聯圖書館一六二〇年出版的目錄，已按
照字母順序排列。[16] 地名辭典的名稱，有《全世界的ABC》
（*ABC de tout le monde,* 1651）。政治家柯柏特的圖書館中，有
羅列像地圖和條約這類重要手稿的「按字母順序排列表」。[17]
用這個方法組織參考書的著名例子，有貝耶林克的《人類生
活舞台》（1631），這本書是茲文格主題百科全書的重組；後
來又多次再版的摩芮瑞《歷史大辭典》（1674）；以及貝雷
對摩芮瑞的反駁《批判和歷史辭典》（1697）。顯然貝雷在寫
他辭典中的文章時也是用字母的次序。[18] 十八世紀中葉，李
察遜（Samuel Richardson）為他的讀者編輯了一個據說是最
早的小說索引。到了十七世紀末，圖書館已開始在卡片上為
其藏書編目（最初是寫在紙牌的背面，以便新到的書卡也以
按字母的順序插入）。[19]

　　然而，這個原則今天看起來雖然很明顯，可是當初按字
母順序組織的方式（而非按課題組織另附按字母順序排列的
索引），遲遲才取代舊日的系統。一五〇〇年伊拉斯摩斯以
字母的次序發表的格言集，一五九六年又以課題組織的方式
重新發表。到了十七世紀之末，字母順序還不夠普遍，以致

---

[16] 克里門（Clement, 1991），頁 274。

[17] 桑德斯（1991）。

[18] 來曉（1993），頁 292。

[19] 惠理希（Wellisch, 1991），頁 319。

有一位關於回教世界的參考書——荷布勞（Barthélemy d'Herbelot）的《東方圖書館》（*Oriental Library*, 1697）編者——認為在他所撰的序言中，必須向讀者致歉，說這個方法「並不如想像中的會造成混亂。」不過吉朋在他的《羅馬帝國衰亡史》（*Decline and Fall of the Roman Empire*）第五十一章中，還是抱怨說他無法「消化」荷布勞那部書的字母順序。《大英百科全書》（1771）的序言，批評謙伯思和《百科全書》，說他們想要把科學放在以字母順序排列的各種技術辭彙或文辭下加以解說，乃是愚蠢。[20]

這兩個系統之間的衝突，清楚說明把知識歷史當一個進步的故事來敘說時，所引起的問題。由主題系統到字母順序系統的轉變，並不是由低效率到高效率的轉變。它可能反映世界觀的一個改變，人們失去了對於世界與文辭對應的信心。它也對應閱讀方式的改變。

第五章中所描寫的傳統百科全書，顯然不適合要找特殊條目的讀者迅速參考。字母順序的排列法省時間。然而這個對於檢索資訊問題的解決方法，也有其代價。加拿大溝通理論學家艾尼斯曾經抱怨：「百科全書可能把知識零碎切割，而後把它分別記存在小字母順序排列的小匣中。」[21] 這樣的

---

[20] 姚（1991, 1996）。

[21] 艾尼斯（1980）。

百科全書既表示而又鼓勵現代的割裂知識。荷布勞所提到的「混亂」，並不只是由於讀者不能適應一個新系統的要求。

畢竟，傳統以主題排列知識的有機性或機能整體性辦法，顯然也大有好處。它鼓勵精讀的學者注意達倫伯所謂不同學科或專業間的連鎖，這種隱於其間的制度。中古和文藝復興時代的百科全書，其設計的目的是為閱讀而非參考（不過它們也可能包含一個按字母順序排列的索引，如來希所編百科全書）。

字母順序的不定性，可以用前後參照有關課題的其他條目的辦法予以克服。如萊布尼茲所說，這個系統的好處，在於由不同的觀點陳述同樣的材料。由於追蹤這些參考資料，不論有沒有渥芬布托書輪這樣的機械設計之助，都非易事，可見當時「閱讀參考資料」不一定是輕鬆的辦法。英國作家戴維斯（Myles Davies）一七一六年在其《英國雅典》（*Athenae Britannicae*）中抱怨說：「這種附帶的參考資料要求讀者前翻後翻，但是一百個讀者中，沒有一個願意這樣做。」然而，《百科全書》中有一些前後參照不需要追蹤檢索便可達到其顛覆的目的。譬如，一篇關於「聖餐」的文章，結尾時可以建議「參看『食同類肉之動物』」。

歷史研究的輔佐工具

　　我們可以用歷史本身為例，清楚說明一世紀接一世紀，對於尋找有關某一特殊課題的知識的人來說，可用的辦法愈來愈多。譬如試想，一個學者想要查某一個事件發生的日期，或是一個活在幾世紀前的人的資料，或是一個文獻的本子。

　　在一四五○年時，這樣一個學者必須完全依靠手稿形式的資料。一百年後，他有少數幾種參考書可以查。譬如，他可以由孟斯特的《寰宇誌》（1540）查地理學的資訊。關於參考書目，他可以用吉斯納的書或日耳曼大修道院院長崔西繆斯（Johannes Trithemius）編輯，在一四九四年所發表的教會作家名錄。關於個別國家的歷史，他可以用亡命國外的義大利人文學者艾米里（Paolo Emili）有關法國的著作（一五一六至二○年出版）、瑪瑞紐（Luca Marineo）有關西班牙的著作（1533）、維爾吉（Polydore Vergil）有關英國的著作（1534）和邦費尼（Antonio Bonfini）有關匈牙利的著作（1543）。一五五○年後，可以參考華薩里的義大利藝術家的傳記。一五五三年後，可以參考法國學者印刷商艾斯汀（Charles Estienne）所編的歷史辭典。一五六六年以後，可以參考波丹的《方法》（*Method*）。《方法》是一部涵蓋整個歷

史領域的參考書目論文。

到了一六五〇年，情形起了戲劇性的變化。學者間的私人通信逐漸補充期刊和專門性參考書上的資訊。[22] 牛津大學教師惠爾（Degory Wheare）的《閱讀歷史的方法》（*Method of Reading Histories*, 1623）以及日耳曼牧師波都安比較詳細的歷史參考書目（1620）補充波丹的《方法》。奧特流斯（1570）、麥卡脫（1585-1595）與柏婁家族（一六三五年起）的地圖集，使找尋歷史書中所討論的城市和區域的問題比較簡單。若干的書，如斯卡里格（1583）和法國耶穌會士皮塔維烏斯（Denis Petavius, 1627）的名著，都包含世界歷史的紀年表。

如果需要個人的資訊，此時可以參考瑞士人潘塔里昂（Heinrich Pantaleon）的日耳曼名人傳記；法國人普魯（Gabriel du Preau）的持異端邪說者辭典（1569，由「裸體生活宗派」〔Adamites〕到「茲文利」〔Zwingli〕的字母順序）；畫家曼德（Karel van Mander）的荷蘭畫家傳記（1603）；以及亞當（Melchior Adam）的日耳曼神學家、律師和醫生傳記（一六二〇年代出版）。關於世系的問題，可以參考漢寧格（Henninger）的《系譜劇場》（*Theatre of Genealogies*, 1598）。關於特殊國家的事實和數目，一五九〇

22　波米安（1973）。

年代以後可以用波德羅對世界的描述，由一六二〇年代起，可以用本書第七章所討論的艾斯維爾的叢書。文獻集中有專門是日耳曼皇帝的集子以及專門是日耳曼和波希米亞編年史作家的文集。外文的著作可以藉辭典之助解讀。辭典在一五五〇年以前還很稀少，可是一百年後這種不可缺少的參考書中已有西班牙文英文辭典、義大利文英文辭典、法文英文辭典、法文西班牙文辭典、德文拉丁文辭典、德文波蘭文辭典、拉丁文瑞典文辭典。有的辭典更包括四、七，乃至十一種語文，其中有克羅埃西亞文（Croat）、捷克文和匈牙利文。

　　到了一七五〇年，一名學者如果能夠進入一個相當規模的圖書館，便可以參考滿書架互相競美的編年史，包括英國人瑪山（John Marsham）的編年史和一群法國本篤會僧侶所發表的批評性著作《證實日期的藝術》（ *The Art of Verifying Dates,* 1750）。地圖集中此時又有了柏婁的六冊本（1655）、恰特蘭（Châtelain）的專門《歷史地圖集》（ *Historical Atlas,* 1705）、以及馬丁尼艾（Bruzen de la Martinière）的十卷《地理和批評大辭典》（ *Great Geographical and Critical Dictionary,* 1726-1739）。摩芮瑞的歷史辭典（1674）與貝雷的歷史辭典（1697）互相競美，各有好幾種版本。藉若干辭典之助，由一六七四年的普拉修斯（Placcius）辭典起，便可以找出不具名的和用筆名的作家。傳記辭典中有專門是關於學者傳記的

孟克編《學人字典》（1715）以及尼塞龍（Jean-Pierre Nicéron）
卷帙浩繁的《名人回憶錄》（*Memoirs of Illustrious Men*）（四十
三卷，1727-1745）。

　　更多文獻（如條約、中古編年史或教會會議的法令）現
在已有對摺本。主編的學者，有英國人萊墨（Thomas
Rymer，二十卷）或義大利人慕拉托瑞（二十八卷）和大主
教曼西（Archbishop Giovanni Domenico Mansi，三十一卷）
等。自從一六七八年法國學者杜康吉出版了一部專門辭典以
後，拉丁文的古文形式已不構成障礙。歷史書的參考書目現
在有布翰的四卷《歷史參考書目》（*Historical Bibliography,*
1685–）和司楚浮的四卷《歷史參考書目選輯》（*Select*
Historical Bibliography, 1705，二者均爲日耳曼學者所編）；
兩部法文書──杜平（Louis-Ellies Du Pin）的《通用歷史家
圖書館》（*Universal Library of Historians,* 1707）和藍勒的《研
究歷史的方法》（*Method of Studying History,* 1713），後者是波
丹傳統的論著。瀏覽像《文壇新聞》或萊比錫的《博學文萃》
這類學術雜誌，可以知道有關歷史的新書以及其他許多科目
的新書。

個人的據為己有

　　許多參考書顯然是爲了供應市場中特殊的部分，如教

士、律師、醫師、婦女等。譬如，在德語世界，興起了主要是為婦女讀者編輯的百科全書。[23]

　　為了明白近代早期讀者取得和使用知識的情形，我們也需要做一點個人的事例研究。這個時候，小圖書館的業主也收有參考書。譬如，劍橋大學十六世紀學生和教師，其流傳下來的圖書清單中，有若干提到辭典（尤其是卡皮奴斯〔Antonius Calepinus〕的辭典）和百科全書（尤其是來希的百科全書）。[24] 至於使用參考書方法的問題，則比較重要而又難解。有人看到一五八八年西班牙王菲利浦二世在準備派遣西班牙無敵艦隊出航時，使用奧特流斯的地圖集指認法國的村落。[25] 而神學家蒙卡達在其《西班牙的政治復原》（*Political Restoration of Spain*, 1619）一書中，反覆提到波德羅的著作。少數著名的學者（如波丹、迪伊、哈維〔Gabriel Harvey〕和克卜勒，其閱讀方法已經詳細研究。也有人曾經仔細分析波士頓貴族西華爾（Samuel Sewall）在十八世紀早期取得資訊的不同管道。[26]

　　對於狼吞虎嚥的讀書人，記錄最詳的是對學問淵博的培

---

[23] 伍茲（Woods, 1987）。

[24] 里德漢－格林（Leedham-Green, 1987），註71，82，92。

[25] 派克（1992），頁137；派克（1998），頁24。

[26] 布朗（1989），頁16-41；格拉夫頓和賈汀（1986）；格拉夫頓（1992）；協曼（1995）；布來爾（1997）。

瑞斯克的記錄。培瑞斯克是一位知識興趣極為廣博的法官，他在學報這種刊物興起以前的三十年住在普羅旺斯（Provence）。培瑞斯克依靠一個國際性的友人網絡供給他「文壇」的消息，稱這些友人為「像我們一樣充滿好奇心的人」。他來往的信件為數浩繁，其中許多現在已經出版，其中提到新出版的書，教會創建元老的簡表、阿拉伯人的歷史、伽利略最新的論著、艾斯維爾描寫波蘭等國家的叢書、哈克路伊和百恰斯編的旅遊見聞選輯，以及同樣重要的來自威尼斯、阿姆斯特丹、羅馬等地的手稿或印本形式的書信新聞或報紙。

　　培瑞斯克不單是由書本上學習。他也熱切地收集像羅馬硬幣和埃及木乃伊這一類的物品。這個情形使我們想到獲得知識的方法有多種，而不應過於強調閱讀。對於古玩珍品的收集，尤其清楚說明將知識的據為己有。因而我們可以看一看第五章所提一個著名的十七世紀的私人博物館收藏品，也就是米蘭貴族教士塞塔拉的收藏。十七世紀時，已有這個收藏目錄的出版。目錄當然無法取代藝術品等收藏品本身，但是大多數人卻是由這個目錄去理解這些收藏品，即使是當時的人也不例外。

　　當代的人所作塞塔拉博物館的版畫給我們的印象是其中有無數類別的收藏品。由天花板吊下來的有鱷魚和魚，排列在地板上的是有座腳和耳的瓶和半身雕塑，房間中滿是抽

屜。其目錄更使我們感到一個博物館是一個小宇宙（第五章），包括世界上一切物件的標本。我們也可以說這種博物館像是一種學校，教給參觀的人木頭、金屬和陶器的用處以及世界各地的產品，如波多西（Potosì）的白銀、中國的瓷器、鄂圖曼帝國和巴西的弓和箭、埃及的木乃伊、中國和日本用表意文字所書寫的文本等。目錄中提到一些書，如曼多薩寫中國的書，也提到捐贈的人，如米蘭大主教（曾給塞塔拉一個日本花瓶）。這種情形說明至少這個博物館的業主不僅視其收藏品為不同質地物件的例子，而且也由其歷史和地理的脈絡中去看它們（參見第五章中的討論）。[27]

由蒙田到孟德斯鳩

由於本書前面有一章強調羅馬和巴黎這些大城市的重要性，現在我們也來談一談住在鄉間的人。到了十六世紀後期，已可知道英國的鄉間紳士在取得和交換歷史的資訊。[28]剛才我們已討論到培瑞斯克的情形。要了解這個時期中的變化，我們可以比較兩個擁有良好藏書和廣泛興趣並且曾到許多地方旅行的法國紳士：蒙田和孟德斯鳩。他們都住在波爾

---

[27] 芬德倫（1994），頁42-44。

[28] 勒味（Levy, 1982）。

多附近，但相隔一個半世紀。

　　蒙由在歸隱故園的時候，注意在他沉思和寫作的樓中放許多書。據知他用過二百七十一部書，其中只有三部是法律的書籍、六部是醫書，十六部是有關神學的書籍，但是有近一百部是有關古今歷史的書籍。[29] 蒙田是一位多才多藝的人，熟讀希臘羅馬古典作品，而尤其喜歡西尼加和佩脫拉克的道德著作。他對自己地區的歷史很有興趣，常常使用人文學者鮑協（Jean Bouchet）的《阿期坦年鑑》（*Annales d'Aquitaine*）。關於法國歷史，他看弗洛伊薩（Jean Froissart）的編年史和外交官康明思（Philippe de Commynes）的回憶錄；關於義大利，他看奎齊亞迪尼的歷史名著。蒙田使用他同時代人波丹的《方法》和波氏對政治制度的比較研究《共和國六書》（*Six Livres de la république*）。他對歐洲以外的世界也很感興趣，看的書有西班牙傳教士曼多薩所寫的中國歷史以及幾本關於南北美洲的書：西班牙人戈摩拉和義大利人班佐尼（Girolamo Benzoni）有關西班牙人征服美洲的著作，和寰宇誌學家塞維和傳教士勒瑞（Jean de Léry）有關巴西的著作。

　　蒙田閱讀的方式是他那個時代典型的方式。雖然他的言辭往往有創意，可是他看書著重的也是找道德的範例。雖然

---

[29] 維雷（Villey, 1908），卷 1，頁 244-270。

他明言看不起他所謂的「主題小麵餅」，但他卻藏有一本主
題書和幾卷註釋文字。譬如，他的那一本克提烏斯（Quintus
Curtius）著亞歷山大大帝傳記，書頁上有關於「武裝戰
車」、「黑海海邊女戰士」和「波斯王大流士（Darius）的言
辭」的旁註。蒙田早年的論著，看上去像是由他喜愛作家作
品中摘錄的引申，根據道德的類別排列。而「分主題的方
法，又影響到他後來論著的書名和內容。」[30]

　　孟德斯鳩比較有系統的研究，所援引的書籍更爲廣泛，
這些書他當時已能用到。他在拉布瑞德（La Brède）鄉間別
墅的圖書館，藏書有三千卷。他的筆記本大多只以書名爲人
所知，本章前面已經提到。其中有一本（所謂的「Spicilège」）
揭示了一點孟氏取得資訊的方式。筆記中提到他自己應該買
的書，包括哈里斯和邱吉斯編的遊記；它也提到由談話中所
得到的知識，如與一位由中國回來的法國耶穌會傳教士的會
話。

　　這本筆記也說明孟德斯鳩閱讀歷史名著，如馬基維利關
於佛羅倫斯的著作、嘉農（Pietro Giannone）關於那不勒斯
的著作，和百納特關於英國的著作。他又由報紙（如《阿姆
斯特丹報》〔*Gazette d'Amsterdam*〕）上剪下許多段落，尤其注

---

[30] 維雷（1908），卷2，頁10，52；戈耶特（1986-1987）；摩斯（1996），
　　頁212-213。

意的是商業資訊，如由里約熱內盧運載鑽石的船隻抵達里斯本。孟氏關於坎弗對日本有名的描寫有詳細的筆記，其中多少揭示孟德斯鳩選擇的原則，尤其是對日本生計方式（稻米文化）的興趣，說稻米文化可以解釋日本比較稠密的人口。這本筆記再加上孟德斯鳩的信件，說明他熟習許多參考書，如摩芮瑞和貝雷的歷史辭典、謙伯思的《百科全書》、以及法國法學權威布瑞龍（Pierre-Jacques Brillon）所編的法律字典。31

不必忽略或消除蒙田和孟德斯鳩的癖性或創意，我們可以說這兩個鄰居之間的對比，是十六與十八世紀閱讀方式的對比。蒙田用精讀的方式，可以背出一些段落作爲引文（由其中的小錯誤可以知道），而且其注意力集中在道德範例。孟德斯鳩則相反，他查書而非從頭到尾讀書，他看書是爲找事實，包括統計數字。

取得其他文化的知識

蒙田和孟德斯鳩的共同點，是他們都對其他文化很有興趣，只不過他們依靠不同的出處。許多十七和十八世紀的主要歐洲思想家都有這樣的好奇心。這樣的人在法國有伏爾

---

31 達茲（Dodds, 1929），頁81，94-95；99-100；協克頓（1961），頁229-238。

泰、狄德羅和盧梭；在英國有洛克和亞當‧史密斯；在日耳曼有萊布尼茲。一六九七年，萊氏致函神聖羅馬帝國選帝侯之妻蘇菲‧夏綠蒂（Electress Sophie Charlotte），說他想在自己的門口貼個條子，上面寫「中國通訊處」，以便大家知道可以向他申請有關這個課題的最新新聞。

　　一般而言，受過教育的歐洲人從數量極少的書籍中取得歐洲以外的知識，而這樣的書在近代早期也逐漸有所改變。譬如，一六〇〇年前後，一個人可以像蒙田一樣對於有關中國的事看曼多薩的著作，有關墨西哥的事看戈摩拉，有關巴西的事看勒瑞，再加上義大利人利瑪竇所記在中國的傳教以及其同事弗洛伊（Luis Frois）所記在日本的傳教。關於非洲，北非有非洲人李奧（Leo the African, Hassan al-Wazzân）的描述。李奧為一回教徒，被海盜綁架到羅馬。洛普斯（Duarte Lopes）曾描寫剛果，洛氏的書有義大利文、拉丁文、荷蘭文及英文譯本。鄂圖曼帝國廣為歐洲人所懼怕。關於鄂圖曼帝國的圖書很多。其中法蘭德斯外交官巴士柏克（Ogier Ghiselin de Busbecq）對於奉使鄂圖曼帝國的第一手記載，有拉丁文本、德文本、捷克文本、西班牙文本、法文本及英文本。

　　到了十八世紀早期，能得到的資訊更多，而最常被徵引的書也有了改變。由於鄂圖曼帝國入侵的威脅已經消退，對它的興趣也大減。相反地，中國則成為流行。看法國耶穌會

士杜赫德（Jean-Baptiste du Halde）所著長四卷的《中國的描寫》（*Description de la Chine, 1735*）以求了解中國的人，不止是孟德斯鳩。坎弗對於日本詳細的描寫，也增加了歐洲人對日本的興趣，這部書在一七二七年有了英文版，一七二九年有了法文版。不僅是孟德斯鳩細讀坎氏的書，日耳曼哲學史家布魯克、盧梭和狄德羅與其他爲《百科全書》撰稿的人也細讀坎氏的書。[32]

關於非洲，在葡萄牙旅行家洛普斯的記載之外，尚有耶穌會傳教士婁保（Jerónimo Lobo）對阿比西尼亞的記載。後者於一六七三年以節要的形氏印行，並且啓迪了一世紀以後約翰生博士的小說《瑞塞拉斯》（*Rasselas*）。由一七〇四年起，更有了荷蘭商人鮑斯曼（Willem Bosman）對幾內亞的描寫。鮑氏將幾內亞分爲黃金海岸、奴隸海岸及象牙海岸。可是一直到十八世紀中葉，有關非洲內陸的詳細資訊，才在歐洲出現。[33]

歐洲人對南非也愈來愈感興趣。伏爾泰的圖書館中，有十三部關於這個地區的書。其中有拉康達明（Charles-Marie de la Condamine）對於他奉派秘魯的記載和其後延亞瑪遜河而下旅行的記載。恭敬徵引拉康達明著作的人，有博物學家

---

[32] 中川（1992），頁247-267。

[33] 桑托斯・洛普斯（Santos Lopes, 1992）。

布豐（Buffon）、思想家霍爾巴赫（Holbach）和羅勃森。羅氏是愛丁堡大學的校長和《美洲歷史》（*History of America, 1777*）這本成功著作的作者。[34]

沒有時間或興趣閱讀這些專著的人，可以參考像摩芮瑞和貝雷主編的百科全書或《百科全書》。不過這些百科全書有關亞洲、非洲和美洲部分不一定可靠。[35]

就前述記筆記的系統來說，最好的辦法，是用一系列的主題總括近代早期一般讀者對歐洲以外世界的知識，如奴隸、暴君、野蠻人和食人者等主題。譬如，鄂圖曼帝國使人想到新的君主登基以後便將其兄弟殺死，也使人想到回教國家的後宮。[36] 印度使人想到裸體的哲學家和每年例節用車載克利希納（Urishua）神像遊行。一六六三年，在凱恩大學（University of Caen）所舉辦的演講，形容卡利卡特（Calicut）說：「其居民不知使用麵包。他們不守貞操，有時交換妻子。」[37]

若干讀者對異域的書寫方式似乎特別注意。塞塔拉和吳爾姆的博物館展出阿拉伯文、衣索比亞文、中文和日文的文本。他們認爲墨西哥用象形文字，秘魯用以打結幫助記憶的

---

[34] 杜奇特（Duchet, 1971），頁69，72，93，109-110。

[35] 斯維澤（Switzer, 1967），米勒（1981）。

[36] 格羅斯理察（Grosrichard, 1979）。

[37] 布魯克里斯（1987），頁155。

系統。在百恰斯所主編的遊記集中，墨西哥的象形文字於一
六二五年初見於印刷品。荷蘭學者雷特使用百恰斯的版本在
他所著的《新世界》（*New World*, 1633）中記述墨西哥文
化。博學的耶穌會士克契，其所著《埃及的埃迪帕斯》（*The
Egyptian Oedipus*, 1652-1654）是一本對於象形文字野心勃勃
的比較研究。在寫這本書中有關墨西哥的一章時，他也用了
百恰斯所主編的遊記集。

　　我們可以拿日本和中國為例，較為詳細地探討當時西方
讀者對歐洲以外世界的知識。一五○○年時，雖然馬可波羅
的遊記方以拉丁文譯本初次付印不久，可是很少的歐洲人知
道有日本的存在。馬可波羅曾提到有一個稱為「Cipangn」
的大島，居民彬彬有禮，黃金很多。但他的記述大致也只有
這一點。西班牙傳教士聖芳濟各・沙勿略強調日本人的幽默
感，而這個想法很快在歐洲普遍傳開。譬如，東方學學者波
斯泰（Guillaume Postel）在其《奇觀》（*Merveilles*, 1553）一
書中，說「日本」是一個在基督教傳教士尚未來到以前實際
上已奉基督教的國家。波斯泰所用資訊乃由他所謂恰比爾
（Schiabier）這個人和其他耶穌會資料得來。他說佛即等於基
督，而皇帝是「至高的教宗」。[38]

---

[38] 巴納－邁特（Bernard-Maître, 1953）；拉奇（1965），頁657，660註；拉
奇（1977），頁267-268。

　　波德羅也根據耶穌會的資料強調日本人的幽默感和莊重，說在這一點上他們像西班牙人。他也談到日本地震的頻仍，和日本人喜歡用水泡茶粉喝。若干年下來，主題漸增。譬如，一六六九年時，皇家學會在其《哲學論文集》中發表說：「一位在日本住了多年的聰明人」，其關於日本的說法現在被節錄爲二十點，包括「他們寫字由上向下寫。他們的政府是專制政府。他們的左手比右手尊貴。」但是歐洲人對日本的知識絕不完整。一直到十七世紀末期，法國傑出的製圖人德里索，還在討論日本是否爲一島國。

　　關於中國的課題尤其不計其數。其各種想法包括以爲中國的皇帝只是有名無實的首領；（如維柯的友人多瑞亞（Paolo Mattia Doria）在其一七〇九年的著作《禮貌生活》〔Civil Life〕中所說）中國人不喜好作戰，他們自衛的方法是允許野蠻人征服他們而後馴服野蠻人；中國人在寫字上早於西方，用圖樣而非字母；他們發明了火藥，或許也發明印刷術。蒙田曾經說印刷術與火藥在中國比在歐洲早一千年。而學者印刷商馬謙（Prosper Marchand）所著的印刷術歷史（1740），說印刷術可能是由東方傳播到西方。

　　牛津大學的教師波頓是一位有學問的人，但非東方研究專家。他在《憂鬱的剖析》（Anatomy of Melancholy, 1620）一書中幾度提到中國。波頓對官吏（他稱之爲「文人」）的地位有深刻的印象。他也談到中國沒有乞丐；考試失敗便羞憤

自殺；以及中國和西方醫藥的對比。波頓根據利瑪竇的話說：「醫師囑咐的方式和我們的相反。他們用的藥有植物的根、藥草和藥用植物。他們所有的醫術可說都包括在一部植物誌：沒有科學，沒有學校，沒有藝術，沒有學位。但是像一個行業一樣，每一個人都是由其師傅私傳。」（第二冊，第四部，第一、五節）。

波頓的評語如果以往尙不是主題，也旋即成爲主題而且多爲人所引申。一六六一年，《哲學論文集》在評論一本關於中國的近著時說：中國人十分珍視人參，並且以茶爲一種藥。十七世紀中，中國哲學與中國醫學吸引了西方人的注意，而孔夫子和蘇格拉底（Socrates）被並列爲非基督教美德的典範。[39]

將異域的知識據爲己有，自然也包括了教化和以己律人的過程。甚至在異域「當地」的西方觀察家也對不熟習的文化具有先入之見。有些不熟習的文化，如美洲的食人文化和東方的專制君主，誇大了外國文化與西方觀察者之間的文化距離。又有一些正好相反。譬如，葡萄牙航海家達伽馬（Vasco da Gama）在卡利卡特進入一間印度廟宇時，將它看成一座基督教的教堂，而婆羅賀摩、護持神和濕婆的配合，在他看來是基督教的三位一體。聖芳濟各・沙勿略在日本看

---

[39] 皮諾（Pinot, 1932）；拉奇與克雷（1993）。

到「西班牙的紳士」和「大學」，而日本天皇在他看起來像是教宗。耶穌會士將其亞里斯多德式的範疇帶到中國，因而解釋陰與陽的原則爲「實體」和「形式」。在歐洲家鄉的讀者沒有能力批評這些先入之見。其主題書往往變爲偏見文選。

　　儘管如此，我們還是不能說近代早期的讀者全信其所讀書中對歐洲以外的敘述乃至任何敘述。知識的可靠性是辯論的主題。這將在下一章中討論。

9

信任與不信任知識：尾聲

　　頑固的懷疑論者絕不會明言他們找到了什麼真理。但
是他們都指出尋找真理的最好方法。一個避免他們那種
輕率爭吵的人，卻接受了他們查究的自由，也就是各種
研究導向乃至開啓真理聖堂的唯一方法。

塞爾登

　　我們不可認爲知識的可靠乃爲理所當然之事。可靠性的
標準隨不同文化及不同時期而有異和變化。[1] 近代早期最重
要的一個思想趨勢，是關於所謂知識的各種懷疑論的興起。
度量這種趨勢乃不可能，而想解釋它也可說是膽大妄爲。下
面的敘述顯然也必然是簡化和臆測的說法，讀者對它也應抱
持一點懷疑的態度。

---

[1] 齊曼（1978）。

　　我們第一步應該區別什麼是「高級」、一般性或哲學上的懷疑態度，什麼又是「低級」、特定性或實際的懷疑態度。在實際的層次，波丹對義大利史學家玖維歐（Paolo Giovio）抱持批評的態度。他說：玖維歐「報導許多有關波斯、阿比西尼亞和土耳其帝國的事情，但是連他自己也不知道他說的是對還是不對，因為他接受各種謠言。」我們可以比較約翰生對孟德斯鳩的《法意》（*Esprit des Lois*）的反應。一七七三年，約翰生在造訪斯凱（Skye）的時候，以其慣常的粗率態度對鮑斯威爾說：「每當他想要支持一個古怪的意見時，他便引用你關於日本或某一遙遠國家風俗習慣的說法，而他對這些事一無所知。」本章的一個主旨，是在於探討「高級」哲學性懷疑論與日常或實際上對所謂知識不信任之間的交互作用。

絕對懷疑論的復興

　　一般而言，當時的人對於哲學上的懷疑論或「庇羅主義」（Pyrrhonism）有相當的興趣。「庇羅主義」乃由古希臘哲學家艾里斯城邦的庇羅得名。庇羅的著作和他那一派哲學家卡尼迪斯（Carneades）等的著作現在已都不存在。然而較後來的一個希臘文本——安庇瑞克斯（Sextus Empiricus）的「綱要」（Hypotyposes）——卻簡要敘述了庇羅派的懷疑論，由

不同的觀點主張任何超出外表形式的知識說法，都需要暫緩予以判斷。[2] 安庇瑞克斯的這個文本，在文藝復興時代的義大利重新發現。一五六二年在法國出版，一五六九年譯爲拉丁文。蒙田知道這個文本，並且因它的啓示而說了句他著名的格言，「我知道什麼？」這個句子中的問號，表示他甚至對懷疑論也表示懷疑。然而，蒙田的弟子恰隆（Pierre Charron）喜歡比較武斷的負面說法：「我不知道。」到了十七世紀早期，有一群所謂「自由思想學者」的法國學者，深爲這些想法所吸引。[3]

有人說懷疑論在十六和十七世紀歐洲的吸引力，是對於所謂「宗教改革思想危機」的反動，因爲天主教徒與新教徒之間在對宗教信仰應該根據什麼的爭論——聖經或教會傳統——中，雙方成功地攻擊對方，而較未能維護自己的立場。[4] 這種說法似乎可取。不論其起源爲何，懷疑論逐漸延伸到超越宗教事務以外。

譬如，一位法國十七世紀的作家拉摩斯（François La Mothe Le Vayer）認爲歷史著作不可信任，因爲由不同的民族和宗教觀點看來，同樣的事件看上去便不一樣。拉摩斯認爲這是一個偏祖的問題，譬如西班牙人的偏祖，或天主教徒

---

[2] 巴布京（1960）。

[3] 品達（Pintard, 1943）；格列哥理等（Gregory, 1981）。

[4] 巴布京（1960），頁 1-16。

的偏袒。他們誇大自己一方的成功，而儘量少提自己的失敗。貝雷同意這一點，甚至說他閱讀近代歷史學家的著作，是讓自己知道他們的偏見，而非知道事實。事實上，十七世紀論著上有關歷史寫作問題所討論的一個爭論點，是偏袒、利害或「偏見」的問題。[5]

另一個學者所討論的問題，是區別古籍的眞僞。以「戴爾斯」（Dares）和「迪克提斯」（Dictys）之名流傳的關於特洛伊戰爭記事，是眞是僞？一般認爲是崔斯瑪吉圖斯（Hermes Trismegistus）所寫的文章，似乎預言基督教的教義。這些文章眞的是在古埃及寫成的？或是在基督誕生以後寫成的？所有據說是教會父老寫的文本，眞正是奧古斯汀、安布羅斯（Ambrose）等人所寫的嗎？談到這個，說希臘和羅馬的古典作品乃出於柏拉圖、荷馬、維吉爾、賀瑞斯之手，有多麼可靠？十八世紀早期的一位法國耶穌會士哈都因（Jean Hardouin），以懷疑大多數古典著作的作者眞僞知名。當時的人大多拒斥他的看法，說是誇大其辭。但是也有一些學者和他一樣懷疑某些古籍作者的眞僞。[6]最著名的一個事例是「法拉瑞斯（Phalaris）書簡」的事例（法拉瑞斯乃古代西西里的暴君）。一六九九年英國學者班特雷揭穿這些書簡

---

[5] 鮑格若（Borghero, 1983）；渥克爾（Völkel, 1987）；柏克（1998b）。

[6] 葉特斯（1964），頁398-431；斯嘉（1987）；格拉夫頓（1990）。

乃是日後的偽作。大懷疑論者哈都因並非完全不合他那個時代的潮流。對於眞偽的辯論鼓勵時人出版若干揭露不具名和採用筆名的作家眞面目的參考書，如日耳曼淵博學者普拉修斯所著的《論作者不具名的著作》（*On Anonymous Writings,* 1674）。

　　如果記載非眞，那麼這些記載所說的故事眞不眞？學者開始質疑艾尼阿斯（Aeneas）是否曾到過義大利（因爲維吉爾所寫乃是虛構）？後人是否能知道最初幾個世紀的羅馬歷史（因爲寫這段歷史的人李維，其寫作的時間在他描述的事件以後很久）？

　　另一個辯論所謂知識的眞偽的領域是自然哲學，尤以在十七世紀爲甚。在這個領域，超出外表以外的世界（譬如原子的世界）的發現，以及隨之而起有關這個世界性質的爭議，都鼓勵了懷疑論。在這方面，但恩（John Donne）時常爲人引用的名句「新哲學使一切都遭到懷疑」，尤其恰當。譬如，法國的自然哲學家嘉森迪和墨沁對於事物的本質表示適度但「緩和」的懷疑，承認根據描寫的「外表的知識」，但不承認其解釋。[7] 那不勒斯的醫師卡波阿（Leonardo di Capoa）不認爲醫學知識是確切的。

　　在倫敦，波義耳透過在《懷疑的化學家》（*Sceptical*

---

[7] 格列哥理（1961），頁41。

Chymist, 1661）對話中一個名爲「卡尼迪斯」的角色，表達了他的看法。波義耳使用蒙田的「論說」（essay）一字形容他的著作，正是爲了強調其試驗性的性質。他也用「不是不可能」這樣的片語去表示他所謂的「我對許多意見不信任的傾向」。[8]另一位皇家學會的會員格蘭威發表論說爲中庸的懷疑論辯護，名爲《武斷的虛榮》（*The Vanity of Dogmatising*）。洛克在他的《論人類的理解力》（*Essay Concerning Human Understanding,* 1690）中，在討論「知識與意見」時說：「我們的天賦才能不適合穿入物體的內部結構和眞正的精髓。」（第四部，第十二章）洛克對人類天賦才能限制的看法，使我們想起嘉森迪，而他對於「論說」一辭的使用（指他的結論不過是臨時的），將他和波義耳與格蘭威一起放進蒙田的傳統。

實用主義的懷疑論

伴隨著哲學家這個運動發生的，是實際或實用主義懷疑論的逐漸興起。終久來說，後者所影響的人大約更多。古人的權威（尤其是亞里斯多德的權威）受到批評，而在大學等地知識「權威」這個觀念的本身，也受到批評。「批評性」

---

[8] 凡留文（Van Leeuwen, 1963）；沙平和協福（1985），頁67。

一辭，早期是形容我們今日所謂的「版本校勘」或文學批評。到了十七世紀後期和十八世紀早期，它變爲一個比較一般性、正面的時髦文辭。表明這種改變的一個跡象，是「批評性」這個形容詞普遍出現在書名中，如賽門（Richard Simon）的《舊約全書的批評性歷史》（*Critical History of the Old Testament*, 1678），貝雷的《歷史性與批評性辭典》（1697）、勒布倫（Pierre Lebrun）的《迷信習慣作法的批評性歷史》（*Critical History of Superstitious Practices*, 1702）和西班牙僧人費胡（Benito Feijóo）的《環球批評性劇場》（*Universal Critical Theatre*, 1726 －）。

　　實用主義的懷疑論不僅受到哲學辯論的鼓勵，也受到印刷品傳播的鼓勵。關於後面這一種資訊的爆炸，是本書主要討論的主題之一。印刷機使互相競爭的主張較以前任何時期流通更廣。譬如，前面已經看到，關於西班牙人的征服，蒙田得以同時看到親西班牙的戈摩拉和反西班牙的班佐尼的意見。關於巴西，他又得以同時看到天主教徒塞維和基督新教徒勒瑞的意見。蒙田在他的《論文集》（第三部，第七章）中冷漠地說：他差不多同時讀到關於政治理論的兩種蘇格蘭論著，而發現他們對於君主政體的看法再相反不過：「信仰民主主義的人以爲國王比運貨馬車夫還低下，而信仰君主政體者認爲國王的權力和統治權比上帝的權力和統治權還高。」

　　對於不同的「權威」互相矛盾這個問題的認識，並不是這個時期的新鮮事。十二世紀哲學家阿伯拉的論著「是與不是」（Sic et Non），已經探討了這些矛盾。然而，由於書籍繁增，更多的人更容易認識到：對同一現象的不同描寫和對同一事件的不同記述，彼此之間有許多矛盾。[9]

　　對於旅遊的描寫也和對於事件的記載一樣受到批評性的審查。由於更多到遠方旅行的人記述其所見所聞，他們之間的抵觸也更為明顯。有的旅人批評其他旅人的不正確。譬如，道明會的傳教士桑托斯（João dos Santos）批評洛普斯對非洲的描寫，甚至譴責以往的作家為扯謊的人，因為他們說看到好些地方，卻並未真正去過。有些遊記經人揭發為虛構，由哈克路伊故意不收入他著名旅遊文集第二版的「曼德維爾爵士」遊記，到薩曼那札（George Psalmanazar）的《福爾摩沙的歷史性和一般記述》（*Historical and General Description of Formosa*, 1704）。

　　薩曼那札是一個法國人，他來到英國以後，想冒充自己是一個台灣人。他的《記述》一書包括由較早對台灣記載中得來的資料，但又加上他自己大膽的杜撰，由說台灣屬於日本，到對當地字母的描寫。在他的騙局被拆穿以前，薩曼那札曾應邀造訪皇家學會並與斯洛恩爵士一塊吃飯，而他的這

---

[9] 艾森斯坦（1979），頁74。

本書又經翻譯爲法文和德文。當薩里斯伯利主教百納特請這位騙子證明他是一個台灣人時，他反問百納特說，他長得很像一個荷蘭人，他怎麼能在台灣證明他是英國人？儘管如此，一七〇五年時，當時最新的學報《特雷伍學報》（*Journal de Trévoux*）上有一位耶穌會士還是撰文揭發了他的騙局。10

　　除了偵破騙子以外，遊記的批評家也愈來愈注意眞正旅客使用或者抄襲以往遊記，而不作親眼觀察的程度。易言之，在此也想衡量不同的證言。使批評遊記這件事非常迫切的原因，是皇家學會和歐洲其他的學會，依靠旅客對世界其他部分自然現象的觀察。他們可以用編寫乃至印刷問卷的方式指引與他們合作旅客的觀察，但是評估各種記載的問題仍揮之不去。譬如，波義耳在研究寒冷的影響時，使用了在一六六〇年代去過俄國的柯林斯醫師（Samuel Collins）的記述。

　　由於歷史學家愈來愈對口述歷史資料的可靠性表示懷疑，口語史料的傳統，到了十七世紀已經式微。英國古物專家奧布瑞（John Aubrey）說關於小仙子的「古老寓言」，其式微與印刷品的興起有關。而據他說印刷品在內戰開始以前

---

10 仁尼（Rennie, 1995），尤其頁54，75，73；斯泰格（1995），頁171-207。

不久逐漸流行。[11]

　　小冊子、尤其是報紙，也有同樣的效果。十六世紀互相競爭的小冊子，譬如像在日耳曼宗教改革期間或荷蘭反抗西班牙時期所出版的成千小冊子，在廣大的公眾面前破壞彼此的議論。用這個時期大家所喜歡的話來說，它們彼此揭發謊言和真正的動機，因此鼓勵讀者以猜疑的態度對待各方面的議論。在一九三〇年代一個類似的情形下，曼海姆也提到這一點。

　　一個事件發生不久，不同的報導便有區別。這種情形很容易使更多的近代早期讀者成為實際的懷疑論者。一五六九年時一個英國人評說：「我們每天有好些新聞，有時互相矛盾，可是大家都說是對的。」[12] 十七世紀時報紙的興起，使「事實」報導的不可靠，更明顯地呈現在（比昔日）更多的人面前。因為對同樣事件（如戰役）的互相競爭和互相矛盾的記述，在同一天到達各大城市，使人很容易做比較和對比。早期的報紙很誠實，較後發行的糾正較早匆忙報導的錯誤。可是這一種誠實可能正訓練許多讀者以批評性的眼光看新聞。十七世紀後期的歷史學家往往文人相輕，彼此指責對方的作品像是「虛構故事」（romances）或「報紙」（gazettes）。

---

[11] 沙平和協福（1985），頁39；吳爾夫（Woolf, 1988）；沙平（1994），頁251-252；福克斯（Fox, 1999），頁258。

[12] 協柏（Shaaber, 1929），頁241。

這兩個字在這種情形下幾乎是同義字。[13]

　　因爲歷史學家使用過多戲劇化的措辭如「危機」和革命，因而貶低了知識的流通。儘管如此，上面所列的原因，使我們可以像上述的「宗教改革的思想危機」或思想史家哈薩德（Paul Hazard）所發明指一六八〇至一七一五年間的「歐洲意識危機」一樣，提及十七世紀後期的一次「知識的危機」。[14]「危機」一辭原是一個醫學名詞，指疾病的嚴重關頭，病人生死未卜。我們在採用這個名詞而又想愈精確愈好時，可以用它指一個較短的混亂或騷動的時期，這個時期導致知識結構的轉移。

　　不論十七世紀後半葉有沒有意識上的危機，當時卻的確有一次危機的意識。那時的哲學家和其他人士在找尋解決知識問題的方法，而他們找到兩個可能性，兩個方法。

幾何學的方法

　　這兩種方法之一是幾何學的方法。這種方法與笛卡爾有關。笛氏在其《論方法》（*Discourse on Method*, 1637）中，詳述他已用這個方法找到對自己懷疑危機的解決辦法，由極少

---

[13] 麥唐那（MacDonald）和墨菲（Murphy, 1990），頁306；杜雷（1999），頁3，81，88，119起。

[14] 哈薩德（1935）。

數的公理中，推論他思想的體系。這個解決辦法在法國和法國以外均為人所喜。豐騰耐爾著有一部法國科學院的歷史，一七○九年出版。在這部書的序言中，他對這種方法的稱讚值得記憶。他說：「幾何學的精神與幾何學的關係並不是密切到不能應用到其他的知識領域。一本關於道德、政治活動和批評，乃至關於雄辯的書，在其他一切條件相等的情形下，如果是出於一位幾何學家之手會更好。」

豐騰耐爾的話在今天聽起來似乎誇張，但是在他那個時代，他並不是唯一認為幾何學的方法可以用於遠超過數學範圍的人。譬如簡森派的信徒（Jansenist）尼可（Pierre Nicole）曾寫過一篇論上帝恩典邏輯的「幾何學論文」。艾弗倫其（Avranches）的主教休葉特（Pierre-Daniel Huet），在其所著《福音的證明》（*Demonstration of the Gospel*, 1679）中，設法根據各種「公理」說明基督教的真理是一個歷史性的宗教。這些公理說：「許多書中的記事，是寫在事件發生的當時或大致當時。如果每一本歷史書都是這樣，那它們都是真實的。」

對於幾何學方法的熱衷，並不限於在法國。譬如斯賓諾莎在其所著《倫理學》的書名頁上寫道：「乃由幾何學的方法所證明。」洛克在其《論人類的理解力》（1690）中，也做了類似的聲明，包括道德與數學「是最能證實的科學」。牛頓的門徒克瑞格（John Craig）以公理和定理的形式討論

歷史方法：「資料的可靠性隨資料與所記載事件的距離而異。」

　　萊布尼茲對於幾何學方法的一般應用表示懷疑，但是他希望有一種普遍的數學，可以讓意見不同的哲學家們，一塊坐下來思考真理。為了達到這個目的，所用的方法是設計一種「普遍的語言」或「思想的字母」。十七世紀時，對於這樣一個普遍語言的信念並非不尋常。韋爾京斯（John Wilkins）是一位英國主教也是皇家學會的榮譽會員，他在這方面的嘗試最為有名。韋爾京斯受到數學和中國人用以書寫的文字記號的啟示。他所著《論走向一種真正的文字記號和哲學語言》（*Essay towards a Real Character and a Philosophical Language,* 1668），提出一個直接指事物而非字眼的記號系統。[15]

經驗主義的興起

　　除了幾何學的方法以外，時人也嘗試用另外的方法逃避思想上的危機。維柯在其《新科學》（*New Science*）（第三三一節）中所明確而有系統陳述的方法，在當時並未引起多少注意，不過後來卻成名。它說：「一個毫無問題的真理是：

---

[15] 羅西（1960），頁235-258；斯勞特（Slaughter, 1982）；艾科（Eco, 1995），尤其頁238-259，269-288。

有禮貌社會的世界確乎乃人類所創造，因而，在我們自己人類頭腦的限制以內，可以找到它的原則。」

對於思想危機的另一回應，是發明實驗的方法。至少在某些領域，它被視爲「滋生自然知識的一個有系統的方法。」[16] 培根「探究自然」的理論和波義耳的作法（如他的排氣唧筒）都是這方面的模範。系統化的實驗並非一項十六世紀的發明。畢竟，一位十三世紀的哲學家曾經使用水晶球和放水的燒瓶，由陽光的反射與折射雙方面去解釋彩虹。在這個時候，新的現象卻是實驗方法的擴散與一般人愈來愈接受它爲「創造知識的作法」。[17]

不幸的是，用實驗去研究整個自然世界在當時是一件不可能的事，再不要說社會世界。一個在物理學或化學上有用的方法，不可能予以普遍化。譬如，天文學和植物學便需要其他的方法。然而，較弱或較不系統性的實驗，也就是歸納法或經驗主義，卻有比較可以廣泛應用的好處。

說經驗主義是對懷疑主義的反應，也就是在某一特殊時期發生的發明或發現，似乎是奇怪之論。看起來經驗主義或歸納法，不證自明是一種普遍的方法，司空見慣。我們大家都在不知不覺地用它。最近有一篇論文說可以接受一個說法

---

[16] 沙平和協福（1985），頁3。

[17] 克朗比（Crombie, 1953），頁233-237；沙平（1996），頁96-117。

為真的理由只有四個：感情、權威、理性和感覺力。雖然這四個類別久已無處不在，但是各文化和各時期其間的輕重份量卻不同。[18] 在近代早期，重心偏向理性與感覺力的搭配（有時是直接的，有時透過望遠鏡和顯微鏡這些儀器的媒介）。這個時期新出現的現象是大家愈來愈對方法有強烈的意識。方法牽涉到科學儀器的使用，對於特殊事實愈來愈有系統的收集和實際手冊的興起。沒有任何事情比必須用文字把方法寫下來，更使人感覺到自己的方法。

現在回到哲學的高級理由。亞理斯多德雖然對植物標本或政治制度感到興起，可是不注意對單獨事項的知識。他在《後驗的分析論》（*Posterior Analytics*）一書中說：「知識有賴於對普遍情況的認識。單獨事項是描述的正當對象（如亞里斯多德本人的《動物歷史》〔*History of Animals*〕，在這個基礎上可以達成概括的論述，但是單獨事件的本身並不提供真知。」由希波克拉底到蓋倫（Galen），醫師比較重視單獨事項的知識。古希臘人發明了「經驗主義者」（empirics）這個字來指一個與「武斷主義」者相反的醫學派別。然而，就認識論而言，經驗主義者不如亞里斯多德受到重視。

可是，自十六世紀以後，在若干知識的領域（由醫學到歷史學），大家逐漸比以往重視對單獨事項的知識或細節，

---

[18] 費南德斯－阿邁斯托（Fernández-Armesto, 1997），頁 4-5。

由培根到洛克，哲學家也予以辯護。「經驗主義」本身，是在十八世紀間得名。[19]

如金斯伯格（Carlo Ginzburg）在一篇著名的文章中所主張的，大家所以逐漸著重細節，是因為細節是導向較大事物的「線索」。[20] 長久以來，醫師便是根據顯然瑣屑的「徵候」診斷疾病。十六世紀中，有些自然哲學家開始比以往著重「自然歷史」，也就是觀察和描寫。[21] 譬如，義大利植物學家馬提奧理（Pier Andrea Mattioli）主張對「小節」第一手的觀察非常重要。最晚十七世紀時，包括醫師曼西尼（Giulio Mancini）在內的藝術品鑑定家，根據顯然微小的細節鑑定繪畫的真偽。[22] 多拜天文台、望遠鏡、顯微鏡等儀器之賜，觀察也愈來愈仔細和精確。它在自然世界的知識處理或生產上，作用愈形重要。而就這一點而言，它對處理或生產社會世界的知識上，作用也愈形重要。論「旅行藝術」的論著興起，成為觀察外國風俗的一種技術。

如果醫療（包括經驗主義者的作法）是重建知識理論的一個模型，那麼另一個模型便是在法庭主持公道的實際行動。在評估證人的可靠性上，律師和歷史學家的作業，其相

---

[19] 賽福（1976），尤其頁97起，頁116起；哈辛吉（Hassinger, 1978）。

[20] 金斯伯格（1978）。

[21] 達斯頓（1991），頁340。

[22] 金斯伯格（1978），頁108-111。

似處愈來愈普遍。有說，「證言是應該權衡其輕重的，而不是應該計數的，」以此確定其獨立的程度。這種權衡輕重包括考慮十八世紀律師吉爾柏特爵士（Sir Geoffrey Gilbert）所謂的「證人的信用和能力」。在科學實驗上和在法庭，證人的信用都與其社會地位有關，因爲一個紳士的話比一個身分低下的人的話更爲可信任。[23]

很可能是律師向自然哲學家學習或自然哲學家向律師學習，他們都使用更多專門化的「專家」證人。近代早期封聖徒這件事愈來愈嚴格。證實所謂奇蹟對於封聖徒的過程十分重要。「審判」神聖事物的羅馬，與林西學院的羅馬相去不遠。[24] 在十七和十八世紀的巫婆審判中，也可看出對證據的愈形重視。在這樣的審判中，法官雖然在原則上不難接受女巫的存在，卻往往認爲對某些個人的指控缺乏適當的證實。

我們所謂的「版本校勘」，是想要在一個文本經過一連串抄寫人之手而逐漸多有訛誤塗改之後，復原其本來的面目。這件事也是在十六和十七世紀發明的。批評家所用的語言，顯示出法庭對版本校勘的影響。像伊拉斯摩斯這樣的人文學者檢查某個作家的許多個別手抄本，以之爲他們想要復

---

[23] 沙平和協福（1985），頁58-59；達斯頓（1991），頁349；沙平（1994），尤其頁65-125。

[24] 柏克（1984）。

原的原始文本的「證據」，評估其證言獨立到什麼程度。[25]

同樣地，「研究」一字似乎也借自法律的搜尋與查究。「證據」一字先出於律師之口，而後才經常見於哲學家和律師的筆下。「事實」（fact）這個字先是用在法庭上，如「知情不報的從犯」（an accessory after the fact）或「實際上」（Matters of fact，與「法律上」〔Matters of law〕有別），後來才進入有關歷史或科學方法的論著。[26] 這個時期的歷史學家和自然哲學家本人，也拿他們自己的工作與法庭的作業相比，而認為有類似之處。譬如，波義耳說實驗中的證據與謀殺案審判中的證人類似。有的歷史學家自稱其寫作和法官執法一樣公平無私。[27] 如阿諾德（Gottfried Arnold）的《教會和異端的公平歷史》（*Impartial History of the Church and of Heretics*, 1699-1700）。

為了反應絕對懷疑論者認為歷史知識乃不可能的說法，哲學家逐漸強調或然性而非確定性，並且區別洛克所謂不同的「贊同程度」。譬如，我們有理由可以認為「一個稱為凱撒（Julius Caesar）的人」一度住在羅馬，因為不涉嫌的證人一致的證言證明這件事實（《論人類的理解力》，第四部，第

---

[25] 肯尼（1974）。

[26] 賽福（1976），頁163-178；達斯頓（1991），頁345；沙必樂（Shapiro, 1994）。

[27] 沙平和協福（1985），頁56。

十六章）。歷史學家和律師也遵守這個榜樣。吉爾伯特爵士
採用了洛克「贊同程度」的想法，而根據他所謂的「或然性
等級」（證據、酷似眞實等）討論證據。[28]

註腳的興起

　　賦與單獨事項的新重要性，與日常層次學者作法中的改
變有關。自然哲學家和官吏愈來愈信任數字，附帶也有公正
或不具人格知識的理想（日後所謂的客觀性）。[29] 對歷史學
家而言，歸納法的興起與註腳的興起有關。[30]「註腳」一辭
不應當過於照字面解。重要的，是大家逐漸給一個特殊文本
的讀者某種指引，告訴他們到那兒去找證據或進一步的資
訊，不論這個資訊是在文本的本身、書頁旁邊（「旁註」）、
書頁下方（「腳註」）、書後、或在包含一些文件的特別附
錄。貝雷在其《辭典》中，同時用了旁註（註明參考資料）
和腳註（包括引文和對別人的攻擊）。這些作法的主要目
的，是便利讀者追本溯源。其所根據的原則是：資訊和水一
樣，愈近源頭愈純淨。像對於一個實驗的詳細描寫一樣；設
計歷史性註釋的目的，是讓想重複作者的經驗的讀者，可以

---

[28] 海京（Hacking, 1975）；沙必樂（1983），頁30-31，81-85。

[29] 吉里斯派（1960）；達斯頓（1991）。

[30] 里普京（Lipking, 1977）；格拉夫頓（1997）。

重複作者的經驗。

「回歸原典」，是文藝復興時代人文學者和新教改革家的共同口號。某些十六世紀的歷史學家仔細地提到他們對過去的記載所根據的那些手稿。可是註腳的使用，到十七世紀才普遍。譬如，塞爾登在他《什一之稅史》（*History of Tithes,* 1618）的書頁邊上，寫滿了有關出處的參考資料。他在序言中驕傲地解釋說：「這些證言乃因份量選出，非因數目選出，因而只取自旁註所指引的資料，而非二手資料。」甚至較非學術性的著作，如蒙卡達的《西班牙的政治復原》（1619），也固定在書頁邊上提示來源，包括波德羅所著世界地理這樣的參考書，和聖經及古希臘和羅馬的文學作品。

自十七世紀後期起，學者愈來愈效法塞爾登和像他這樣學者的榜樣。日耳曼學者艾森哈特（Johannes Eisenhart）在其論歷史家可靠性的著作《關於對歷史的信任》（*De fide historica,* 1679）中，強調提示出處的重要性。由大約這個時候起，歷史的專論便習於提示「原始的文獻」，並且記著提醒讀者他們提示原始文獻。曼保（Louis Maimbourg）在其所寫天主教聯盟（Catholic League）的歷史（1684）中，驕傲地告訴讀者他提示了資料的出處。丹尼爾（Gabriel Daniel）的《法國史》（*History of France,* 1713）中強調他旁註的價值，說「告訴讀者書中事實的出處。」

為了例示改變中學者作風裡的變化，我們可以引用休姆

的說法。休姆所著《英國史》（*History of England*）的一位讀者（華爾波〔Horace Walpole〕），不高興地說這本書沒有旁註指明參考資料。一七五八年，休姆致函華爾波道歉。他說他「爲所有最好的歷史學家如馬基維利和薩比的榜樣所誤導，沒有想到一旦提示參考文獻的作法出現以後，每一個作家都當遵照這個作法。」休姆在這方面確實是老式了一點，因爲早在十七世紀早期，有些歷史學家已經註明其資料的出處。包括本書在內，許多的歷史研究仍然遵守註腳的程序。這個程序乃是由近代早期關於知識問題的辯論而起。

輕信、懷疑和知識的社會學

　　我們比較容易確證各種學科之間與各種學科以內有關或然性和確定性的辯論。可是，回到前面所指出的區別上去，在實際層次的變化，則比較看不出來。一般人在十七世紀後期是否變得喜歡懷疑，是一個很難回答的問題。造成這個困難的一個原因，是什麼是「輕信」，隨文化而異。然而，以英文爲例，這個字的歷史可以給我們一點啓示。在義大利文和法文乃至其他語言文字的情形，大致也如此。

　　在英文中，「輕信」（credulity）一字原爲「相信」（belief）。在一些早期基督教作家的心目中，這是一種美德。可是十七世紀時這個字惡化，指太容易不加思索相信的人。

譬如，格蘭威曾寫過「無根據的輕信」。保守的牧師卡騷朋（Meric Casaubon）著有《論輕信與懷疑》（*Of Credulity and Incredulity, 1668*）一書，旨在攻擊無神論。在這本書中，他費筆墨否決輕信，說它是「不審慎的」、「輕率的」、「輕易的」或「沒有根據的」相信。相反地，原來不好的字「懷疑」（incredulity），其意義由「無神論」轉變爲對於任何不「可信」（credible）的事物不相信，這種不相信的意義比較廣泛和含糊。輕信和懷疑成爲正好相反的字。卡騷朋說它們是「不正確的極端」。哈利渥（Henry Hallywell）的《論邪惡的政府和王國》（*Melampronea: or, A Discourse of the Polity and Kingdom of Darkness, 1681*），在「無神論的懷疑」與愚蠢或「過分慈愛」的輕攸之間，採取中庸之道。[31]

　　對於錯誤原因與發現眞理的障礙愈來愈頻繁的分析，可以說愈來愈注意認識論這件事的副產品和跡象。法蘭西斯‧培根在其《新方法》一書的著名一節（第一部，第三九—四四節）中，區別四種謬誤，說它們「包圍人類的心智，以致眞理幾乎不能進入。」「部落謬誤」的基礎是在人性之中，使人成爲度量一切事物的標準。相反地，「洞穴的謬誤」是個別的錯誤。「劇場的謬誤」是由哲學上各種獨斷之見進入人類心智的謬誤；培根說它們只不過是許多「舞台劇」，無

---

[31] 引克拉克（Clark, 1997），頁183。

可取之處。用一個方便的年代錯置的說法來說，培根的分析中最「社會學的部分」，是「市場謬誤」的部分，也就是由「人類彼此交往和關係中形成的謬誤。」十八世紀時，維柯提出他自己對謬誤的分析，或他所謂的「傲慢」，尤其是各民族的傲慢（都自以為是文明的發現者）和學者的傲慢（認為自己的想法和世界一樣古老）（《新科學》〔*New Science*〕，一二四──一二八節）。

　　培根和維柯所提出的分析，是近代早期最有創見和有理解力的分析。思想史家注意它們當然是對的。然而，在一本知識社會史中，更重要的是強調各種日常形式歷史認識論在這個時期的興起。「偏袒」或「偏見」這樣的字此時愈形普遍。時人常用「假面具」、「外衣」或「面紗」這些隱喻，去發現欺騙。譬如彌爾頓（Milton）形容薩比為特倫特會議的「偉大揭穿假面具者」。在我們上面所討論的「宗教改革思想危機」和接下來的宗教戰爭中，有些喜歡懷疑的個人和群體，主張訴諸宗教只不過是一種掩飾。

　　譬如，十六世紀後期宗教戰爭期間，法國所謂的「政治」黨，說極端分子，不論是天主教徒和基督新教徒，其動機都是政治性而非宗教性的。法國法官德圖說有人「用宗教的外衣掩飾西班牙人的野心。」而英國保皇黨歷史學家海德（Edward Hyde）用同樣的措辭譴責在英國內戰期間反對國王查理一世的人：「宗教成為掩飾其奸詐企圖的外衣。」

　　反對教權的人士如霍布斯和哈靈頓（James Harrington）
等譴責十七世紀後期所謂的「牧師、僧侶、祭司等計劃獲得
財富和權力的方術與策略」（Priestcraft），不論是天主教或基
督新教，乃至埃及、猶太人、或回教的教會人士。十八世紀
早期發表的一本作者不具名論著，是這個一直延伸到啟蒙時
代和啟蒙時代以後的趨勢的最著名例子。它指責摩西、基督
和穆罕默德爲「三個騙子」，他們使輕信的人相信他們與神
有特殊的關係。[32]

　　當時的人，往往用「利害關係」一辭解釋各種欺騙。
「利害關係」一辭乃在十六世紀後期開始使用，十七和十八
世紀中使用更廣泛，不論是指政治或經濟活動、公眾或私人
利害關係、政府或個人的利害關係。[33] 羅亨公爵（Duke
Henri de Rohan）曾出版《基督教國家君主和政府的利害關
係》（ The Interests of the Princes and States of Christendom, 1624 ）
一書。達維拉（Enrico Davila）有名的歷史著作《法國的內
戰》（ The Civil Wars of France, 1630 ），在第一段中便用「私人
利害關係」的衝突解釋法國內戰，說這些衝突假扮爲像宗教
這樣的「各種托辭」。塞爾登在他的「進餐時閒談」中，寫

---

[32] 高迪（1987），尤其頁212註；柏提（Berti, 1992）；班尼泰茲（Benitez,
1993）。

[33] 邁乃克（Meinecke, 1924-1925）；格恩（Gunn, 1969）；赫希曼（Hirschman,
1977）。

下對英國內戰類似的解釋。他說：「在所有戰爭中以宗教爲托辭的奧秘，是說戰爭可以找到大家都感興趣的東西，馬夫和領主對這個東西同樣感興趣。如果是土地，一個人有一千畝，另一個人只有一畝。有一畝的人不會像有一千畝的人投機冒險。」

　　英國主教斯提林福利（Edward Stillingfleet）著有爲基督教辯護的書《神聖的起源》（Origins of the Sacred, 1662）。在這本書的引言中，他比較一般性地敘述利害關係與信仰之間的關係，他對於培根所謂的謬誤也有自己的想法。爲了解釋「爲什麼這麼少的假裝博學之士發現了眞理。」斯氏討論他所謂的「偏袒」；「偏見」；權威、習俗和教育帶有偏見的看法；以及構想和「利害關係」之間的「對應」。

　　曼海姆很明白英國十六和十七世紀的內戰與十八世紀的派系鬥爭與知識社會學之間的關係。他說：「基本上，人類最初是在政治鬥爭中，認識到始終指引思想方向而不自覺察的集體動機。因此，對於思想的社會和處境根源的發現，最初是出諸揭穿假面具的形式。」和其他形式的知識一樣，知識的社會學本身也有其社會的處境。[34]

　　十八世紀的另一文本，談到曼海姆所未討論的問題。它把我們由內戰帶到男女兩性間的戰爭。《婦女不低於男人》

---

[34] 曼海姆（1936），頁35，56。

（ *Woman Not Inferior to Man*, 1739），乃由一位署名「蘇菲亞，一個有地位的女人」所出版。它說以為婦女低下的說法是一個錯誤，這個錯誤應該由男性的「利害關係」或「不公正」加以解釋。類似地，法國哲學家拉巴爾在其所著《兩性的平等》（1673）一書中，攻擊男性的「偏見」，說應該用「利害關係」解釋這種偏見。我們應該記住二十世紀知識社會學與近代早期態度之間的連續性。

參考書目選輯

本書的研究，相關書籍非常多。下面所列，只限於註腳中援引的二手著作。除非另外指出出版地點，則英文書的出版地點爲倫敦，法文書的出版地點爲巴黎。

Ackerman, J. (1949) 'Ars sine scientia nihil est', *Art Bulletin* 12, pp. 84–108.

Agrell, W. and B. Huldt (eds, 1983) *Clio Goes Spying*. Malmö.

Åkerman, S. (1991) 'The Forms of Queen Christina's Academies', in Kelley and Popkin, pp. 165–88.

Albertini, R. von (1955) *Das Florentinische Staatsbewusstsein im Übergang von der Republik zum Prinzipat*. Berne.

Albònico, A. (1992) 'Le *Relationi Universali* di Giovanni Botero', in *Botero e la Ragion di Stato*, ed. A. E. Baldini, pp. 167–84. Florence.

Alcoff, L. and E. Potter (eds, 1993) *Feminist Epistemologies*.

Alexandrov, D. A. (1995) 'The Historical Anthropology of Science in Russia', *Russian Studies in History* 34, pp. 62–91.

Alvar Ezquerra, A. (ed., 1993) *Relaciones topográficas de Felipe II*, 3 vols. Madrid.

Ambrosini, F. (1982) *Paesi e mari ignoti: America e colonialismo europeo nella cultura veneziana (secoli xvi–xvii)*. Venice.

Ames-Lewis, F. (ed., 1999) *Sir Thomas Gresham and Gresham College*.

Anderson, B. (1983) *Imagined Communities*, second edn, 1991.

Anderson, M. S. (1978) *Peter the Great*, second edn, 1995.

Aquilon, P. and H.-J. Martin (eds, 1988), *Le Livre dans l'Europe de la Renaissance*.

Armstrong, E. (1990) *Before Copyright: The French Book-Privilege System, 1498–1526*. Cambridge.

Arrow, K. (1965) 'Knowledge, Productivity and Practice', rpr. in his *Production and Capital* (Cambridge, Mass., 1985), pp. 191–9.

Aubert, R. et al. (1976) *The University of Louvain*. Leuven.

Baker, J. N. L. (1935) 'Academic Geography in the Seventeenth and Eighteenth Centuries', rpr. in his *The History of Geography* (Oxford, 1963), pp. 14–32.

Baldamus, W. (1977) 'Ludwig Fleck and the Sociology of Science', in *Human Figurations*, pp. 135–56.

Ballester, L. García (1977) *Medicina, ciéncia y minorías marginadas: los Moriscos*. Granada.

Ballester, L. García (1993) 'The Inquisition and Minority Medical Practitioners in Counter-Reformation Spain', in *Medicine and the Reformation*, ed. P. P. Grell and A. Cunningham, pp. 156–91.

Ballesteros Beretta, A. (1941) 'J. B. Muñoz: la creación del Archivo de Indias', *Revista de Indias* 2, pp. 55–95.

Balsamo, J. (1995) 'Les Origines parisiennes du *Tesoro Politico*', *Bibliothèque d'Humanisme et Renaissance* 57, pp. 7–23.

Balsamo, L. (1973) 'Tecnologia e capitale nella storia del libro', in *Studi per Riccardo Ridolfi*, ed. B. M. Biagiarelli and D. E. Rhodes (Florence), pp. 77–94.

Baratin, M. and C. Jacob (eds, 1996) *Le Pouvoir des bibliothèques*.

Barber, G. (1981) 'Who were the Booksellers of the Enlightenment?', in G. Barber and B. Fabian (eds), *The Book and the Book Trade in Eighteenth-Century Europe* (Hamburg), pp. 211–24.

Barbour, V. (1928–9) 'Marine Risks and Insurance in the Seventeenth Century', *Journal of Economic and Business History* 1, pp. 561–96.

Barbour, V. (1950) *Capitalism in Amsterdam in the Seventeenth Century*. Baltimore.

Barkan, O. L. (1958) 'Essai sur les données statistiques des registres de recensement dans l'empire ottoman', *Journal of the Economic and Social History of the Orient* 1, pp. 9–36.

Barker, P. and R. Ariew (eds, 1991) *Revolution and Continuity: Essays in the History and Philosophy of Early Modern Science*. Washington.

Barnes, B. (1977) *Interests and the Growth of Knowledge*.

Basalla, G. (1987) 'The Spread of Western Science', rpr. in Storey, pp. 1–22.

Baschet, A. (1870) *Les Archives de Venise*.

Baschet, A. (1875) *Histoire du dépôt des archives des affaires étrangères*.

Bassett, D. K. (1960) 'The Trade of the English East India Company in the Far East, 1623–1684', rpr. in *European Commercial Expansion in Early Modern Asia*, ed. O. Prakash (Aldershot, 1997), pp. 208–36.

Bauer, W. (1966) 'The Encyclopaedia in China', *Cahiers d'Histoire Moderne* 9, pp. 665–91.

Bautier, R. H. (1968) 'La Phase cruciale de l'histoire des archives', *Archivum* 18, pp. 139–49.

Bayly, C. A. (1996) *Empire and Information: Intelligence Gathering and Social Communication in India, 1780–1870*. Cambridge.

Bec, C. (1967) *Les Marchands écrivains*.

Becher, T. (1989) *Academic Tribes and Territories*.

Belenky, M. F. et al. (1986) *Women's Ways of Knowing*.

Beljame, L. (1881) *Le Public et les hommes de lettres*.

Bell, D. (1976) *The Cultural Contradictions of Capitalism*.

Bély, L. (1990) *Espions et ambassadeurs au temps de Louis XIV*.

Benitez, M. (1993) 'La Diffusion du "traité des trois imposteurs" au 18e siècle', *Revue d'Histoire Moderne et Contemporaine* 40, pp. 137–51.

Bentley, J. H. (1983) *Humanists and Holy Writ: New Testament Scholarship in the Renaissance*. Princeton.

Benzoni, G. (1978) *Gli affanni della cultura: intellettuali e potere nell'Italia della Controriforma e barocca*. Milan.

Berger, P. and T. Luckmann (1966) *The Social Construction of Reality*. New York.

Berkey, J. (1992) *The Transmission of Knowledge in Medieval Cairo*. Princeton.

Berkvens-Stevelinck, C. et al. (eds, 1992) *Le Magasin de l'Univers: The Dutch Republic as the Centre of the European Book Trade*. Leiden.

Bermingham, A. and J. Brewer (eds, 1995) *The Consumption of Culture 1600–1800*.

Bernard-Maître, H. (1953) 'L'Orientaliste Guillaume Postel et la découverte spirituelle du Japon en 1552', *Monumenta Nipponica* 9, pp. 83–108.

Berti, S. (1992) 'The First Edition of the *Traité des trois imposteurs*', in *Atheism from the Reformation to the Enlightenment*, ed. M. Hunter and D. Wootton (Oxford), pp. 182–220.

Besterman, T. (1935) *The Beginnings of Systematic Bibliography*. Oxford.

Biagoli, M. (1993) *Galileo Courtier*. Princeton.

Biggs, M. (1999) 'Putting the State on the Map: Cartography, Territory and European State Formation', *Comparative Studies in Society and History* 41, pp. 374–405.

Birn, R. (1983) 'Book Production and Censorship in France, 1700–15', in Carpenter, pp. 145–71.

Birn, R. (1989) 'Malesherbes and the Call for a Free Press', in Darnton and Roche, pp. 50–66.

Blair, A. (1992) 'Humanist Methods in Natural Philosophy: The Commonplace Book', *Journal of the History of Ideas* 53, pp. 541–52.

Blair, A. (1996) 'Bibliothèques portables: les recueils de lieux communs', in Baratin and Jacob, pp. 84–106.

Blair, A. (1997) *The Theatre of Nature: Jean Bodin and Renaissance Science.* Princeton.

Blum, R. (1963) 'Bibliotheca Memmiana: Untersuchungen zu Gabriel Naudé's *Advis*', in *Festschrift Carl Wehmer* (Amsterdam), pp. 209–32.

Blum, W. (1969) *Curiosi und Regendarii: Untersuchen zur Geheimen Staatspolizei der Spätantike.* Munich.

Blumenberg, H. (1966) *The Legitimacy of the Modern Age*, English translation, Cambridge, Mass., 1983.

Böhme, G. (1984) 'Midwifery as Science', in Stehr and Meja.

Böhme, G. and N. Stehr (eds, 1986) *The Knowledge Society.* Dordrecht.

Boislisle, A. M. de (1874) *Correspondance des Contrôleurs Généraux des Finances.*

Borghero, C. (1983) *La certezza e la storia: cartesianesimo, pirronismo e conoscenza storica.* Milan.

Bost, H. (1994) *Un intellectuel avant la lettre: le journaliste Pierre Bayle.* Amsterdam–Maarssen.

Bots, H. (1983) 'Les Provinces-Unies, centre de l'information européenne au dix-septième siècle', *Quaderni del '600 francese* 5, pp. 283–306.

Bots, H. and F. Waquet (1997) *La République des Lettres.*

Boulding, K. E. (1966) 'The Economics of Knowledge and the Knowledge of Economics', *American Economic Review* 56, pp. 1–13.

Bourdieu, P. (1972) *Outlines of a Theory of Practice*, English translation, Cambridge, 1977.

Bourdieu, P. (1984) *Homo Academicus*, English translation, Cambridge, 1984.

Bourdieu, P. (1989) *La Noblesse d'Etat.*

Boutier, J., A. Dewerpe and D. Nordman (1984) *Un tour de France royal.*

Bouwsma, W. J. (1973) 'Lawyers and Early Modern Culture', rpr. in his *A Usable Past: Essays in European Cultural History* (Berkeley and Los Angeles, 1990), pp. 129–53.

Bouza, F. (1988) 'La biblioteca del Escorial y el orden de los saberes en el siglo xvi', rpr. in his *Imagen y propaganda: capítulos de historia cultural del reinado de Felipe II* (Madrid), pp. 168–85.

Bouza, F. (1992) *Del escribano a la biblioteca. La civilización escrita europea en la Alta Edad Moderna.* Madrid.

Bowen, M. (1981) *Empiricism and Geographical Thought from Francis Bacon to Alexander von Humboldt.* Cambridge.

Boxer, C. R. (1936) *Jan Compagnie in Japan.*

Boxer, C. R. (1948) *Three Historians of Portuguese Asia.* Hong Kong.

Boxer, C. R. (1957) *The Dutch in Brazil, 1624–54*. Oxford.

Boxer, C. R. (1963) *Two Pioneers of Tropical Medicine.*

Brading, D. A. (1991) *The First America: The Spanish Monarchy, Creole Patriots and the Liberal State, 1492–1867*. Cambridge.

Bradshaw, L. E. (1981a) 'John Harris's *Lexicon Technicum*', in Kafker, pp. 107–21.

Bradshaw, L. E. (1981b) 'Ephraim Chambers' *Cyclopaedia*', in Kafker, pp. 123–40.

Brentjes, S. (1999) 'The Interests of the Republic of Letters in the Middle East', *Science in Context* 12, pp. 435–68.

Brewer, J. (1989) *The Sinews of Power.*

Brewer, J. and R. Porter (eds, 1993) *Consumption and the World of Goods.*

Briggs, R. (1991) 'The Académie Royale des Sciences and the Pursuit of Utility', *Past and Present* 131, pp. 38–88.

Brincken, A.-D. von den (1972) 'Tabula alphabetica', in *Festschrift Herman Heimpel*, vol. 2 (Göttingen), pp. 900–23.

Broc, N. (1975) *La Géographie des philosophes: géographes et voyageurs français au 18e siècle.*

Broc, N. (1980) *La Géographie de la Renaissance.*

Brocchieri, M. F. Beonio (1987) 'L'intellettuale', in *L'uomo medievale*, ed. J. Le Goff (Rome–Bari), pp. 203–33.

Brockliss, L. W. B. (1987) *French Higher Education in the Seventeenth and Eighteenth Centuries*. Oxford.

Brockliss, L. W. B. (1996) 'Curricula', in Ridder-Symoens, vol. 2, pp. 565–620.

Brown, H. (1934) *Scientific Organizations in Seventeenth-Century France*. Baltimore.

Brown, J. (1978) *Images and Ideas in Seventeenth-Century Spanish Painting*. Princeton.

Brown, R. D. (1989) *Knowledge is Power: The Diffusion of Information in Early America, 1700–1865*. New York.

Buck, P. (1977) 'Seventeenth-Century Political Arithmetic: Civil Strife and Vital Statistics', *Isis* 68, pp. 67–84.

Buck, P. (1982) 'People who Counted: Political Arithmetic in the Eighteenth Century', *Isis* 73, pp. 28–45.

Buisseret, D. (ed., 1992) *Monarchs, Ministers and Maps: The Emergence of Cartography as a Tool of Government in Early Modern Europe*. Chicago.

Burckhardt, J. (1860) *The Civilisation of the Renaissance in Italy*, English translation, revised edn, Harmondsworth 1990.

Burke, P. (1979) 'The Bishop's Questions and the People's Religion', rpr. in Burke (1987), pp. 40–7.

Burke, P. (1983) 'The Reform of European Universities in the Six-teenth and Seventeenth Centuries', *CRE Information*, pp. 59–67.

Burke, P. (1984) 'How to be a Counter-Reformation Saint', rpr. in Burke (1987), pp. 48–62.

Burke, P. (1985) 'European Views of World History from Giovio to Voltaire', *History of European Ideas* 6, pp. 237–51.

Burke, P. (1986) 'The Humanist as Professional Teacher', in *The Professional Teacher*, ed. J. Wilkes (Leicester), pp. 19–27.

Burke, P. (1987) *Historical Anthropology of Early Modern Italy*. Cambridge.

Burke, P. (1988) 'William Dell, the Universities, and the Radical Tradition', in *Reviving the English Revolution*, ed. G. Eley and W. Hunt, pp. 181–9.

Burke, P. (1990) *The French Historical Revolution: The Annales School 1929–89*. Cambridge.

Burke, P. (1992) *The Fabrication of Louis XIV*. New Haven.

Burke, P. (1995a) 'America and the Rewriting of World History', in *America in European Consciousness*, ed. K. O. Kupperman (Chapel Hill), pp. 33–51.

Burke, P. (1995b) 'The Jargon of the Schools', in *Languages and Jargons*, ed. P. Burke and Roy Porter (Cambridge), pp. 22–41.

Burke, P. (1995c) *The Fortunes of the Courtier: The European Recep-tion of Castiglione's Cortegiano*. Cambridge.

Burke, P. (1998a) *Varieties of Cultural History*. Cambridge.

Burke, P. (1998b) 'Two Crises of Historical Consciousness', *Storia della Storiografia* no. 33, pp. 3–16.

Burke, P. (1998c) *The European Renaissance: Centres and Peripheries*. Oxford.

Burke, P. (1999a) 'Erasmus and the Republic of Letters', *European Review* 7, no. 1, pp. 5–17.

Burke, P. (1999b) 'The Philosopher as Traveller: Bernier's Orient', in *Voyages and Visions: Towards a Cultural History of Travel*, ed. J. Elsner and J.-P. Rubiés, pp. 124–37.

Burke, P. (2000a) 'Venice as a Centre of Information and Commun-ication', forthcoming in *Venice Reconsidered: The History and Civilization of an Italian City-State 1297–1997*, ed. J. Martin and D. Romano (Baltimore).

Burke, P. (2000b) 'Assumptions and Observations: Eighteenth-Century French Travellers in South America', forthcoming in *Invitation au Voyage*, ed. J. Renwick (Edinburgh).

Burke, P. (2001) 'Rome as a Centre of Information and Communica-tion', forthcoming in P. Jones and T. Worcester (eds), *Saints and Sinners* (Toronto).

Bustamante García, G. (1997) 'Francisco Hernández', in B. Ares Queija and S. Gruzinski (eds), *Entre dos mundos: fronteras culturales y agentes mediadores* (Seville), pp. 243–68.

Canone, E. (ed., 1993) *Bibliothecae Selectae da Cusano a Leopardi.* Florence.

Caracciolo Aricò, A. (ed., 1990) *L'impatto della scoperta dell'America nella cultura veneziana.* Rome.

Carels, P. E. and D. Flory (1981) 'J. H. Zedler's Universal Lexicon', in Kafker, pp. 165–95.

Carpenter, K. E. (ed., 1983) *Books and Society in History.* New York.

Carter, C. H. (1964) *The Secret Diplomacy of the Habsburgs, 1598–1625.* New York.

Castells, M. (1989) *The Informational City.* Oxford.

Cavaciocchi, S. (ed., 1992) *Produzione e commercio della carta e del libro, secc. xiii–xviii.* Florence.

Chabod, F. (1934) 'Giovanni Botero', rpr. in his *Scritti sul Rinascimento* (Turin, 1967), pp. 271–458.

Chaffee, J. W. (1985) *The Thorny Gates of Learning in Sung China: A Social History of Examinations.* Cambridge.

Chamberlain, M. (1994) *Knowledge and Social Practice in Medieval Damascus.* Cambridge.

Charle, C. (1990) *Naissance des 'intellectuels' 1880–1900.*

Chartier, R. (1982) 'Les Intellectuels frustrés au 17e siècle', *Annales: Economies, Sociétés, Civilisations* 37, pp. 389–400.

Chartier, R. (1987) *The Cultural Uses of Print in Early Modern France.* Princeton.

Chartier, R. (1992) *The Order of Books: Readers, Authors and Libraries in Europe between the Fourteenth and Eighteenth Centuries.* Cambridge.

Christianson, J. R. (2000) *On Tycho's Island: Tycho Brahe and his Assistants, 1570–1601.* Cambridge.

Church, W. F. (1972) *Richelieu and Reason of State.* Princeton.

Cipolla, C. M. (1972) 'The Diffusion of Innovations in Early Modern Europe', *Comparative Studies in Society and History* 14, pp. 46–52.

Cipolla, C. M. (1976) *Public Health and the Medical Profession in the Renaissance.* Cambridge.

Clanchy, M. (1979) *From Memory to Written Record: England 1066–1307.* Revised edn, Oxford, 1993.

Clapp, S. (1931) 'The Beginnings of Subscription in the Seventeenth Century', *Modern Philology* 29, pp. 199–224.

Clapp, S. (1933) 'The Subscription Enterprises of John Ogilby and Richard Blome', *Modern Philology* 30, pp. 365–79.

Clark, S. (1997) *Thinking with Demons: The Idea of Witchcraft in Early Modern Europe*. Oxford.

Clarke, J. A. (1966) 'Librarians of the King: The Bignon, 1642–1784', *Library Quarterly* 36, pp. 293–8.

Clarke, J. A. (1970) *Gabriel Naudé, 1600–53*. Hamden, Conn.

Clement, R. W. (1991) 'The Career of Thomas James', *Libraries and Culture* 26, pp. 269–82.

Cline, H. F. (1964) 'The *Relaciones Geográficas* of the Spanish Indies, 1577–1586', *Hispanic American Historical Review* 44, pp. 341–74.

Cobb, R. (1970) *The Police and the People*. Oxford.

Cochrane, J. A. (1964) *Dr Johnson's Printer: The Life of William Strahan*.

Codina Mir, G. (1968) *Aux sources de la pédagogie des Jésuites*. Rome.

Cohen, H. F. (1989) 'Comment', in *New Trends in the History of Science*, ed. R. P. W. Visser et al., Amsterdam–Atlanta, pp. 49–51.

Cohn, B. S. (1996) *Colonialism and its Forms of Knowledge*. Princeton.

Confino, M. (1962) 'Les Enquêtes économiques de la Société Libre d'Économie de Saint Petersbourg', *Revue Historique* 227, pp. 155–80.

Cormack, L. B. (1997) *Charting an Empire; Geography at the English Universities, 1580–1620*. Chicago.

Cortesão, A. (ed., 1944) *Tomé Pires, Suma Oriental*. London.

Costello, William T. (1958) *The Scholastic Curriculum at Early Seventeenth-Century Cambridge*. Cambridge, Mass.

Crane, D. (1972) *Invisible Colleges: Diffusion of Knowledge in Scientific Communities*. Chicago.

Crick, M. (1982) 'Anthropology of Knowledge', *Annual Review of Anthropology* 11, pp. 287–313.

Crombie, A. C. (1953) *Robert Grosseteste and the Origins of Experimental Science, 1100–1700*. Oxford.

Cropper, E. and C. Dempsey (1996) *Nicolas Poussin: Friendship and the Love of Painting*. New Haven.

Curtis, M. H. (1959) *Oxford and Cambridge in Transition, 1558–1642*. Oxford.

Curtis, M. H. (1962) 'The Alienated Intellectuals of Early Stuart England', *Past and Present* 23, pp. 25–41.

Curtius, E. R. (1948) *European Literature and the Latin Middle Ages*, English translation, 1954; second edn, New York, 1963.

D'Addario, A. (1990) 'Lineamenti di storia dell'archivistica', *Archivio Storico Italiano* 148, pp. 3–36.

Dahl, F. (1939) 'Amsterdam – Earliest Newspaper Centre of Western Europe', *Het Boek* 25, pp. 160–97.

Dahl, F. (1951) 'Les Premiers Journaux en français', in *Débuts de la presse française*, ed. Dahl et al. (Göteborg–Paris), pp. 1–15.

Dainville, F. de (1940) *La Géographie des humanistes*.

Daly, L. W. (1967) *Contribution to a History of Alphabetization in Antiquity and the Middle Ages*. Brussels.

Darnton, R. (1979) *The Business of Enlightenment*. Cambridge, Mass.

Darnton, R. (1982) *The Literary Underground of the Old Regime*. New York.

Darnton, R. (1984) 'Philosophers Trim the Tree of Knowledge: The Epistemological Structure of the *Encyclopédie*', in his *The Great Cat Massacre* (New York), pp. 191–214.

Darnton, R. and D. Roche (eds, 1989) *Revolution in Print: The Press in France 1775–1800*. Berkeley.

Daston, L. (1991) 'Baconian Facts, Academic Civility and the Prehistory of Objectivity', *Annals of Scholarship* 8, pp. 337–63.

Daston, L. (1992) 'Classifications of Knowledge in the Age of Louis XIV', in D. L. Rubin (ed.), *Sun King* (Washington), pp. 206–20.

Davids, K. (1995) 'Openness or Secrecy? Industrial Espionage in the Dutch Republic', *Journal of European Economic History* 24, pp. 334–48.

Davies, D. W. (1952) 'The Geographical Extent of the Dutch Book Trade in the 17th Century', *Library Quarterly* 22, pp. 200–13.

Davies, D. W. (1954) *The World of the Elseviers, 1580–1712*. The Hague.

Davis, N. Z. (1983) 'Beyond the Market: Books as Gifts in Sixteenth-Century France', *Transactions of the Royal Historical Society* 33, pp. 69–88.

Dawson, W. R. (1932) 'The London Coffeehouses and the Beginnings of Lloyds', *Essays by Divers Hands* 11, pp. 69–112.

Derber, C., W. A. Schwartz and Y. Magrass (1990) *Power in the Highest Degree: Professionals and the Rise of a New Mandarin Order*. New York.

Deutsch, K. (1953) *Nationalism and Social Communication*. New York.

Dieckmann, H. (1961) 'The Concept of Knowledge in the Encyclopédie', *Essays in Comparative Literature*, pp. 73–107.

Dierse, U. (1977) *Enzyklopädie*. Bonn.

Dionisotti, C. (1967) 'Chierici e laici', in his *Geografia e storia della letteratura italiana*, Turin, pp. 47–73.

Dodds, M. (1929) *Les Récits de voyage sources de l'Esprit des Loix de Montesquieu*.

Dooley, B. (1999) *The Social History of Scepticism: Experience and Doubt in Early Modern Culture*. Baltimore.

Doria, G. (1986) 'Conoscenza del mercato e sistema informativo: il know-how dei mercanti-finanzieri genovesi nei secoli xvi e xvii', in *La repubblica internazionale del danaro*, ed. A. da Maddalena and H. Kellenbenz (Florence), pp. 57–115.

Drayton, R. (1998) 'Knowledge and Empire', in *The Oxford History of the British Empire*, vol. 2: *The Eighteenth Century*, ed. P. Marshall (Oxford), pp. 231–52.

Drège, J.-P. (1991) *Les Bibliothèques en Chine au temps des manuscrits*. Paris.

Dreitzel, H. (1983) 'Hermann Conring und die politische Wissenschaft seiner Zeit', in Stolleis, pp. 135–72.

Duchet, M. (1971) *Anthropologie et histoire au siècle des lumières*.

Duke, A. C. and C. A. Tamse (eds, 1987) *Too Mighty to be Free: Censorship and the Press in Britain and the Netherlands*. Zutphen.

Dülmen, R. van (1978) 'Die Aufklärungsgesellschaften in Deutschland', *Francia 5*, pp. 251–75.

Dülmen, R. van (1986) *The Society of the Enlightenment*, English translation, Cambridge, 1992.

Durán, J. (1991) *Toward a Feminist Epistemology*. Savage, Md.

Durkheim, E. (1912) *The Elementary Forms of the Religious Life*. English translation, New York, 1961.

Durkheim, E. and M. Mauss (1901–2) *Primitive Classification*. English translation 1963.

Duyvendak, J. J. L. (1936) 'Early Chinese Studies in Holland', *T'oung Pao 32*, pp. 293–344.

Eamon, W. (1994) *Science and the Secrets of Nature: Books of Secrets in Early Modern Culture*. Princeton.

Echevarria Bacigalupe, M. A. (1984) *La diplomacia secreta en Flandres, 1598–1643*. Madrid.

Eco, U. (1995) *The Search for the Perfect Language*. Oxford.

Edney, M. (1997) *Mapping an Empire: The Geographic Construction of British India, 1765–1843*. Chicago.

Eisenstein, E. (1979) *The Printing Press as an Agent of Change*, 2 vols. Cambridge.

Eisenstein, E. (1992) *Grub Street Abroad*. Oxford.

Elias, N. (1939) *The Civilising Process*, English translation, 2 vols, Oxford, 1978–82.

Elias, N. (1982) 'Scientific Establishments', in *Scientific Establishments and Hierarchies*, ed. N. Elias, H. Martins and R. Whitley (Dordrecht), pp. 3–69.

Elkanah, Y. (1981) 'A Programmatic Attempt at an Anthropology of Knowledge', in *Sciences and Cultures*, ed. E. Mendelsohn and Y. Elkanah, pp. 1–76.

Elkar, R. S. (1995) 'Altes Handwerk und ökonomische Enzyklopädie', in Eybl et al., pp. 215–31.

Elliott, J. H. (1986) *The Count-Duke of Olivares*. New Haven.

Elton, G. R. (1972) *Policy and Police*. Cambridge.

Engelsing, R. (1969) 'Die Perioden der Lesergeschichte in der Neuzeit', *Archiv für Geschichte des Buchwesens* 10, pp. 944–1002.

Engelsing, R. (1974) *Der Bürger als Leser. Lesergeschichte in Deutschland, 1500–1800.* Stuttgart.

Esmonin, E. (1964) *Etudes sur la France des 17e et 18e siècles.*

Ettinghausen, H. (1984) 'The News in Spain', *European History Quarterly* 14, pp. 1–20.

Evans, R. J. W. (1973) *Rudolf II and his World*. Oxford.

Eybl, F. et al. (eds, 1995) *Enzyklopädien der frühen Neuzeit*. Tübingen.

Feather, F. (1994) 'From Rights in Copies to Copyright', in *The Construction of Authorship*, ed. M. Woodmansee, Durham, NC, pp. 191–209.

Feingold, M. (1984) *The Mathematicians' Apprenticeship*. Cambridge.

Feingold, M. (1989) 'The Universities and the Scientific Revolution: The Case of England', in *New Trends in the History of Science*, ed. R. P. W. Visser et al., Amsterdam–Atlanta, pp. 29–48.

Feingold, M. (1991) 'Tradition versus Novelty: Universities and Scientific Societies in the Early Modern Period', in P. Barker and R. Ariew (eds, 1991) *Revolution and Continuity: Essays in the History and Philosophy of Early Modern Science* (Washington), pp. 45–59.

Feingold, M. (1997) 'The Mathematical Sciences and New Philosophies', in *History of the University of Oxford*, vol. 4, ed. Nicholas Tyacke (Oxford), pp. 359–448.

Feldhay, R. (1995) *Galileo and the Church: Political Inquisition or Critical Dialogue?* Cambridge.

Fernández-Armesto, F. (ed., 1995) *The European Opportunity*. Aldershot.

Fernández-Armesto, F. (1997) *Truth: A History and a Guide for the Perplexed.*

Field, A. (1988) *The Origins of the Platonic Academy of Florence*. Princeton.

Fiering, N. (1976) 'The Transatlantic Republic of Letters', *William & Mary Quarterly* 33, pp. 642–60.

Figueiredo, J. M. de (1984) 'Ayurvedic Medicine in Goa', rpr. in Storey, pp. 247–57.

Findlen, P. (1989) 'The Museum', *Journal of the History of Collections* 1, pp. 59–78.

Findlen, P. (1994) *Possessing Nature: Museums, Collecting and Scientific Culture in Early Modern Italy*. Berkeley.

Fleck, L. (1935) *Genesis and Development of a Scientific Fact*, English translation, Chicago, 1979.

Fleischer, C. H. (1986) *Bureaucrat and Intellectual in the Ottoman Empire*. Princeton.

Fletcher, J. M. (1981) 'Change and Resistance to Change: A Consideration of the Development of English and German Universities during the Sixteenth Century', *History of Universities* 1, pp. 1–36.

Flint, R. (1904) *Philosophy as Scientia Scientiarum and a History of the Classification of the Sciences.*

Fogel, M. (1989) *Les Cérémonies de l'information.*

Foucault, M. (1961) *Naissance de la clinique.*

Foucault, M. (1966) *Les Mots et les choses.*

Foucault, M. (1980) *Power/Knowledge*, ed. C. Gordon. Brighton.

Fox, A. (1999) 'Remembering the Past in Early Modern England', *Transactions of the Royal Historical Society* 9, pp. 233–56.

Frängsmyr, Tore, J. L. Heilbron and R. E. Rider (eds, 1990) *The Quantifying Spirit in the Eighteenth Century*. Berkeley–Los Angeles.

Fuller, S. (1992) 'Knowledge as Product and Property', in Stehr and Ericson, pp. 157–90.

Fumaroli, M. (1988) 'The Republic of Letters', *Diogenes* 143, pp. 129–52.

Gandt, F. de (1994) 'D'Alembert et la chaîne des sciences', *Revue de Synthèse* 115, pp. 39–54.

Gardair, J.-M. (1984) *Le 'Giornale de' letterati' de Rome (1668–81)*. Florence.

Garin, E. (1961) 'Ritratto del Paolo del Pozzo Toscanelli', rpr. in *Ritratti di umanisti* (Florence, 1967), pp. 41–68.

Garofalo, S. (1980) *L'enciclopedismo italiano: Gianfrancesco Pivati*. Ravenna.

Gasnault, P. (1976) 'Les travaux d'érudition des Mauristes au 18e siècle', in Hammer and Voss, pp. 102–21.

Gasparolo, P. (1887) 'Costituzione dell'Archivio Vaticano e suo primo indice sotto il pontificato di Paolo V', *Studi e documenti di storia e diritto* 8, pp. 3–64.

Geertz, C. (1975) 'Common Sense as a Cultural System', rpr. in his *Local Knowledge* (New York, 1983), pp. 73–93.

Geertz, C. (1979) 'Suq', in *Meaning and Order in Moroccan Society* (Cambridge), pp. 123–244.

Geertz, C. (1983) 'Local Knowledge: Fact and Law in Comparative Perspective', in his *Local Knowledge* (New York), pp. 167–234.

Gellner, E. (1974) *Legitimation of Belief*. Cambridge.

Gellner, E. (1988) *Plough, Sword and Book*.

Gellrich, J. M. (1985) *The Idea of the Book in the Middle Ages*. Ithaca.

George, M. D. (1926–9) 'The Early History of Registry Offices', *Economic History* 1, pp. 570–90.

Gerulaitis, L. V. (1976) *Printing and Publishing in Fifteenth-Century Venice*. Chicago.

Giard, L. (1983–5) 'Histoire de l'université et histoire du savoir: Padoue (xive–xvie siècles)', *Revue de Synthèse* 104–6, pp. 139–69, 259–98, 419–42.

Giard, L. (1991) 'Remapping Knowledge, Reshaping Institutions', in *Science, Culture and Popular Belief in Renaissance Europe,* ed. S. Pumfrey, P. L. Rossi and M. Slawinski (Manchester), pp. 19–47.

Gibbs, G. C. (1971) 'The Role of the Dutch Republic as the Intellectual Entrepot of Europe in the Seventeenth and Eighteenth Centuries', *Bijdragen en Mededelingen betreffende de Geschiedenis van de Nederlanden* 86, pp. 323–49.

Gibbs, G. C. (1975) 'Some Intellectual and Political Influences of the Huguenot Emigrés in the United Provinces *c.*1680–1730', *Bijdragen en Mededelingen betreffende de Geschiedenis van de Nederlanden* 90, pp. 255–87.

Giddens, A. (1985) *The Nation-State and Violence*. Cambridge.

Giesecke, M. (1991) *Der Buchdruck in der frühen Neuzeit: Eine historische Fallstudie über die Durchsetzung neuer Informations- und Kommunikationstechnologien*. Frankfurt.

Gilbert, F. (1965) *Machiavelli and Guicciardini*. Princeton.

Gilbert, N. W. (1960) *Renaissance Concepts of Method*. New York.

Gillispie, C. C. (1960) *The Edge of Objectivity: An Essay in the History of Scientific Ideas*. Princeton.

Gillispie, C. C. (1980) *Science and Polity in France at the End of the Old Regime*. Princeton.

Ginzburg, C. (1976) 'High and Low: The Theme of Forbidden Knowledge in the 16th and 17th Centuries', *Past and Present* 73, pp. 28–41.

Ginzburg, C. (1978) 'Clues: Roots of an Evidential Paradigm', rpr. in his *Myths, Emblems, Clues*, English translation (1990), pp. 96–125.

Ginzburg, C. (1996) 'Making Things Strange: The Prehistory of a Literary Device', *Representations* 56, pp. 8–28.

Ginzburg, C. (1997) *Occhiacci di legno: nove riflessioni sulla distanza*. Milan.

Glass, D. V. (1973) *Numbering the People: The Eighteenth-Century Population Controversy and the Development of Census and Vital Statistics in Britain*. Farnborough.

Golder, F. A. (ed., 1922) *Bering's Voyages*, 2 vols. New York.

Goldgar, A. (1995) *Impolite Learning*. New Haven.

Goldie, M. (1987) 'The Civil Religion of James Harrington', in *The Languages of Political Theory in Early-Modern Europe*, ed. Anthony Pagden (Cambridge), pp. 197–222.

Goldstein, T. (1965) 'Geography in Fifteenth-Century Florence', rpr. in Fernández-Armesto (1995), pp. 1–22.

Goldthwaite, R. A. (1972) 'Schools and Teachers of Commercial Arithmetic in Renaissance Florence', *Journal of European Economic History* 1, pp. 418–33.

Goodman, D. C. (1988) *Power and Penury: Government, Technology and Science in Philip II's Spain*. Cambridge.

Goodman, D. (1994) *The Republic of Letters: A Cultural History of the French Enlightenment*. Ithaca.

Goodman, G. K. (1967) *Japan: the Dutch Experience*, revised edn, 1987.

Goody, J. (1978) *The Domestication of the Savage Mind*. Cambridge.

Goody, J. (1996) *The East in the West*. Cambridge.

Goss, C. W. F. (1932) *The London Directories, 1677–1855*.

Goyet, F. (1986–7) 'A propos de "ces pastissages de lieux communs": le rôle de notes de lecture dans la genèse des *Essais*', *Bulletin de la Société des Amis de Montaigne*, parts 5–8, pp. 11–26, 9–30.

Goyet, F. (1996) *Le sublime du 'lieu commun': l'invention rhétorique dans l'antiquité et à la Renaissance*.

Grafton, A. (1990) *Forgers and Critics*. Princeton.

Grafton, A. (1992) 'Kepler as a Reader', *Journal of the History of Ideas* 53, pp. 561–72.

Grafton, A. (1997) *The Footnote: A Curious History*.

Grafton, A. and L. Jardine (1986) *From Humanism to the Humanities: Education and the Liberal Arts in Fifteenth- and Sixteenth-Century Europe*.

Granet, M. (1934) *La Pensée chinoise*.

Grant, E. (1996) *The Foundations of Modern Science in the Middle Ages*. Cambridge.

Greengrass, M. (1998) 'Archive Refractions: Hartlib's Papers and the Workings of an Intelligencer', in Hunter, pp. 35–48.

Gregory, T. (1961) *Scetticismo e empirismo: studio su Gassendi*. Bari.

Gregory, T. et al. (eds, 1981) *Ricerche su letteratura libertina e letteratura clandestina nel '600*. Florence.

Grosrichard, A. (1979) *Structure du serail: la fiction du despotisme asiatique dans l'occident classique.*

Grossman, M. (1975) *Humanism in Wittenberg 1485–1517.* Nieuwkoop.

Grove, R. (1991) 'The Transfer of Botanical Knowledge between Asia and Europe, 1498–1800', *Journal of the Japan–Netherlands Institute* 3, pp. 160–76.

Grove, R. (1996) 'Indigenous Knowledge and the Significance of South West India for Portuguese and Dutch Constructions of Tropical Nature', *Modern Asian Studies* 30, pp. 121–44.

Guénée, B. (1980) *Histoire et culture historique dans l'occident médiéval.*

Gunn, J. A. W. (1969) *Politics and the Public Interest in the Seventeenth Century.*

Gurvitch, G. (1966) *The Social Frameworks of Knowledge,* English translation, Oxford, 1971.

Guy, R. K. (1987) *The Emperor's Four Treasuries: Scholars and the State in the Late Ch'ien-Lung Era.* Cambridge, Mass.

Haase, E. (1959) *Einführung in die Literatur des Refuge: Der Beitrag der französischen Protestanten zur Entwicklung analytischer Denkformen am Ende des 17. Jht.* Berlin.

Habermas, J. (1962) *The Structural Transformation of the Public Sphere,* English translation, Cambridge, 1989.

Hacking, I. (1975) *The Emergence of Probability.* Cambridge.

Hahn, R. (1971) *The Anatomy of a Scientific Institution: The Paris Academy of Sciences, 1666–1803.* Berkeley.

Hahn, R. (1975) 'Scientific Careers in Eighteenth-Century France', in M. P. Crosland (ed.), *The Emergence of Science in Western Europe,* pp. 127–38.

Hall, A. R. (1962) 'The Scholar and the Craftsman in the Scientific Revolution', in *Critical Problems in the History of Science,* ed. M. Clagett (Madison), pp. 3–32.

Hall, M. B. (1965) 'Oldenburg and the Art of Scientific Communication', *British Journal of the History of Science* 2, pp. 277–90.

Hall, M. B. (1975) 'The Royal Society's Role in the Diffusion of Information in the Seventeenth Century', *Notes and Records of the Royal Society* 29, pp. 173–92.

Hammer, K. and J. Voss (eds, 1976) *Historische Forschung im 18. Jht.* Bonn.

Hammermeyer, L. (1976) 'Die Forschungszentren der deutschen Benediktinern und ihre Vorhaben', in Hammer and Voss, pp. 122–91.

Hammerstein, N. (1972) *Jus und Historie: ein Beitrag zur Geschichte des historischen Denkens an deutschen Universitäten im späten 17. und im 18. Jht.* Göttingen.

Hankins, J. (1990) *Plato in the Italian Renaissance*, 2 vols. Leiden.

Hankins, J. (1991) 'The Myth of the Platonic Academy of Florence', *Renaissance Quarterly* 44, pp. 429–75.

Hannaway, O. (1975) *The Chemists and the Word: The Didactic Origins of Chemistry.* Baltimore.

Hannaway, O. (1986) 'Laboratory Design and the Aims of Science: Andreas Libavius and Tycho Brahe', *Isis* 77, pp. 585–610.

Hannaway, O. (1992) 'Georgius Agricola as Humanist', *Journal of the History of Ideas* 53, pp. 553–60.

Haraway, D. (1988) 'Situated Knowledge', *Feminist Studies* 14, pp. 575–99.

Harley, J. B. (1988) 'Silences and Secrecy: The Hidden Agenda of Cartography in Early Modern Europe', *Imago Mundi* 40, pp. 57–76.

Harley, J. B. and D. Woodward (eds, 1992) *The History of Cartography*, vol. 2, part 1. Chicago.

Harley, J. B. and D. Woodward (eds, 1994) *The History of Cartography*, vol. 2, part 2. Chicago.

Harmsen, A. J. E. (1994) 'Barlaeus's Description of the Dutch Colony in Brazil', in *Travel Fact and Travel Fiction*, ed. Z. von Martels (Leiden), pp. 158–69.

Harris, J. R. (1985) 'Industrial Espionage in the Eighteenth Century', *Industrial Archaeology Review* 7, pp. 127–38.

Harris, J. R. (1992) 'The First British Measures against Industrial Espionage', in *Industry and Finance in Early Modern History*, ed. Ian Blanchard et al.

Harris, J. R. (1996a) 'A French Industrial Spy: The Engineer Le Turc in England in the 1780s', *Icon* 1, pp. 16–35.

Harris, J. R. (1996b) 'Law, Industrial Espionage and the Transfer of Technology from 18thc Britain', in *Technological Change*, ed. R. Fox (Amsterdam), pp. 123–36.

Harris, M. (1987) *London Newspapers in the Age of Walpole.*

Harris, S. J. (1996) 'Confession-Building, Long-Distance Networks, and the Organisation of Jesuit Science', *Early Modern Science* 1, pp. 287–318.

Harris, S. J. (1998) 'Long-Distance Corporations, Big Sciences and the Geography of Knowledge', *Configurations* 6, pp. 269–304.

Harris, S. J. (1999) 'Mapping Jesuit Science: The Role of Travel in the Geography of Knowledge', in O'Malley and Bailey, pp. 212–40.

Haskell, F. (1993) *History and its Images: Art and the Interpretation of the Past*. New Haven.

Hassinger, E. (1978) *Empirisch-rationaler Historismus*. Berne–Munich.

Hathaway, N. (1989) 'Compilatio: from Plagiarism to Compiling', *Viator* 20, pp. 19–44.

Hazard, P. (1935) *The European Mind, 1680–1715*, English translation, 1953.

Heath, M. J. (1983) 'Montaigne, Lucinge and the *Tesoro Politico*', *Bibliothèque d'Humanisme et Remaissance* 45, pp. 131–5.

Heckscher, W. S. (1958) *Rembrandt's Anatomy of Dr Nicholas Tulp: An Iconological Study*. New York.

Heers, J. (1976) 'L'Enseignement à Gênes et la formation culturelle des hommes d'affaires en Méditerranée à la fin du Moyen Âge', *Etudes Islamiques* 44, pp. 229–44.

Helms, M. W. (1988) *Ulysses' Sail*. Princeton.

Henningsen, G. and J. Tedeschi (eds, 1986) *The Inquisition in Early Modern Europe: Studies on Sources and Methods*. Dekalb, Ill.

Herlihy, D. and C. Klapisch (1978) *Les Toscans et leurs familles*.

Hess, A. (1974) 'Piri Reis and the Ottoman Response to the Voyages of Discovery', *Terrae Incognitae* 6, pp. 19–37.

Hill, C. (1965) *Intellectual Origins of the Scientific Revolution*. Oxford.

Hill, C. (1972) *The World Turned Upside Down: Radical Ideas During the English Revolution*, second edn, Harmondsworth, 1975.

Hirschman, A. (1977) *The Passions and the Interests: Political Arguments for Capitalism before its Triumph*. Princeton.

Hoftijzer, P. G. (1987) *Engelse boekverkopers bij de Beurs*. Amsterdam–Maarssen.

Holmes, G. (1977) 'Gregory King and the Social Structure of Preindustrial England', *Transactions of the Royal Historical Society* 27, pp. 41–65.

Hoock, J. (1980) 'Statistik und Politische Ökonomie', in Rassem and Stagl, pp. 307–23.

Hoock, J. and P. Jeannin (eds, 1991–3) *Ars mercatoria*, 2 vols. Paderborn.

Hopkins, J. (1992) 'The 1791 French Cataloging Code and the Origins of the Card Catalogue', *Libraries and Culture* 27, pp. 378–404.

Houghton, W. E., Jr (1942) 'The English Virtuoso in the Seventeenth Century', *Journal of the History of Ideas* 3, pp. 51–73 and 190–219.

Hucker, C. O. (ed., 1968) *Chinese Government in Ming Times*. New York.

Huff, T. E. (1993) *The Rise of Early Modern Science*. Cambridge.

Huisman, F. (1989) 'Itinerant Medical Practitioners in the Dutch Republic: The Case of Groningen', *Tractrix* 1, pp. 63–83.

Hulshoff Pol, E. (1975) 'The Library', in Lunsingh Scheurleer and Posthumus Meyjes, pp. 395–460.

Hunter, M. C. W. (1981) *Science and Society in Restoration England*. Cambridge.

Hunter, M. C. W. (1982) *The Royal Society and its Fellows*, second edn, Oxford, 1994.

Hunter, M. C. W. (1989) *Establishing the New Science: The Experience of the Early Royal Society*. Woodbridge.

Hunter, M. C. W. (ed., 1998) *Archives of the Scientific Revolution: The Formation and Exchange of Ideas in 17th-Century Europe*. Woodbridge.

Hutchinson, T. W. (1988) *Before Adam Smith: The Emergence of Political Economy, 1662–1776*. Oxford.

Iliffe, R. (1992) 'In the Warehouse: Privacy, Property and Priority in the early Royal Society', *History of Science* 30, pp. 29–68.

Im Hoff, U. (1982) *Das gesellige Jahrhundert: Gesellschaft und Gesellschaften im Zeitalter der Aufklärung*. Munich.

Im Hoff, U. (1994) *The Enlightenment*. Oxford.

Impey, O. and A. Macgregor (eds, 1985) *The Origins of Museums*. Oxford.

Infelise, M. (1997) 'Professione reportista. Copisti e gazzettieri nella Venezia del '600', in *Venezia: Itinerari per la storia della città*, ed. S. Gasparri, G. Levi and P. Moro (Bologna), pp. 193–219.

Infelise, M. (1999a) 'Le Marché des informations à Venise au 17e siècle', in H. Duranton and P. Rétat (eds, 1999) *Gazettes et information politique sous l'ancien régime* (Saint-Etienne), pp. 117–28.

Infelise, M. (1999b) *I libri proibiti da Gutenberg all'Encyclopédie*. Rome–Bari.

Innes, J. (1987) *The Collection and Use of Information by Government, circa 1690–1800*. Unpublished.

Innis, H. A. (1950) *Empire and Communications*. Oxford.

Innis, H. A. (1980) *The Idea File of Harold Innis*. Toronto.

Isaievych, I. (1993) 'The Book Trade in Eastern Europe in the Seventeenth and Eighteenth Centuries', in Brewer and Porter, pp. 381–92.

Israel, J. (1990a) 'The Amsterdam Stock Exchange and the English Revolution of 1688', *Tijdschrift voor Geschiedenis* 103, pp. 412–40.

Israel, J. (1990b) 'Een merkwaardig literair werk en de Amsterdamse effectenmarkt in 1688', in *De 17de eeuw* 6, pp. 159–65.

Itzkowitz, N. (1972) *Ottoman Empire and Islamic Tradition.* Princeton.

Jacob, C. (1992) *L'Empire des cartes.*

Jacob, C. (1996) 'Navigations alexandrines', in Baratin and Jacob, pp. 47–83.

Jacob, C. (1999) 'Mapping in the Mind', in *Mappings*, ed. D. Cosgrove, pp. 24–49.

Jardine, L. (1983) 'Isotta Nogarola', *History of Education* 12, pp. 231–44.

Jardine, L. (1985) 'The Myth of the Learned Lady in the Renaissance', *Historical Journal* 28, pp. 799–820.

Jardine, N., J. A. Secord and E. Spary (eds, 1996) *Cultures of Natural History.* Cambridge.

Johannisson, K. (1990) 'The Debate over Quantification in Eighteenth-Century Political Economy', in Frängsmyr, Tore et al. pp. 343–62.

Johansson, E. (1977) 'The History of Literacy in Sweden', rpr. in *Literacy and Social Development in the West*, ed. H. J. Graff (Cambridge, 1981), pp. 151–82.

Johns, A. (1998) *The Nature of the Book: Print and Knowledge in the Making.* Chicago.

Jukes, H. A. L. (ed., 1957) *Thomas Secker's Articles of Enquiry.* Oxford.

Julia, D. (1986) 'Les Institutions et les hommes (16e–18e siècles)', in Verger, pp. 141–97.

Kafker, F. A. (ed., 1981) *Notable Encyclopaedias.* Oxford.

Kahn, D. (1967) *The Code-Breakers: The Story of Secret Writing.* New York.

Kany, C. E. (1932) *Life and Manners in Madrid*, 1750–1800. Berkeley.

Kapp, V. (ed., 1993) *Les Lieux de mémoire et la fabrique de l'oeuvre.*

Karamustafa, A. T. (1992) 'Military, Administrative and Scholarly Maps and Plans', in Harley and Woodward vol. 2, part 1, pp. 209–27.

Kearney, H. (1970) *Scholars and Gentlemen: Universities and Society in Preindustrial Britain, 1500–1700.*

Keene, D. (1952), *The Japanese Discovery of Europe.*

Keens-Soper, H. M. A. (1972) 'The French Political Academy, 1712', *European Studies Review* 2, pp. 329–55.

Kelley, D. R. (1971) 'History as a Calling: The Case of La Popelinière', in A. Molho and J. A. Tedeschi, eds, *Renaissance Studies in Honor of Hans Baron* (Florence), pp. 773–89.

Kelley, D. R. (1980) 'Johann Sleidan and the Origins of History as a Profession', *Journal of Modern History* 52, pp. 577–98.

Kelley, D. R. (ed., 1997) *History and the Disciplines*. Rochester.

Kelley, D. R. and R. H. Popkin (eds, 1991) *The Shapes of Knowledge from the Renaissance to the Enlightenment*. Dordrecht.

Kelly, C. M. (1994) 'Later Roman Bureaucracy: Going through the Files', in *Literacy and Power in the Ancient World*, ed. A. K. Bowman and G. Woolf, Cambridge, pp. 161–76.

Kenney, E. J. (1974) *The Classical Text: Aspects of Editing in the Age of the Printed Book*. Berkeley.

Kenny, N. (1991) *The Palace of Secrets: Béroalde de Verville and Renaissance Conceptions of Knowledge*. Oxford.

Kenny, N. (1998) *Curiosity in Early Modern Europe: Word Histories*. Wiesbaden.

Keynes, G. (1940) *The Library of Edward Gibbon*. Second edn, 1980.

King, J. E. (1949) *Science and Rationalism in the Government of Louis XIV*. Baltimore.

King, M. L. (1976) 'Thwarted Ambitions: Six Learned Women of the Italian Renaissance', *Soundings* 59, pp. 280–300.

Kitchin, G. (1913) *Sir Roger L'Estrange*.

Klaits, J. (1971) 'Men of Letters and Political Reformation in France at the End of the Reign of Louis XIV: The Founding of the Académie Politique', *Journal of Modern History* 43, pp. 577–97.

Kley, E. J. Van (1971) 'Europe's "Discovery" of China and the Writing of World History', *American Historical Review* 76, pp. 358–85.

Klueting, H. (1986) *Die Lehre von Macht der Staaten*. Berlin.

Knorr-Cetina, K. (1981) *The Manufacture of Knowledge*. Oxford.

Knowles, M. D. (1958) 'Great Historical Enterprises: The Bollandists', *Transactions of the Royal Historical Society* 8, pp. 147–66.

Knowles, M. D. (1959) 'Great Historical Enterprises: The Maurists', *Transactions of the Royal Historical Society* 9, pp. 169–88.

Koeman, C. (1970) *Joan Blaeu and his Grand Atlas*. Amsterdam.

Koerner, L. (1996) 'Carl Linnaeus in his Time and Place', in Jardine, Secord and Spary, pp. 145–62.

Kolmar, L. (1979) 'Colbert und die Entstehung der Collection Doat', *Francia* 7, pp. 463–89.

Konvitz, J. (1987) *Cartography in France, 1660–1848*. Chicago.

Koran, R. (1874) *Der Kanzleienstreit*. Halle.

Kornicki, P. (1998) *The Book in Japan: A Cultural History from the Beginnings to the Nineteenth Century*. Leiden.

Koselleck, R. (1972) '*Begriffsgeschichte* and Social History', rpr. in his *Futures Past*, English translation, Cambridge, Mass., 1985, pp. 73–91.

Kristeller, P. O. (1951–2) 'The Modern System of the Arts', rpr. in his *Renaissance Thought*, II (New York, 1965), pp. 163–227.

Kristeller, P. O. (1955) 'The Humanist Movement', in his *Renaissance Thought* (New York, 1961), pp. 3–23.

Kühlmann, W. (1982) *Gelehrtenrepublik und Fürstenstaat*. Tübingen.

Kuhn, T. S. (1962) *The Structure of Scientific Revolutions*. Chicago.

Kusukawa, S. (1996) 'Bacon's Classification of Knowledge', in *The Cambridge Companion to Bacon*, ed. M. Peltonen (Cambridge), pp. 47–74.

Labrousse, E. (1963–4) *Pierre Bayle*, 2 vols. The Hague.

Labrousse, E. (1983) *Bayle*. Oxford.

Lach, D. (1965) *Asia in the Making of Europe*, part 1. Chicago.

Lach, D. (1977) *Asia in the Making of Europe*, part 2. Chicago.

Lach, D. and E. J. Van Kley (1993) *Asia in the Making of Europe*, part 3. Chicago.

Ladner, G. B. (1979) 'Medieval and Modern Understanding of Symbolism: A Comparison', *Speculum* 54, pp. 223–56.

Laeven, A. H. (1986) *Acta Eruditorum*. Amsterdam.

Lamb. U. (1969) 'Science by Litigation: A Cosmographic Feud', rpr. in her *Cosmographers and Pilots of the Spanish Maritime Empire* (Aldershot, 1995), III, pp. 40–57.

Lamb, U. (1976) 'Cosmographers of Seville', rpr. ibid., VI, pp. 675–86.

Lamo de Espinosa, E., J. M. González García and C. Torres Albero (1994) *La sociología del conocimiento y de la ciencia*. Madrid.

Landau, D. and P. Parshall (1994) *The Renaissance Print 1470–1550*. New Haven.

Lander, J. R. (1969) *Conflict and Stability in Fifteenth-Century England*.

Landes, D. S. (1998) *The Wealth and Poverty of Nations*.

Lankhorst, O. S. (1983) *Reinier Leers*. Amsterdam–Maarssen.

Lankhorst, O. S. (1990) 'Die snode uitwerkzels', *De 17de eeuw* 6, pp. 129–36.

Larrère, C. (1992) *L'Invention de l'économie au xviiie siècle*.

Latour, B. (1983) *Science in Action*.

Latour, B. (1986) 'Ces réseaux que la raison ignore: laboratoires, bibliothèques, collections', in Baratin and Jacob, pp. 23–46.

Law, J. (ed., 1986) *Power, Action and Belief: A New Sociology of Knowledge?*

Lawrence, S. C. (1996) *Charitable Knowledge: Hospital Pupils and Practitioners in Eighteenth-Century London*. Cambridge.

LeDonne, J. P. (1984) *Ruling Russia: Politics and Administration in the Age of Absolutism, 1762–1796*. Princeton.

Leedham-Green, E. (1987) *Books in Cambridge Inventories*, 2 vols. Cambridge.

Le Goff, J. (1957) *Intellectuals in the Middle Ages*, revised edn, 1985, English translation, Oxford, 1992.

Le Goff, J. (1977) *Time, Work and Culture in the Middle Ages*, English translation, Chicago, 1980.

Lemaine, G. et al. (eds, 1976) *Perspectives on the Emergence of Scientific Disciplines*. The Hague.

Lenoir, T. (1997) *Instituting Science*. Stanford.

Letwin, W. (1963) *The Origins of Scientific Economics: English Economic Thought, 1660–1776.*

Lévi-Strauss, C. (1962) *La Pensée Sauvage.*

Lévi-Strauss, C. (1964) *Le Cru et le cuit.*

Levy, F. (1982) 'How Information Spread among the Gentry, 1550–1640', *Journal of British Studies* 21, pp. 11–34.

Lieshout, H. H. M. van (1993) 'The Library of Pierre Bayle', in Canone, pp. 281–97.

Lieshout, H. H. M. van (1994) 'Dictionnaires et diffusion de savoir', in *Commercium Litterarium*, ed. H. Bots and F. Waquet (Amsterdam–Maarssen), pp. 131–50.

Lindey, A. (1952) *Plagiarism and Originality*. New York.

Lindqvist, S. (1984) *Technology on Trial: The Introduction of Steam Power Technology into Sweden, 1715–36.* Uppsala.

Lipking, L. (1977) 'The Marginal Gloss', *Critical Inquiry* 3, pp. 620–31.

Livingstone, D. N. (1995) 'The Spaces of Knowledge', *Society and Space* 13, pp. 5–34.

Long, P. O. (1991) 'Invention, Authorship, "Intellectual Property" and the Origin of Patents: Notes towards a Conceptual History', *Technology and Culture* 32, pp. 846–84.

Losman, A. (1983) 'The European Communications Network of Carl Gustaf Wrangel and Magnus Gabriel de la Gardie', in *Europe and Scandinavia*, ed. G. Rystad (Lund), pp. 199–206.

Lougee, C. C. (1976) *Le Paradis des femmes: Women, Salons and Social Stratification in Seventeenth-Century France*. Princeton.

Lough, J. (1968) *Essays on the Encyclopédie*. Oxford.

Lowood, H. E. (1990) 'The Calculating Forester', in Frängsmyr et al., pp. 315–42.

Lucas, C. (1989) 'Vers une nouvelle image de l'écrivain', in *L'Ecrivain face à son public*, ed. C. A. Fiorato and J.-C. Margolin, pp. 85–104.

Lugli, A. (1983) *Naturalia e Mirabilia. Il collezionismo enciclopedico nelle Wunderkammer d'Europa*. Milan.

Luhmann, N. (1990) 'The Cognitive Programme of Constructivism and a Reality that Remains Unknown', in *Self-Organisation*, ed. W. Krohn, G. Küpper and H. Novotny (Dordrecht), pp. 64–85.

Lukes, S. (1973) *Emile Durkheim*.

Lunsingh Scheurleer, T. H. and G. H. M. Posthumus Meyes (1975) *Leiden University in the Seventeenth Century*. Leiden.

Lux, D. S. (1991a) 'The Reorganisation of Science, 1450–1700', in Moran, pp. 185–94.

Lux, D. S. (1991b) 'Societies, Circles, Academies and Organisations', in Barker and Ariew, pp. 23–44.

McCarthy, E. D. (1996) *Knowledge as Culture: The New Sociology of Knowledge*.

McClellan, J. E., III (1985) *Science Reorganized: Scientific Societies in the Eighteenth Century*. New York.

MacDonald, M. and T. R. Murphy (1990) *Sleepless Souls: Suicide in Early Modern England*. Oxford.

Machlup, F. (1962) *The Production and Distribution of Knowledge in the United States*. Princeton.

Machlup, F. (1980–4) *Knowledge*, 3 vols. Princeton.

McKendrick, N., J. Brewer and J. H. Plumb (1982) *The Birth of a Consumer Society: The Commercialization of Eighteenth-Century England*.

McKenzie, D. F. (1992) 'The Economies of Print, 1550–1750: Scales of Production and Conditions of Constraint', in Cavaciocchi, pp. 389–426.

McKitterick, D. (1992) 'Bibliography, Bibliophily and the Organization of Knowledge', in *The Foundations of Scholarship*, ed. D. Vaisey and D. McKitterick (Los Angeles), pp. 29–64.

Macleod, R. (1987) 'On Visiting the "Moving Metropolis": Reflections on the Architecture of Imperial Science', rpr. in Storey, pp. 23–55.

Makdisi, G. (1981) *The Rise of Colleges: Institutions of Learning in Islam and the West*. Edinburgh.

Malherbe, M. (1994) 'Bacon, Diderot et l'ordre encyclopédique', *Revue de Synthèse* 115, pp. 13–38.

Mandosio, J.-M. (1993) 'L'Alchimie dans la classification des sciences et des arts à la Renaissance', in *Alchimie et philosophie à la Renaissance*, ed. J.-C. Margolin and S. Matton (Paris), pp. 11–42.

Mannheim, K. (1925) 'The Problem of a Sociology of Knowledge', English translation in his *Essays in the Sociology of Knowledge*, 1952, pp. 134–90.

Mannheim, K. (1927) Conservatism: A Contribution to the Sociology of Knowledge, English translation, 1986.

Mannheim, K. (1929) 'Competition as a Cultural Phenomenon', English translation in his *Essays in the Sociology of Knowledge*, 1952, pp. 191–229.

Mannheim, K. (1936) *Ideology and Utopia: an Introduction to the Sociology of Knowledge*.

Mannheim, K. (1952) 'The Problem of Generations', in his *Essays on the Sociology of Knowledge*, pp. 276–320.

Marini, G. (1825) 'Memorie istoriche degli archivi della S. Sede', rpr. in *Monumenta Vaticana*, ed. H. Laemmer (Freiburg), 1861, pp. 433–53.

Marsh, R. M. (1961) *The Mandarins: The Circulation of Elites in China, 1600–1900*. Glencoe.

Marshall, A. (1994) *Intelligence and Espionage in the Reign of Charles II*. Cambridge.

Martens, W. (1974) 'Die Geburt des Journalisten in der Aufklärung', in *Wolfenbütteler Studien zur Aufklärung*, vol. 1, ed. G. Schulz (Bremen), pp. 84–98.

Martin, H.-J. (1957) 'Les Bénédictins, leurs libraires et le pouvoir: notes sur le financement de la recherche au temps de Mabillon et de Montfaucon', *Revue Française de l'Histoire du Livre* 43, pp. 273–87.

Martin, H.-J. (1969) *Livre, pouvoirs et société à Paris au 17e siècle*.

Martin, H.-J. (1988) *Histoire et pouvoirs de l'écrit*.

Martin, H.-J. (1996) *The French Book: Religion, Absolutism, and Readership 1585–1715*. Baltimore.

Martin, H.-J. and R. Chartier (1983–4) *Histoire de l'édition française*, 2 vols.

Masseau, D. (1994) *L'Invention de l'intellectuel dans l'Europe du 18e siècle*.

Mattingly, G. (1955) *Renaissance Diplomacy*.

Mazauric, S. (1997) *Savoirs et philosophie à Paris dans la première moitié du 17e siècle: les conférences du bureau d'adresse de Théophraste Renaudot*.

Mazzone, U. and A. Turchini (eds, 1985) *Le visite pastorali*. Bologna.

Meier, H. (1966) *Die ältere deutsche Staats- und Verwaltungslehre*. Neuwied.

Meinecke, F. (1924–5) *Machiavellism*, English translation, 1957.

Meinel, C. (1988) 'Chemistry's Place in 18th-Century Universities', *History of Universities* 7, pp. 89–116.

Mendelsohn, E. (1977) 'The Social Construction of Scientific Knowledge', in *The Social Production of Scientific Knowledge*, ed. Mendelsohn (Dordrecht–Boston), pp. 3–26.

Merton, R. K. (1938) *Science, Technology and Society in Seventeenth-Century England*, revised edn, New York, 1970.

Merton, R. K. (1941) 'Karl Mannheim and the Sociology of Knowledge', rpr. in his *Social Theory and Social Structure*, revised edn, Glencoe, 1957, pp. 489–508.

Merton, R. K. (1945) 'The Sociology of Knowledge', ibid. pp. 456–88.

Merton, R. K. (1957) 'Priorities in Scientific Discovery', rpr. in his *Sociology of Science* (Chicago, 1973), pp. 286–324.

Merton, R. K. (1968) 'The Matthew Effect in Science', rpr. ibid., pp. 439–59.

Messick, B. (1993) *The Calligraphic State: Textual Domination and History in a Muslim Society.* Berkeley.

Metzger, T. (1973) *The Internal Organisation of Ch'ing Bureaucracy.*

Meyer, J. (1981) *Colbert.*

Middleton, W. E. K. (1971) *The Experimenters: A Study of the Accademia del Cimento.* Baltimore.

Miller, A. (1981) 'Louis Moréri's *Grand Dictionnaire Historique*', in Kafker, pp. 13–52.

Miller, D. P. (1996) 'Joseph Banks, Empire and "Centres of Calculation" in Late Hanoverian London', in *Visions of Empire*, ed. D. P. Miller and P. Reill (Cambridge), pp. 21–37.

Mills, C. W. (1940) 'The Language and Ideas of Ancient China', mimeo, rpr. in his *Power, Politics and People* (New York), pp. 469–520.

Mirot, L. (1924) *Roger de Piles.*

Miyazaki, I. (1963) *China's Examination Hell*, English translation, New York–Tokyo, 1976.

Money, J. (1993) 'Teaching in the Marketplace', in Brewer and Porter, pp. 335–80.

Monnet, N. (1996) 'L'Encyclopédisme en Chine', in Schaer, pp. 344–67.

Moore, W. E. and M. M. Tumin (1949) 'Some Social Functions of Ignorance', *American Sociological Review* 14, pp. 787–95.

Moran, B. T. (1991) 'Courts, Universities and Academies in Germany: An Overview, 1550–1750', in *Patronage and Institutions* (Woodbridge), pp. 169–94.

Morel-Fatio, A. (1913) *Historiographie de Charles V.*

Morgan, B. T. (1929) *Histoire du Journal des Savants depuis 1665 jusqu'en 1701.*

Morineau, M. (1985) *Incroyables gazettes et fabuleux métaux: les retours des trésors américains d'après les gazettes hollandaises.* Cambridge–Paris.

Moss, A. (1996) *Printed Commonplace Books and the Structuring of Renaissance Thought.* Oxford.

Moureau, F. (ed., 1995) *De bonne main: la communication manuscrite au 18e siècle.* Paris–Oxford.

Mundy, B. (1996) *The Mapping of New Spain: Indigenous Cartography and the Maps of the Relaciones Geográficas.* Chicago.

Murray, A. (1978) *Reason and Society in the Middle Ages.* Oxford.

Myers, R. and M. Harris (eds, 1992) *Censorship and the Control of Print in England and France, 1600–1910.* Winchester.

Nakagawa, H. (1992) 'L'Encyclopédie et le Japon', in his *Des lumières et du comparatisme: un regard japonais sur le 18e siècle,* pp. 237–68.

Nelles, P. N. (1997) 'The Library as an Instrument of Discovery', in Kelley, pp. 41–57.

Nigro, S. S. (1991) 'The Secretary', in *Baroque Personae,* ed. R. Villari, English translation (Chicago, 1995), pp. 82–99.

Nisard, C. (1860) *Les Gladiateurs de la république des lettres,* 2 vols.

Nordenmark, N. V. E. (1939) *Pehr Wilhelm Wargentin.* Uppsala.

Oakley, S. P. (1968) 'The Interception of Posts in Celle, 1694–1700', in *William III and Louis XIV,* ed. R. Hatton and J. S. Bromley (Liverpool), pp. 95–116.

Ollard, S. L. and P. C. Walker (eds, 1929–31) *Archbishop T. Herring's Visitation Returns,* 4 vols. York.

Olmi, G. (1992) *L'inventario del mondo.* Bologna.

O'Malley, J. and G. Bailey (eds, 1999) *The Jesuits.* Toronto.

Ong, W. (1958) *Ramus: Method and the Decay of Dialogue,* Cambridge, Mass.

Ophir, A. and Steven Shapin (1991) 'The Place of Knowledge', *Science in Context* 4, pp. 3–21.

Ornstein, M. (1913) *The Role of the Scientific Societies in the Seventeenth Century.* New York.

Palumbo, M. (1993a) 'La biblioteca lessicografica di Leibniz', in Canone, pp. 419–56.

Palumbo, M. (1993b) *Leibniz e la res bibliothecaria.* Rome.

Panofsky, E. (1953) 'Artist, Scientist, Genius', revised in *The Renaissance: Six Essays* (New York, 1962), pp. 123–82.

Pardo Tomás. J. (1991) *Ciencia y censura: la inquisición española y los libros científicos en los siglos xvi y xvii.* Madrid.

Pareto, V. (1916) *The Mind and Society,* English translation, 1935.

Parker, G. (1992) 'Maps and Ministers: The Spanish Habsburgs', in Buisseret, pp. 124–52.

Parker, G. (1998) *The Grand Strategy of Philip II.* New Haven.

Parker, I. (1914) *Dissenting Academies in England.* Cambridge.

Partner, P. (1980) 'Papal Financial Policy in the Renaissance and Counter-Reformation', *Past and Present* 88, pp. 17–62.

Partner, P. (1990) *The Pope's Men: The Papal Civil Service in the Renaissance.* Oxford.

Pearson, K. (1978) *The History of Statistics in the Seventeenth and Eighteenth Centuries.*

Pedersen, J. and G. Makdisi (1979) 'Madrasa', *Encyclopaedia of Islam*, vol. 5, pp. 1123–34. Leiden.

Pedersen, O. (1996) 'Tradition and Innovation', in Ridder-Symoens, pp. 452–88.

Pedley, M. S. (1979) 'The Subscription Lists of the *Atlas Universel* (1757): A Study in Cartographic Dissemination', *Imago Mundi* 31, pp. 66–77.

Pelletier, M. (1990) *La Carte de Cassini: l'extraordinaire aventure de la carte en France*.

Pels, D. (1996) 'Strange Standpoints: or How to Define the Situation for Situated Knowledge', *Telos* 108, pp. 65–91.

Pels, D. (1997) 'Mixing Metaphors: Politics or Economics of Knowledge', *Theory and Society* 26, pp. 685–717.

Perrot, J.-C. (1981) 'Les Dictionnaires de commerce au 18e siècle', *Revue d' Histoire Moderne et Contemporaine* 28, pp. 36–67.

Petrucci, A. (1995) 'Reading to Read', in *A History of Reading in the West*, ed. G. Cavallo and R. Chartier, English translation, Cambridge, 1999, pp. 345–67.

Phillips, H. (1997) *Church and Culture in Seventeenth-Century France*. Cambridge.

Phillips, P. (1990) *The Scientific Lady: A Social History of Women's Scientific Interests, 1520–1918*.

Picard, R. (1943) *Les Salons littéraires*.

Pinch, W. R. (1999) 'Same Difference in India and Europe', *History and Theory* 38, pp. 389–407.

Pinot, V. (1932) *La Chine et la formation de l'esprit philosophique en France, 1640–1740*.

Pintard, R. (1943) *Le Libertinage érudit dans la première moitié du 17e siècle*, revised edn, Geneva–Paris, 1983.

Pipes, R. (1960) 'The Historical Evolution of the Russian Intelligentsia', in Pipes, ed., *The Russian Intelligentsia*, pp. 47–62.

Plumb, J. H. (1973) *The Emergence of Leisure in the Eighteenth Century*. Reading.

Poelhekke, J. J. (1960) 'Lieuwe van Aitzema', rpr. in *Geschiedschrijving in Nederland*, ed. P. A. M. Geurts and A. E. M. Janssen (The Hague, 1981), pp. 97–116.

Pollard, G. and A. Ehrman (1965) *The Distribution of Books by Catalogue*. Cambridge.

Pomian, K. (1972) 'Les Historiens et les archives dans la France du 17e siècle', *Acta Poloniae Historica* 26, pp. 109–25.

Pomian, K. (1973) 'De la lettre au périodique: la circulation des informations dans les milieux des historiens au 17e siècle', *Organon* 9, pp. 25–43.

Pomian, K. (1987) *Collectors and Curiosities*, English translation, Cambridge, 1990.

Popkin, J. D. (1990) *Revolutionary News: The Press in France 1789–99*. Durham, NC.

Popkin, R. H. (1960) *History of Scepticism from Erasmus to Spinoza*, revised edn, Berkeley–Los Angeles, 1979.

Porter, R. (1989) *Health for Sale*.

Porter, R. (1996) 'The Scientific Revolution and Universities', in Ridder-Symoens, pp. 531–64.

Post, G. (1932) 'Masters' Salaries and Students' Fees in the Medieval Universities', *Speculum* 7, pp. 181–98.

Post, G., K. Giocarini and R. Kay (1955) 'The Medieval Heritage of a Humanist Ideal', *Traditio* 11, pp. 195–234.

Poster, M. (1990) *The Mode of Information*. Cambridge.

Potter, E. (1993) 'Gender and Epistemic Negotiation', in Alcoff and Potter, pp. 161–86.

Pred, A. (1973) *Urban Growth and the Circulation of Information*. New York.

Preto, P. (1994) *I servizi segreti di Venezia*. Milan.

Principe, L. M. (1992) 'Robert Boyle's Alchemical Secrecy: Codes, Ciphers and Concealment', *Ambix* 39, pp. 63–74.

Prodi, P. (1982) *The Papal Prince*, English translation, Cambridge, 1987.

Prosperi, A. (1981) 'Intellettuali e chiesa all'inizio dell'età moderna', in *Storia d'Italia, Annali*, vol. 4 (Turin), pp. 161–252.

Prosperi, A. (1996) *Tribunali di coscienza: inquisitori, confessori, missionari*. Turin.

Prosperi, A. (1997) 'Effetti involontari della censura', in *La censura libraria nell'Europa del secolo xvi*, ed. U. Rozzo (Udine), pp. 147–62.

Proust, J. (1962) *Diderot et l'Encyclopédie*.

Pulido Rubio, J. (1950) *El Piloto Mayor de la Casa de la Contratación de Sevilla*. Seville.

Pumfrey, S., P. L. Rossi and M. Slawinski (eds, 1991) *Science, Culture and Popular Belief in Renaissance Europe*. Manchester.

Quedenbaum, G. (1977) *Der Verleger J. H. Zedler*. Hildesheim.

Queller, D. (1973) 'The Development of Ambassadorial *Relazioni*', in *Renaissance Venice*, ed. J. R. Hale, pp. 174–96.

Raeff, M. (1983) *The Well-Ordered Police State*. New Haven.

Ranum, R. (1963) *Richelieu and the Councillors of Louis XIII*. Oxford.

Rassem, M. and J. Stagl (eds, 1980) *Statistik und Staatsbeschreibung in der Neuzeit*. Paderborn.

Rassem, M. and J. Stagl (eds, 1994) *Geschichte der Staatsbeschreibung: Ausgewählte Quellentexte, 1456–1813*. Berlin.

Raven, J. (1992) 'Book Distribution Networks in Early Modern Europe: The Case of the Western Fringe, *c*.1400–1800', in Cavaciocchi, pp. 583–630.

Raven, J. (1993) 'Selling Books across Europe *c*.1450–1800: An Overview', *Publishing History* 34, pp. 5–20.

Rawski, E. S. (1979) *Education and Popular Literacy in Ch'ing China*. Ann Arbor.

Rawski, E. S. (1985) 'Economic and Social Foundations', in *Popular Culture in Late Imperial China*, ed. D. Johnson, A. J. Nathan and E. S. Rawski (Berkeley) Los Angeles, pp. 3–33.

Reichardt, R. (1989) 'Prints: Images of the Bastille', in Darnton and Roche, pp. 223–51.

Reichmann, E. (1968) *Der Herrschaft der Zahl. Quantitatives Denken in der Deutschen Aufklärung*. Stuttgart.

Reinhartz, D. (1987) 'Shared Vision: Herman Moll and his Circle and the Great South Sea', *Terrae Incognitae* 19, pp. 1–10.

Reinhartz, D. (1994) 'In the Service of Catherine the Great: The Siberian Explorations and Map of Sir Samuel Bentham', *Terrae Incognitae* 26, pp. 49–60.

Reiss, T. J. (1997) *Knowledge, Discovery and Imagination in Early Modern Europe: The Rise of Aesthetic Rationalism*. Cambridge.

Rennie, N. (1995) *Far-Fetched Facts: The Literature of Travel and the Idea of the South Seas*. Oxford.

Repp, R. (1972) 'Some Observations on the Development of the Ottoman Learned Hierarchy', in *Scholars, Saints and Sufis*, ed. N. R. Keddie (Berkeley), pp. 17–32.

Repp, R. (1986) *The Müfti of Istanbul: A Study in the Development of the Ottoman Learned Hierarchy*.

Revel, J. (1991) 'Knowledge of the Territory', *Science in Context* 4, pp. 133–61.

Revel, J. (1996) 'Entre deux mondes: la bibliothèque de Gabriel Naudé', in Baratin and Jacob, pp. 243–50.

Rey, R. (1994) 'La classification des sciences', *Revue de Synthèse* 115, pp. 5–12.

Richardson, B. (1994) *Print Culture in Renaissance Italy: The Editor and the Vernacular Text, 1470–1600*. Cambridge.

Richardson, B. (1999) *Printing, Writers and Readers in Renaissance Italy*. Cambridge.

Richter, L. (1946) *Leibniz und Russland*. Berlin.

Ridder-Symoens, H. de (ed., 1992) *A History of the University in Europe: The Middle Ages*. Cambridge.

Ridder-Symoens, H. de (ed., 1996) *A History of the University in Europe: Universities in Early Modern Europe, 1500–1800*. Cambridge.

Ringer, F. K. (1969) *The Decline of the German Mandarins: The German Academic Community, 1890–1933*. Cambridge, Mass.

Ringer, F. K. (1990) 'The Intellectual Field, Intellectual History and the Sociology of Knowledge', *Theory and Society* 19, pp. 269–94.

Ringer, F. K. (1992) *Fields of Knowledge: French Academic Culture in Comparative Perspective, 1890–1920*. Cambridge.

Robinson, E. (1975) 'The Transference of British Technology to Russia, 1760–1820', in *Great Britain and her World, 1750–1914*, ed. B. M. Ratcliffe (Manchester), pp. 1–26.

Robinson, F. (1993) 'Technology and Religious Change: Islam and the Impact of Print', *Modern Asian Studies* 27, pp. 229–51, revised and enlarged as 'Islam and the Impact of Print in South Asia', in *The Transmission of Knowledge in South Asia*, ed. N. Crook (Delhi, 1996), pp. 62–97.

Roche, D. (1976) 'L'Histoire dans les activités des académies provinciales en France au 18e siècle', in Hammer and Voss, pp. 260–95.

Roche, D. (1978) *Le Siècle des lumières en province*. The Hague.

Roche, D. (1981) *The People of Paris*, English translation, Leamington, 1987.

Roche, D. (1982) 'L'Intellectuel au travail', rpr. in his *Les Républicains des lettres* (1988), pp. 225–41.

Roche, D. (1989) 'Censorship and the Publishing Industry', in Darnton and Roche, pp. 3–26.

Rochot, B. (1966) 'Le Père Mersenne et les relations intellectuelles dans l'Europe du 17e siècle', *Cahiers d'Histoire Mondiale* 10, pp. 55–73.

Rogers, P. (1972) *Grub Street*.

Romano, R. and A. Tenenti (1967) 'L'Intellectuel dans la société italienne des 15e et 16e siècles', in *Niveaux de culture*, ed. L. Bergeron, pp. 51–65.

Rosa, M. (1994) 'Un médiateur dans la République des Lettres: le bibliothécaire', in *Commercium Literarium*, ed. H. Bots and F. Waquet (Amsterdam–Maarssen), pp. 81–100.

Rose, M. (1988) 'The Author as Proprietor', *Representations* 23, pp. 51–85.

Rose, M. (1993) *Authors and Owners*. Cambridge, Mass.

Rosenthal, F. (1970) *Knowledge Triumphant*. Leiden.

Rossi, P. (1960) *Clavis Universalis: Arti Mnemoniche e Logica Combinatoria da Lullo a Leibniz*. Milan–Naples.

Rossi, P. (1962) *Philosophy, Technology and the Arts in the Early Modern Era*, English translation, New York, 1970.

Rothkrug, L. (1965) *Opposition to Louis XIV: The Political and Social Origins of the French Enlightenment*. Princeton.

Rouse, R. H. and M. A. Rouse (1982) '*Statim invenire*: Schools, Preachers and New Attitudes to the Page', in *Renaissance and Renewal*, ed. R. L. Benson and G. Constable (Cambridge, Mass.), pp. 201–25.

Rouse, R. H. and M. A. Rouse (1983) 'La naissance des index', in Martin and Chartier vol. 1, pp. 77–86.

Rowen, H. H. (1987) 'Lieuwe van Aitzema', in *Politics and Culture in Early Modern Europe*, ed. P. Mack and M. Jacob (Cambridge), pp. 169–82.

Rubin, M. R. and M. T. Huber (1986) *The Knowledge Industry in the United States, 1960–1980*. New Haven.

Rüegg, W. (1992) 'The Rise of Humanism', in Ridder-Symoens, pp. 442–68.

Ruestow, E. G. (1973) *Physics at 17th and 18thc Leiden*. The Hague.

Said, E. (1978) *Orientalism*, second edn, 1995.

Salmond, A. (1982) 'Theoretical Landscapes: On Cross-Cultural Conceptions of Knowledge', in *Semantic Anthropology*, ed. D. Parkin, pp. 65–88.

Santos Lopes, M. dos (1992) *Afrika: eine neue Welt in deutschen Schriften des 16. und 17. Jht*. Stuttgart.

Santschi, C. (1978) *La Censure à Genève au 17e siècle*. Geneva.

Sardella, P. (1948) *Nouvelles et spéculations à Venise*.

Saunders, S. (1991) 'Public Administration and the Library of J.-B. Colbert', *Libraries and Culture* 26, pp. 282–300.

Sazonova, L. (1996) 'Die Entstehung der Akademien in Russland', in K. Garber and H. Wismann (eds), *Die europäischen Akademien* (Tübingen), pp. 966–92.

Schaer, R. (ed., 1996) *Tous les savoirs du monde: encyclopédies et bibliothèques, de Sumer au xxie siècle*.

Schaffer, S. (1996) 'Afterword', in *Visions of Empire*, ed. D. P. Miller and P. Reill (Cambridge), pp. 335–52.

Scheler, M. (1926) *Die Wissensformen und die Gesellschaft*. Leipzig.

Schiebinger, L. (1989) *The Mind has no Sex?* Cambridge, Mass.

Schilder, G. (1976) 'Organisation and Evolution of the Dutch East India Company's Hydrographic Office', *Imago Mundi* 28, pp. 61–78.

Schiller, H. I. (1986) *Information and the Crisis Economy*. New York.

Schiller, H. I. (1996) *Information Inequality: The Deepening Social Crisis in America*.

Schilling, H. (1983) 'Innovation through Migration', *Histoire Sociale* 16, pp. 7–34.
Schmidt-Biggemann, W. (1983) *Topica universalis: eine Modellgeschichte humanistischer und barocker Wissenschaft.* Hamburg.
Schmidt-Biggemann, W. (1996) 'New Structures of Knowledge', in Ridder-Symoens, pp. 489–530.
Schöffler, H. (1936) *Wirkungen der Reformation*, rpr. Frankfurt, 1960.
Schottenloher, K. (1933) 'Die Druckprivilegien', *Gutenberg Jahrbuch*, pp. 89–111.
Schottenloher, K. (1935) *Der Buchdrucker als neuer Berufstand des 15. und 16. Jahrhunderts.* Berlin.
Schulte-Albert, H. G. (1971) 'G. W. Leibniz and Library Classification', *Journal of Library History* 6, pp. 133–52.
Schumpeter, J. (1942) *Capitalism, Socialism and Democracy.*
Scott, J. (1991) 'Ignorance and Revolution: Perceptions of Social Reality in Revolutionary Marseilles', in *Interpretation and Cultural History*, ed. J. Pittock and A. Wear, pp. 235–68.
Sealy, R. J. (1981) *The Palace Academy of Henry III.* Geneva.
Seguin, J.-P. (1964) *L'Information en France avant le périodique, 1529–1631.*
Seifert, A. (1976) *Cognitio historica: die Geschichte als Namengeberin der frühneuzeitliche Empirie.* Berlin.
Seifert, A. (1980) 'Staatenkunde', in Rassem and Stagl, pp. 217–48.
Seifert, A. (1983) 'Conring und die Begründung der Staatenkunde', in Stolleis, pp. 201–16.
Serjeantson, R. (1999) 'Introduction' to Meric Casaubon, *Generall Learning* (Cambridge), pp. 1–65 [first edn of seventeenth-century text].
Serrai, A. (1988–92) *Storia della bibliografia*, 5 vols. Rome.
Serrai, A. (1990) *Conrad Gessner*, ed. M. Cochetti. Rome.
Seymour, W. A. (ed., 1980) *A History of the Ordnance Survey.* Folkestone.
Sgard, J. (ed., 1976) *Dictionnaire des journalistes (1600–1789).* Grenoble.
Sgard, J. (1987) 'Et si les anciens étaient modernes . . . le système du P. Hardouin', in *D'un siècle à l'autre*, ed. L. Godard de Donville (Marseilles), pp. 209–20.
Sgard, J. (ed., 1991) *Dictionnaire des journaux, 1600–1789*, 2 vols.
Shaaber, M. (1929) *Some Forerunners of the Newspaper, 1476–1622.* Philadelphia.
Shackleton, R. (1961) *Montesquieu: An Intellectual and Critical Biography.* Oxford.

Shackleton, R. (1970) *The Encyclopaedia and the Clerks*. Oxford.

Shapin, S. (1982) 'History of Science and its Sociological Reconstructions', revised in *Cognition and Fact*, ed. R. S. Cohen and T. Schnelle (Dordrecht), pp. 325–86.

Shapin, S. (1988) 'The House of Experiment in Seventeenth-Century England', *Isis* 79, pp. 373–404.

Shapin, S. (1994) *A Social History of Truth: Civility and Science in Seventeenth-Century England*. Chicago.

Shapin, S. (1996) *The Scientific Revolution*. Chicago.

Shapin, S. and S. Schaffer (1985) *Leviathan and the Air-Pump: Hobbes, Boyle and the Experimental Life*. Princeton.

Shapiro, B. J. (1983) *Probability and Certainty in Seventeenth-Century England*. Princeton.

Shapiro, B. J. (1991) *Beyond Reasonable Doubt*. Berkeley.

Shapiro, B. J. (1994) 'The Concept "Fact": Legal Origins and Cultural Diffusion', *Albion* 26, pp. 1–26.

Shaw, D. J. B. (1996) 'Geographical Practice and its Significance in Peter the Great's Russia', *Journal of Historical Geography* 22, pp. 160–76.

Sher, R. B. (1997) '*Charles V* and the Book Trade: An Episode in Enlightenment Print Culture', in S. J. Brown (ed.) *William Robertson and the Expansion of Empire* (Cambridge), pp. 164–95.

Sherman, W. (1995) *John Dee: The Politics of Reading and Writing in the English Renaissance*. Amherst.

Shively, D. H. (1991) 'Popular Culture', in *Early Modern Japan*, ed. J. W. Hall (Cambridge), pp. 706–69.

Shteir, A. B. (1996) *Cultivating Women, Cultivating Science*. Baltimore.

Siebert, F. S. (1965) *Freedom of the Press in England, 1476–1776*. Urbana.

Slaughter, M. M. (1982) *Universal Language and Scientific Taxonomy in the Seventeenth Century*. Cambridge.

Smith, P. H. (1994) *The Business of Alchemy: Science and Culture in the Holy Roman Empire*. Princeton.

Smith, W. D. (1984) 'Amsterdam as an Information Exchange in the Seventeenth Century', *Journal of Economic History* 44, pp. 985–1005.

Solomon, H. M. (1972) *Public Welfare, Science and Propaganda*. Princeton.

Solt, L. F. (1956) 'Anti-intellectualism in the Puritan Revolution', *Church History* 25, pp. 306–16.

Soucek, S. (1992) 'Islamic Charting in the Mediterranean', in Harley and Woodward vol. 2, part 1, pp. 263–92.

Stagl, J. (1980) 'Die Apodemik oder "Reisekunst" als Methodik der Sozialforschung vom Humanismus bis zur Aufklärung', in Rassem and Stagl, pp. 131–202.

Stagl, J. (1995) *The History of Curiosity*. Chur.

Stark, W. (1960) *Montesquieu, Pioneer of the Sociology of Knowledge*.

Steensgaard, N. (1982) 'The Dutch East India Company as an Institutional Innovation', in *Dutch Capitalism and World Capitalism*, ed. M. Aymard (Cambridge–Paris), pp. 235–57.

Stegmann, J. (1988) 'Comment constituer une bibliothèque en France au début du 17e siècle', in Aquilon and Martin, pp. 467–501.

Stehr, N. (1992) 'Experts, Counsellors and Advisers', in Stehr and Ericson, pp. 107–55.

Stehr, N. (1994) *Knowledge Societies*.

Stehr, N. and R. V. Ericson (eds, 1992) *The Culture and Power of Knowledge*. Berlin–New York.

Stehr, N. and V. Meja (eds, 1984) *Society and Knowledge*. New Brunswick.

Stenzel, H. (1993) 'Gabriel Naudé et l'utopie d'une bibliothèque idéale', in Kapp, pp. 103–15.

Stevenson, E. L. (1927) 'The Geographical Activities of the *Casa de la Contratación*', *Annals of the Association of American Geographers* 17, pp. 39–52.

Stewart, L. (1992) *The Rise of Public Science: Rhetoric, Technology and Natural Philosophy in Newtonian Britain, 1660–1750*. Cambridge.

Stichweh, R. (1991) *Der frühmoderne Staat und die europäische Universität*. Frankfurt.

Stigler, G. J. (1961) 'The Economics of Information', *Journal of Political Economy* 69, pp. 213–25.

Stock, B. (1983) *The Implications of Literacy*. Princeton.

Stolleis, M. (1980) *Arcana Imperii und Ratio Status*. Göttingen.

Stolleis, M. (1983) 'Die Einheit der Wissenschaften – Hermann Conring', in *Hermann Conring (1606–1681)* (Berlin), pp. 11–34.

Storey, W. K. (ed., 1996) *Scientific Aspects of European Expansion*. Aldershot.

Strauss, G. (1975) 'Success and Failure in the German Reformation', *Past and Present* 67, pp. 30–63.

Stroup, A. (1990) *A Company of Scientists: Botany, Patronage and Community at the Seventeenth-Century Parisian Royal Academy of Sciences*. Berkeley–Los Angeles.

Sutherland, J. R. (1986) *The Restoration Newspaper*. Cambridge.

Switzer, R. (1967) 'America in the *Encyclopédie*', *Studies on Voltaire* 58, pp. 1481–99.

Taylor, A. R. (1945) *Renaissance Guides to Books*. Berkeley–Los Angeles.

Tega, W. (1984) *Arbor scientiarum*. Bologna.

Teixeira de Mota, A. (1976) 'Some Notes on the Organisation of Hydrographical Services in Portugal', *Imago Mundi* 28, pp. 51–60.

Teng, S.-Y. (1942–3) 'Chinese Influence on the Western Examination System', *Harvard Journal of Asiatic Studies* 7, pp. 267–312.

Teng, S.-Y. and K. Biggerstaff (1936) *An Annotated Bibliography of Selected Chinese Reference Works*, revised edn, Cambridge, Mass., 1950.

Tennant, E. C. (1996) 'The Protection of Invention: Printing Privileges in Early Modern Germany', in *Knowledge, Science and Literature in Early Modern Germany*, ed. G. S. Williams and S. K. Schindler (Chapel Hill), pp. 7–48.

Thiel-Horstmann, M. (1980) 'Staatsbeschreibung und Statistische Erhebungen im Vorkolonialen und Kolonialen Indien', in Rassem and Stagl, pp. 205–13.

Thomas, K. V. (1971) *Religion and the Decline of Magic: Studies in Popular Beliefs in Sixteenth and Seventeenth Century England*.

Thorndike, L. (1951) 'Newness and Novelty in Seventeenth-Century Science', *Journal of the History of Ideas* 12, pp. 584–98.

Thrift, N. (1985) 'Flies and Germs: A Geography of Knowledge', in *Social Relations and Spatial Structures*, ed. D. Gregory and J. Urry, pp. 366–403.

Thrift, N., F. Driver and D. Livingstone (1995) 'The Geography of Truth', *Society and Space* 13, pp. 1–3.

Toscani, I. (1980) 'Etatistisches Denken und Erkenntnis-theoretische Überlegungen in den Venezianischen Relazionen', in Rassem and Stagl, pp. 111–25.

Trenard, L. (1965–6) 'Le Rayonnement de l'*Encyclopédie*', *Cahiers d'Histoire Moderne* 9, pp. 712–47.

Tucci, U. (1990) 'Ranke and the Venetian Document Market', in *Leopold von Ranke and the Shaping of the Historical Discipline*, ed. G. G. Iggers and J. M. Powell (Syracuse), pp. 99–108.

Turner, R. (ed., 1974) *Ethnomethodology*. Harmondsworth.

Tyacke, N. (1978) 'Science and Religion at Oxford before the Civil War', in *Puritans and Revolution*, ed. D. Pennington and K. V. Thomas (Oxford), pp. 73–93.

Unno, K. (1994) 'Cartography in Japan', in Harley and Woodward, vol. 2, pt 2, pp. 346–477.

Vandermeersch, P. A. (1996) 'Teachers', in Ridder-Simoens, pp. 210–55.

Van Leeuwen, H. G. (1963) *The Problem of Certainty in English Thought 1630–90*. The Hague.

Veblen, T. (1906) 'The Place of Science in Modern Civilisation', *American Journal of Sociology* 11, pp. 585–609.

Veblen, T. (1918) *The Higher Learning in America: A Memorandum on the Conduct of Universities by Businessmen.* New York.

Veblen, T. (1919) 'The Intellectual Pre-eminence of Jews in Modern Europe', *Political Science Quarterly* 34, pp. 33–42.

Venard, M. (1985) 'Le visite pastorali francesi dal xvi al xviii secolo', in Mazzone and Turchini, pp. 13–55.

Venturi, F. (1959) 'Contributi ad un dizionario storico', *Rivista Storica Italiana* 71, pp. 119–30.

Verger, J. (1997) *Les Gens de savoir en Europe à la fin du Moyen Age.*

Vericat, J. (1982) 'La "organizatoriedad" del saber en la España del siglo xvi', in *Homenaje a G. F. de Oviedo*, ed. F. de Solano and F. del Pino, 2 vols (Madrid), vol. 1, pp. 381–415.

Verner, C. (1978) 'John Seller and the Chart Trade in Seventeenth-Century England', in N. J. W. Thrower (ed.), *The Complete Plattmaker* (Berkeley), pp. 127–58.

Viala, A. (1985) *Naissance de l'écrivain.*

Villey, P. (1908) *Les Sources et l'évolution des Essais de Montaigne*, 2 vols.

Völkel, M. (1987) *'Pyrrhonismus historicus' und 'fides historica': die Entwicklung der deutschen historischen Methodologie unter dem Gesichtspunkt der historischen Skepsis.* Frankfurt.

Voss, J. (1972) *Das Mittelalter im historischen Denken Frankreichs.* Munich.

Voss, J. (1979) *Universität, Geschichtswissenschaft und Diplomatie im Zeitalter der Aufklärung: Johann Daniel Schöpflin (1694– 1771).* Munich.

Voss, J. (1980) 'Die Akademien als Organisationsträger der Wissenschaften im 18. Jht', *Historisches Zeitschrift* 231, pp. 43–74.

Vucinich, A. (1963) *Science in Russian Culture: A History to 1860.* Stanford.

Walker, R. B. (1973) 'Advertising in London Newspapers 1650–1750', *Business History* 15 (1973) pp. 112–30.

Wallis, P. J. (1974) 'Book Subscription Lists', *The Library* 29, pp. 255–86.

Wallis, R. (ed., 1979) *On the Margins of Science: The Social Construction of Rejected Knowledge.* Keele.

Walzer, M. (1965) *The Revolution of the Saints: A Study in the Origins of Radical Politics.* Cambridge, Mass.

Wansink, H. (1975) *Politieke Wetenschappen aan de Leidse Universiteit.* Leiden.

Waquet, F. (1993a) 'Book Subscription Lists in Early Eighteenth-Century Italy', *Publishing History* 33, pp. 77–88.

Waquet, F. (1993b) 'Le *Polyhistor* de Daniel Georg Morhof, lieu de mémoire de la République des Lettres', in Kapp, pp. 47–60.

Weber, M. (1920) *Economy and Society*, English trans., 3 vols, New York, 1968.

Webster, C. (1975) *The Great Instauration: Science, Medicine and Reform, 1626–1660*.

Webster, F. (1995) *Theories of the Information Society*.

Wellisch, H. H. (1991) *Indexing from A to Z*, revised edn, New York, 1995.

Wells, J. M. (1966) *The Circle of Knowledge*.

Wernham, R. B. (1956) 'The Public Records', in *English Historical Scholarship*, ed. L. Fox, pp. 11–30.

Wiener, N. (1948) *Cybernetics*.

Williams, A. (1979) *The Police of Paris, 1718–89*. Baton Rouge.

Wilson, A. M. (1972) *Diderot*. New York.

Wilterdink, N. (1977) 'Norbert Elias's Sociology of Knowledge', in *Human Figurations*, pp. 110–26.

Winch, D. (1990) 'Economic Knowledge and Government in Britain: Some Historical and Comparative Reflexions', in M. O. Furner and B. Supple (eds), *The State and Economic Knowledge* (Cambridge), pp. 40–70.

Winch, D. (1993) 'The Science of the Legislator: The Enlightenment Heritage', in M. Lacey and M. O. Furner (eds), *The State and Social Investigation in Britain and the United States* (Cambridge), pp. 63–91.

Withers, C. W. J. (1998) 'Towards a History of Geography in the Public Sphere', *History of Science* 36, pp. 45–78.

Witty, F. J. (1965) 'Early Indexing Techniques', *The Library Quarterly* 35, pp. 141–8.

Wood, P. (1993) *The Aberdeen Enlightenment: The Arts Curriculum in the Eighteenth Century*. Aberdeen.

Woodmansee, M. (1984) 'The Genius and the Copyright: Economic and Legal Conditions for the Emergence of the Author', *Eighteenth-Century Studies* 17, pp. 425–48.

Woods, J. M. (1987) 'Das "Gelahrte Frauenzimmer" und die deutsche Frauenlexika 1631–1743', in *Res Publica Litteraria*, ed. Sebastian Neumeister and Conrad Wiedemann, 2 vols (Wiesbaden), pp. 577–88.

Woolf, D. R. (1988) 'History, Folklore and Oral Tradition in Early Modern England', *Past and Present* 120, pp. 26–52.

Woolgar, S. (ed., 1988) *Knowledge and Reflexivity*.

Worsley, P. (1956) 'Emile Durkheim's Theory of Knowledge', *Sociological Review*, 47–61.

Worsley, P. (1997) *Knowledges: What Different Peoples Make of the World.*

Yardeni, M. (1973) 'Journalisme et histoire contemporaine à l'époque de Bayle', *History and Theory* 12, pp. 208–29.

Yardeni, M. (1985) 'Naissance du journalisme moderne', in her *Le Refuge protestant*, pp. 201–7.

Yates, F. (1947) *French Academies of the Sixteenth Century.*

Yates, F. (1964) *Giordano Bruno and the Hermetic Tradition.*

Yates, F. (1966) *The Renaissance Art of Memory.*

Yates, F. (1979) *The Occult Philosophy in the Elizabethan Age.*

Yazaki, T. (1968) *Social Change and the City in Japan.* Tokyo.

Yee, C. D. K. (1994a) 'Chinese Maps in Political Culture', in Harley and Woodward, vol. 2, pt 2, pp. 71–95.

Yee, C. D. K. (1994b) 'Traditional Chinese Cartography and the Myth of Westernisation', in Harley and Woodward, vol. 2, pt 2, pp. 170–202.

Yeo, R. (1991) 'Reading Encyclopaedias: Science and the Organisation of Knowledge in British Dictionaries of Arts and Sciences, 1730–1850', *Isis* 82, pp. 24–49.

Yeo, R. (1996) 'Ephraim Chambers' Cyclopaedia (1728) and the Tradition of Commonplaces', *Journal of the History of Ideas* 57, pp. 157–75.

Zacharias, T. (1960) *Joseph Emmanuel Fischer von Erlach.* Vienna.

Zedelmaier, H. (1992) *Bibliotheca Universalis und Bibliotheca Selecta: das Problem der Ordnung des gelehrten Wissens in der frühen Neuzeit.* Cologne.

Zhang, L. (1998) *Mighty Opposites: From Dichotomies to Differences in the Comparative Study of China.* Stanford.

Ziegler, W. (1981) 'Tentativi di Accademia in ambito monastico nella Germania del xviii secolo', in L. Boehm and E. Raimondi (eds), *Università, accademie in Italia e Germania dal '500 al '700* (Bologna), pp. 355–78.

Zilfi, M. C. (1988) *The Politics of Piety: The Ottoman Ulema in the Post-classical Age.* Minneapolis.

Zilsel, E. (1926) *Die Entstehung des Geniebegriffes.* Tübingen.

Zilsel, E. (1941a) 'Problems of Empiricism', in *The Development of Rationalism and Empiricism* (Chicago), pp. 53–94.

Zilsel, E. (1941b) 'Origins of William Gilbert's Scientific Method', *Journal of the History of Ideas* 2, pp. 1–32.

Ziman, J. (1978) *Reliable Knowledge.* Cambridge.

Znaniecki, F. (1940) *The Social Role of the Man of Knowledge.* New York.

國家圖書館出版品預行編目資料

知識社會史：從古騰堡到狄德羅／彼得·柏克
（Peter Burke）著；賈士蘅譯. -- 初版. --
臺北市：麥田出版：城邦文化發行, 2003[民
92]
　　面；　　公分. --（歷史與文化叢書；23）
參考書目：面
譯自：A Social History of Knowledge: From
Gutenberg to Diderot
　　ISBN　986-7782-63-1（平裝）

　　1. 學術思想 － 歐洲 － 歷史

114.09　　　　　　　　　　　　　91023770

廣 告 回 郵
北區郵政管理局登記證
北台字第10158號
免 貼 郵 票

城邦文化事業(股)公司

100 台北市信義路二段 213 號 11 樓

請沿虛線摺下裝訂,謝謝!

文 學 · 歷 史 · 人 文 · 軍 事 · 生 活

編號:RH5023　　書名:知識社會史:從古騰堡到狄德羅

cité 城邦 　　　讀者回函卡

謝謝您購買我們出版的書。請將讀者回函卡填好寄回，我們將不定
期寄上城邦集團最新的出版資訊。

姓名：＿＿＿＿＿＿＿＿＿　電子信箱：＿＿＿＿＿＿

聯絡地址：□□□＿＿＿＿＿＿＿＿＿＿＿＿＿＿＿＿

＿＿＿＿＿＿＿＿＿＿＿＿＿＿＿＿＿＿＿＿＿＿＿＿

電話：(公)＿＿＿＿＿＿＿　(宅)＿＿＿＿＿＿

身分證字號：＿＿＿＿＿＿＿＿＿（此即您的讀者編號）

生日：＿＿年＿＿月＿＿日　性別：□男　□女

職業：□軍警　□公教　□學生　□傳播業
　　　□製造業　□金融業　□資訊業　□銷售業
　　　□其他＿＿＿＿＿＿

教育程度：□碩士及以上　□大學　□專科　□高中
　　　　　□國中及以下

購買方式：□書店　□郵購　□其他＿＿＿＿＿

喜歡閱讀的種類：□文學　□商業　□軍事　□歷史
　　　　　　　　□旅遊　□藝術　□科學　□推理　□傳記
　　　　　　　　□生活、勵志　□教育、心理
　　　　　　　　□其他＿＿＿＿＿

您從何處得知本書的消息？（可複選）
　　　　　　□書店　□報章雜誌　□廣播　□電視
　　　　　　□書訊　□親友　□其他＿＿＿＿＿

本書優點：□內容符合期待　□文筆流暢　□具實用性
（可複選）□版面、圖片、字體安排適當　□其他＿＿＿＿

本書缺點：□內容不符合期待　□文筆欠佳　□內容平平
（可複選）□觀念保守　□版面、圖片、字體安排不易閱讀
　　　　　□價格偏高　□其他＿＿＿＿＿

您對我們的建議：

＿＿＿＿＿＿＿＿＿＿＿＿＿＿＿＿＿＿＿＿＿＿＿＿